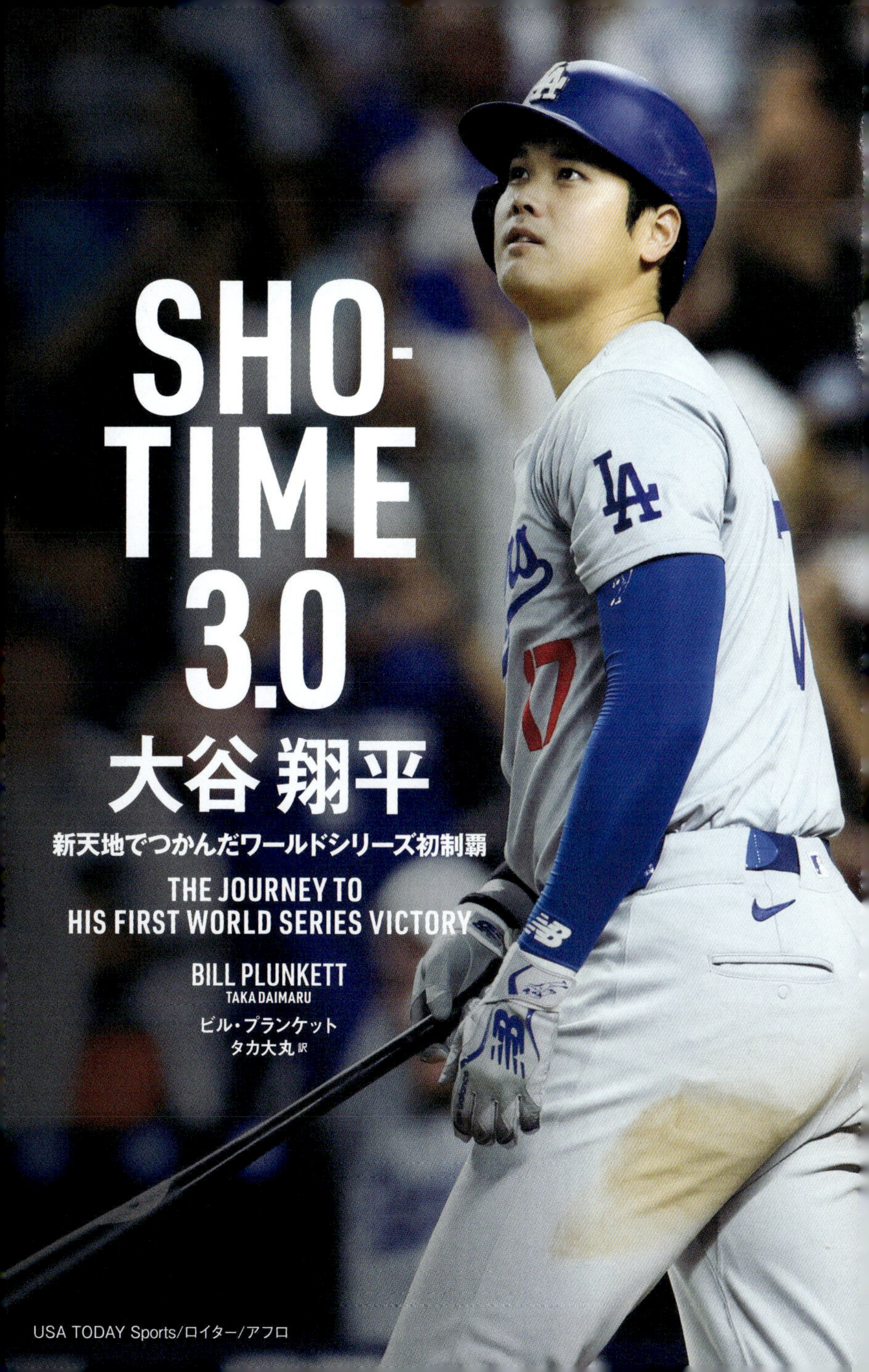

SHO-TIME 3.0

大谷 翔平

新天地でつかんだワールドシリーズ初制覇

THE JOURNEY TO
HIS FIRST WORLD SERIES VICTORY

BILL PLUNKETT
TAKA DAIMARU

ビル・プランケット
タカ大丸 訳

USA TODAY Sports/ロイター/アフロ

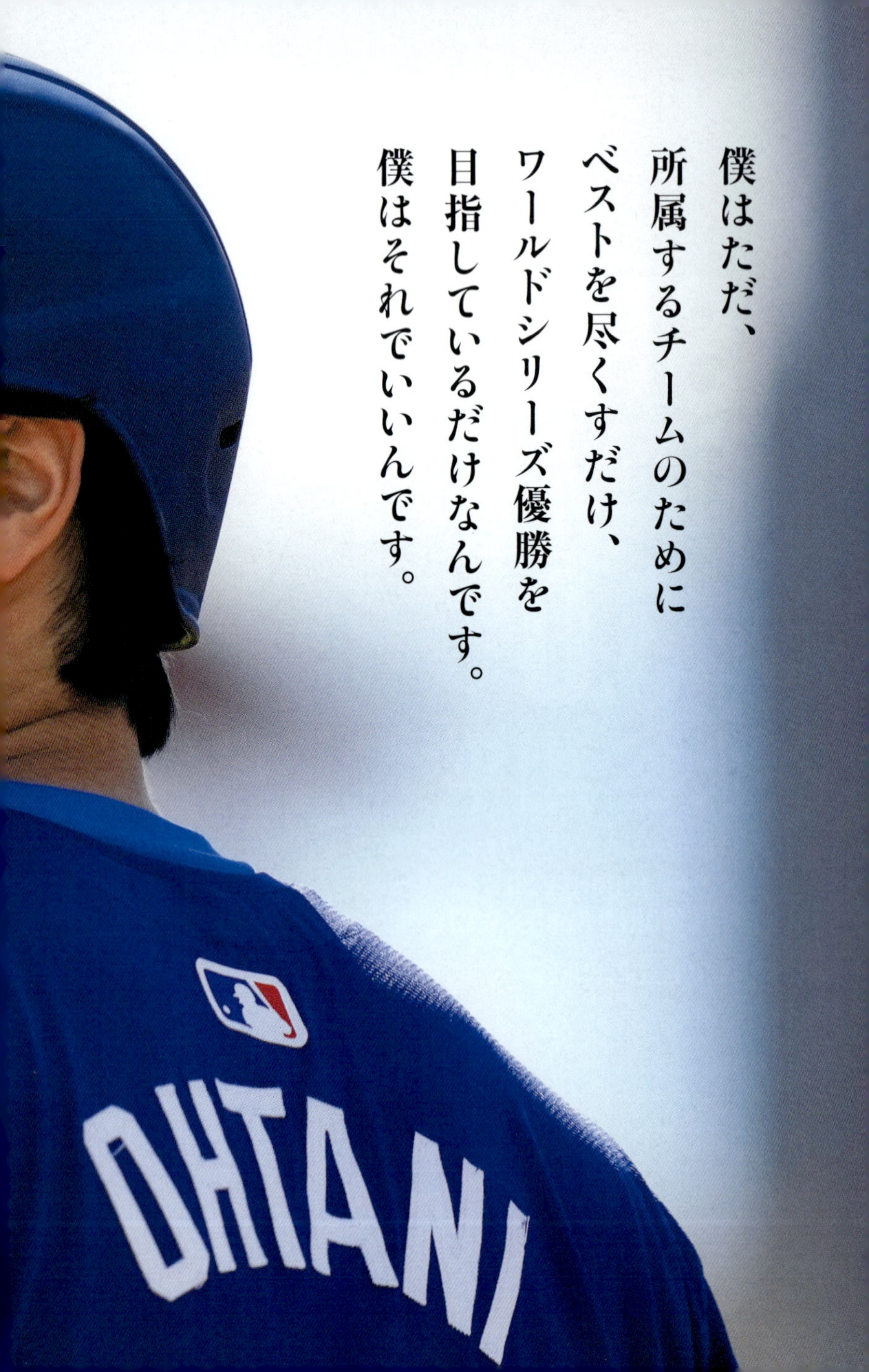

僕はただ、
所属するチームのために
ベストを尽くすだけ、
ワールドシリーズ優勝を
目指しているだけなんです。
僕はそれでいいんです。

AP/アフロ

Dodgers
Dodgers
30

西村尚己/アフロスポーツ

AP/アフロ

OHTANI
17

LA
Dodgers
LA

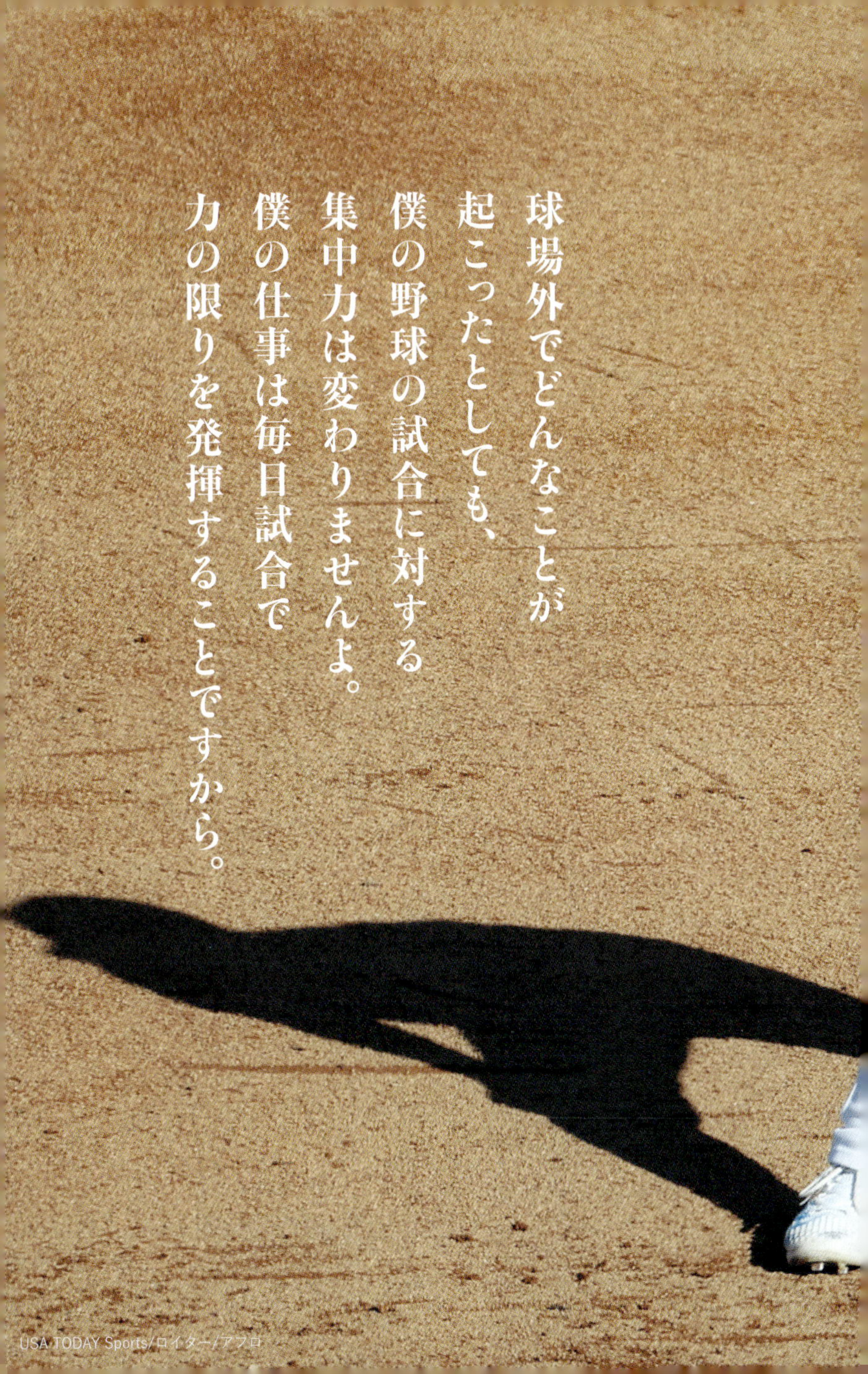

球場外でどんなことが
起こったとしても、
僕の野球の試合に対する
集中力は変わりませんよ。
僕の仕事は毎日試合で
力の限りを発揮することですから。

USA TODAY Sports/ロイター/アフロ

Nick Wosika/Icon Sportswire via AP Images

USA TODAY Sports/ロイター/アフロ

ZUMA Press/アフロ

USA TODAY Sports/ロイター/アフロ

LA

リハビリのプロセスは決して
楽しいものではないですけど、
進展があったと思えば、
必ず後退する時期もあります。
僕はできることをするだけで、
試合には影響が出ないように
心がけていますし、
感情のスイッチは切り替えています。

AP/アフロ

AP Photo/Mark J. Terrill

Marta Lavandier

USA TODAY Sports/ロイター/アフロ

嬉しいですし、
安心しましたし、
これまで野球を続けてきた
先達すべてに敬意を
表したいと思っています。

AP/アフロ

AP/アフロ

REX/アフロ

AP/アフロ

AP/アフロ

USA TODAY Sports/ロイター/アフロ

USA TODAY Sports/ロイター/アフロ

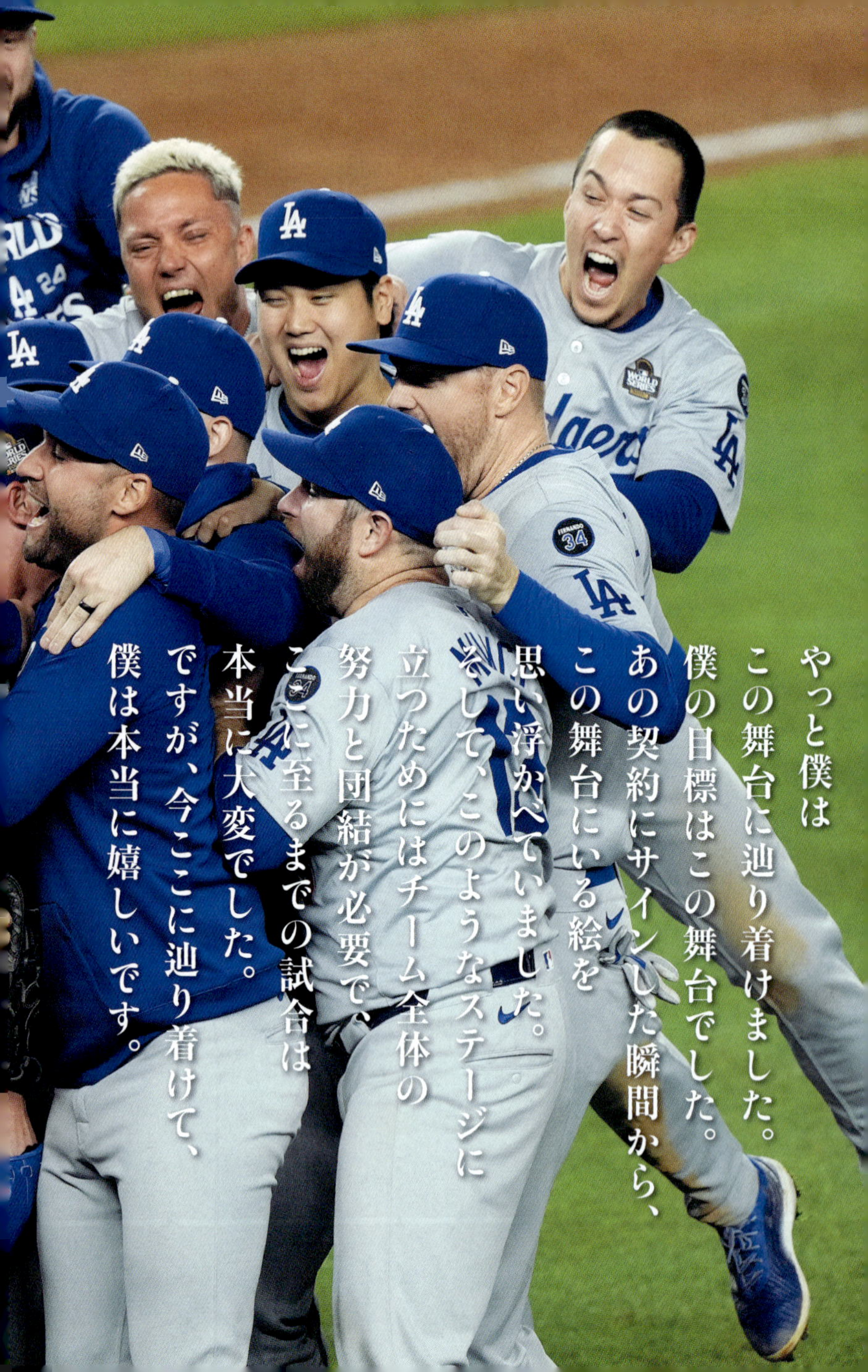

やっと僕は
この舞台に辿り着けました。
僕の目標はこの舞台でした。
あの契約にサインした瞬間から、
この舞台にいる絵を
思い浮かべていました。
そして、このようなステージに
立つためにはチーム全体の
努力と団結が必要で、
ここに至るまでの試合は
本当に大変でした。
ですが、今ここに辿り着けて、
僕は本当に嬉しいです。

日刊スポーツ/アフロ

AP/アフロ

SHO-TIME 3.0
大谷翔平
新天地でつかんだワールドシリーズ初制覇
THE JOURNEY TO HIS FIRST WORLD SERIES VICTORY

BILL PLUNKETT
TAKA DAIMARU
ビル・プランケット
タカ大丸 訳

徳間書店

大谷翔平がドジャースに加入してくれたとき、われわれはどんなことでも達成できると確信した。しかし、彼の歴史的な50-50の達成からニューヨーク・ヤンキースを下して勝ちとったワールドシリーズ優勝までの道のりを振り返ると、2024年は、われわれの期待をはるかに超える、できすぎの1年だったといえる。ビルはこの旅路に最初から最後まで、ずっと同行してくれた大切な語り部だ。

ドジャース監督　デーブ・ロバーツ

プロローグ

世界中にまばゆい光を放ち続ける「ハリウッド」の足元にいながらも、ロサンゼルス・ドジャースは、移転当初から独自の存在感を示してきた。

1960年代の大エース投手、サンディー・コーファックスとドン・ドライスデールから、1970年代のスティーブ・ガービーに、1980年代にはフェルナンド・バレンズエラとカーク・ギブソンが中心となり、1990年代にはマイク・ピアザがいて、2000年代に入ってからはクレイトン・カーショーが台頭し、短期間ながら「ワイルド・ホース」ヤシエル・プイグが大暴れした。

長年にわたりドジャース専属アナウンサーを務めたヴィン・スカリーもまた、伝説の1人としての地位を確立し、野球界において不滅の足跡を残した。

ドジャースでは監督でさえスターになった。

ドジャースタジアムのダグアウトで20シーズンにわたり君臨したトミー・ラソーダは、著名人との交遊を謳歌するなかで、自分自身もセレブになった。

歌手のフランク・シナトラやコメディアンのドン・リックルズとの友人関係のおかげもあり、ラソーダはテレビのトークショーの常連になった。そして、イタリア料理に対する狂信的な愛情やでっぷりと太ったお腹が冗談のネタとなり、テレビで宣伝広告されていた減量プログラムを試してさえも減量に失敗して話題になった。

ラソーダは自らの名声を活用してドジャースの野球の福音を伝えていった。自身の体内にはドジャーブルーの血が流れていて、ドジャースタジアムは「青い地上の楽園」だと強調した。「君たちが天国へ行きたいなら、まずはドジャースタジアムを経由しなければ」

そうラソーダは公言したこともあった。

歴史上、ほかのプロ球団が1つならず2つも〝マニア〟の旋風を巻き起こしたことがあっただろうか？ いうまでもなく、〝フェルナンドマニア〟と〝野茂マニア〟のことだ。

フェルナンド・バレンズエラが世に出てきたのは、1981年のことだった。

メキシコの小さな町から出てきた20歳の若者は、いきなり数々のメジャーリーグの強打者たちを翻弄した。フェルナンドが先発する日は毎回がお祭り騒ぎになり、球場は満員御礼。今までにはいなかったファン層が押し寄せて、彼が新人王とサイ・ヤング賞を同時に受賞することを後押しした。

この14年後、今度は野茂英雄がロサンゼルスにやってきた。

当時はまだ、アメリカにおいてまったく無名の右腕だった。たしかに、野茂は日本で大きな成功をおさめた投手だったが、その成績がどのようにMLBで反映されるのかは誰にもわからなかった。なにせ、それまでに前例がなかったからだ。

だが野茂は、そのあとに続く日本人選手たちの先駆者となり、自身もオールスター出場と新人王受賞を果たした。

バレンズエラと同じく、野茂は独特の投球フォーム「トルネード」でファンを魅了し、さらに新たなドジャースのファン層を開拓した。

しかしながら、大谷翔平のドジャース加入は、この2人の登場とは意味が違う。

バレンズエラや野茂とは違い、大谷はドジャース入団の時点ですでに名声を確立していた。二度のアメリカン・リーグMVP（最優秀選手賞）という実績も携えていた。

分業化が進む業界のなかで唯一無二の二刀流選手として、大谷はすでに野球界有数のスター選手である。

今までの野球界に、大谷翔平のような選手は1人もいなかった。

MLBにおける最初の6シーズンで、大谷は野球界屈指の強打者かつ投手としても超一級の実績を残すという離れ業を演じていた。

こんな事例は、一世紀以上前のベーブ・ルース以来、誰一人としていなかったし、大谷と同じ次元でこの2つを両立するというのは皆無だった。

全世界のあらゆるプロスポーツを見回しても、ここまでの世界的インパクトと経済効果を、大谷と同じレベルで引き起こせる選手はほんの数人しかいない。

ドジャース移籍により、さらに名声と市場価値が高まるのは確実だった。選手として全盛期に入っている大谷の世界的ブランド価値が、MLBのなかでもとくに市場規模が大きく、ハリウッドを擁する南カリフォルニアという土地柄も兼ね備えた伝統的なドジャースブランドとかけ合わされ、複利的な効果を発揮するのだ。

「ほかのチームでプレーしても、メジャーリーガーにはなれるさ」

殿堂入りも果たした名将ラソーダが、かつて自身が愛してやまないチームについて語ったことがある。

「だがな、ドジャースに来たら、これこそが真のメジャーリーガーということになるのだよ」

大谷とドジャースの〝結婚式〟が報道陣の注目を集めるのは、当初から誰の目にも明らかだった。

ドジャースの一員となった大谷のお披露目記者会見は、2023年12月の契約締結の直後にドジャースタジアムのセンターフィールドプラザで行われた。そこには約300人の記者、映像撮影の担当者、カメラマンが殺到した。そしてこの会見は、スポーツネットLA（ドジャース公式テレビ局）、日本のNHK、MLBネットワーク、ESPN、そしてYouTubeが生中継した。デーブ・ロバーツ監督はこう語った。

「地球全体で見ても、これほどの注目と記者を動かせる野球選手はショウヘイだけだ」

大谷が2月上旬にアリゾナ州にあるキャメルバック・ランチ練習施設に初めて姿を現したとき――投手と捕手が現地入りすべき日より数日早かったのだが――そこではすでに日本の報道陣が待ち構えていた。毎日午前6時には数十台におよぶビデオカメラが駐車場にずらりと並び、大谷が自ら運転する車が施設に入る瞬間を逃すまいとしていた。

ある日の朝、1人のカメラマンが熱心さのあまりか、大谷が施設入りする瞬間を捉えようと入り口の前にある交差点のど真ん中で待っていることすらあった。

「あの2人は日本版テイラー・スウィフトみたいなものさ」

そう大谷と山本由伸を評したのは、名投手のクレイトン・カーショーだった。

「オレたちはあの2人と関連があるおかげで、さらに大物ということになるんだ。つまり今後はオレたちにも地球の反対側から注目が集まるというわけだね」

本来、スプリングトレーニング中にアリゾナに滞在するドジャースを毎日取材するのは、ロサンゼルス・タイムズ、ジ・アスレチック、MLB.com、そして私の4メディアだけだ。

私は、南カリフォルニアに拠点を置く12の新聞に記事を提供している。このなかにはオレンジ・カウンティ・レジスターとロサンゼルス・デイリー・ニュースも含まれている。

スポーツネットLAもスプリングトレーニング中は毎日、何らかの記事を配信する。全米で展開している媒体、たとえばESPN、USAトゥデイ、スポーツ・イラストレイテッド、FOX、Yahoo! sports の記者やコラムニストもたまに取材にきて記事を出すこともある。だが、スプリングトレーニング中に10人から12人以上の記者がいることはまずない。

それが大谷の加入で一変した。

キャメルバック・ランチの取材申請は、2024年から倍増した。同施設内のメインビルディングの中にある記者室は、もともと収容人数が12人程度しかなかったので、ドジャース側は急遽、駐車場に大型テントを設営した。この会場は、フラットスクリーンのテレビ数台とソフトドリンクを満載した冷蔵庫を完備していたが、いつの間にか〝ホワイトハウス〟と呼ばれるようになった。

「日本ではおそらく、野球はほかのスポーツとは別格の扱いをされていて、あの2人（大谷と山本）を追いかける熱狂ぶりを見ていると、オレまで毎日『サンデーナイトフットボール』に出演しているような気になってくるよ」

そう語ったのは、ドジャースのウォーカー・ビューラー投手だった。

「ある意味で、2023年のWBC（ワールド・ベースボール・クラシック）に戻ることができたという感じかな。あのときの熱狂や注目が再び帰ってきたという感じだね。こういうふうに熱心に取材されるのは、いいことだと思うよ。われわれもこんなに注目されて幸せだと思うよ」

だがドジャースの選手全員が、彼のように、ほぼ毎日クラブハウス内部まで大人数の記者が殺到することを「幸運」と捉えていたわけではない。

実際、ドジャースの広報担当者は、一部のカメラマンが傍若無人にふるまったため、クラブハウスへの出入りに関して規制を設けることになってしまった。

「われわれが施設入りしようとすると、もう約30人もの記者団が駐車場の外で待ち構えていたんだぞ。ここ数年、そんなことは一度もなかった。いやあ、まいったね」

春先から大谷と山本の狂騒曲に巻き込まれたフレディ・フリーマンが語った。

「でもさ、これっていいことだと思うよ。つまり、ドジャースがオフシーズン中にいい補強ができたということだろ。もっといえば、孫に話せるネタになるヤツが入ってきたということだろう。今でも、オレたちがベーブ・ルースについて話しているようなもんだよ。たぶん、オレらはそうやってショウヘイのことを話すようになるんだ。ドジャースにとって、オレら全員にとっての吉報だよ」

大谷がシーズン初期にロサンゼルスで自宅を購入したが、その際の注目度は異常なレベルに達し、一部の報道陣は超えてはならない一線を超えてしまった。

5月下旬に、大谷はドジャースタジアムから約13マイルのラ・カナダ・フリントリッジにある、コメディアンのアダム・カローラが所有していた豪邸を785万ドルで購入した。3階建ての家には5つの寝室、6・5個のバスルームもあり、ホームシアター、サウナ、ジム、バスケットボールのコートも完備されているということだった（訳注：アメリカの不動産において「バスルーム」とはバスタブとトイレがある一種のユニットバスであり、0・5とは、「トイレのみ」のこと）。

だが大谷の新居について、日本のフジテレビと日本テレビが近所で周辺取材を行い、外観を放映したり、近所の住人にインタビューを行ったりしたことにより、住所が実質公表されたのと同じ状態になってしまった。

ドジャースの選手も含むロサンゼルスに暮らす著名人たちは、近年、自宅侵入や盗難の危機にさらされており、安全に対する懸念が高まる一方だった。この日本のテレビ局の取材班は明らかに超えてはならない一線を超え、ドジャースタジアムでの取材許可は即座に取り消された。

安全とプライバシーに関する懸念のため、大谷夫妻は新居への引っ越しを遅らせることとなり、結局、一晩もこの新居で暮らすことなく7月にはこの家は売りに出された。

「オレにはあんな生活は耐えられないだろうな。あれだけの困難が押し寄せて、どこに行くかどこで暮らしているかまで詮索されるわけだろ」

フレディ・フリーマン一塁手はしみじみ語った。

「それなのにショウヘイは、クラブハウスで明るくふるまっているよ」

この一件により、大谷と報道陣の関係は冷えきることになった。それに比べると、ドジャース加入後の数カ月間の大谷は、割と取材しやすい対象だった。

だが、間もなくすべての取材はドジャース広報担当者に取材申請して、かつ担当者立ち会いの場合にのみ可能ということになり、かりにインタビューができるとしても、背後にスポンサー企業のロゴ（ANA、トーヨータイヤ、ダイソー）が入る場合のみ認められた。山本由伸取材の際にも同じ背景が使われることになった。

スター選手への取材機会、インタビューを求める媒体はあとを絶たなかったが、大谷はシーズンが進むにつれて、ごく限られた試合以外、試合前の囲み取材の応対自体を完全にやめてしまった。ドジャース担当のBBWAA（全米野球記者協会）記者団は、大谷の代理人、ネズ・バレロに事態の改善を訴えて抗議したが、無駄骨に終わった。

加熱するばかりの取材申請と日々の注目に直面し、「選手一同はこれも計算の一部に入れなければ」と冷静に語ったのは、2024シーズンに向けて準備を進めるデーブ・ロバーツ監督だった。

「これだけの大物日本人選手が2人もドジャースに加入してくれたおかげで、いってみれば、ドジャースは野茂英雄を迎え入れた栄光の時代に戻るということだ。われわれ球団全体にとっても、2人のおかげで全米、ひいてはアジア全体にドジャースのユニフォームが広がってくれるのは本当に嬉しいことだよ」

さらに、ロバーツ監督はこう続けた。

「このユニフォームに袖を通すということは、それだけ高い基準が求められることだと私は理解している。大きな責任がともなうし、サインする数も圧倒的に増えて、取材対応も激増し、地域貢献も求められる。私が見るところ、試合中のことは今さらいうまでもない。つねに大きな期待が寄せられているんだ。われわれ全員がその覚悟ができているかどうかわからないが、これから日々過ごしていくうえで、われわれ自身がさらに学び続けるしかない。だが、それもわれわれの宿命として深く受け止めていくしかないね」

ロバーツ監督によると、「あらゆる人にとっての学習曲線」というものがあり、監督からチームに言うことがあるとすれば、この機会と期待を喜びとともに受け入れて、ドジャースのような名門球団に恥じないプレーと生活規範を身につけよということのようだ。しかし、これほどの熱狂的な報道陣が選手たちにとって妨げになることはないのだろうか。

「もし受け入れるなら」とロバーツ監督は切り出した。

「人々の前に立てる絶好機を感謝して受け入れることができるなら、それ自体がドジャースの一員としてプレーする意味なのだよ。だから、もちろん気に障ることはあると思うけど、報道陣がクラブ全体にとって悪いものになるとは思えないね」

私の番記者としての生活もすでに20年以上になり、毎日のようにエンゼルスおよびドジャースの記事を書いてきて、その過程で数多くの日本人選手を間近に目撃してきた。ドジャースにおいては、野茂英雄、斎藤隆、石井一久、前田健太、エンゼルスでは長谷川滋利、高橋尚成《ひさのり》、松井秀喜と出会ってきた。

だから、日本人選手に対する熱狂的な取材にはある程度慣れているつもりだった。だが、大谷ほどの注目を集めた選手は、前述の選手のなかには1人もいなかった。かろうじて、デビュー当初の野茂英雄と松井がそれに少し近いくらいだった。

松井がエンゼルスに加入したのは2010年のことで、ちょうど2009年にヤンキースが世界一となり、ワールドシリーズMVPを獲得した直後のことだった。したがって、数十人の日本人記者が彼を追いかけてきたのはよくわかる話だった。

松井の取材応対は見事なものだった。記者たちは毎日1〜2分、松井と話したくて彼のロッカー前に日参した。そして、彼は誰に対しても友好的だった。

シーズン終了後——例によって、エンゼルスはプレーオフ進出を果たせなったのだが——われわれは全員集まってエンゼルスタジアムでソフトボールの試合をした。

サッカーでいう親善試合のようなもので、日本メディア対アメリカ人記者団の対決で、アメリカ人チームにはエンゼルスのフロントオフィスのスタッフも加わっていた。

なんと松井はそこにも姿を現して、しかも一緒にプレーまでしてくれた。本来は左打者の松井は右打席に立ち、アメリカ人チームでプレーしたのだ。試合後、彼はまだ居残り、すべての日本側の記者および家族との記念撮影にも応じていた。

私たち野球記者は、毎日のように長い待ち時間——クラブハウスの外、クラブハウスの中、ダグアウトなど——を過ごすことになる。

この時間に、私は数多くの日本人記者たちと親しくなった。サム・オノダ（フリーのプロデューサーでおもにNHKを媒体とし、イチロー・スズキ、前田健太、松井、そして大谷を取材）、タカコ・ナカミチ（もう1人のテレビ記者）、奥田秀樹（スポーツニッポン）、サンケイスポーツなどで記事を書く丹羽政善、中日新聞の阿部太郎といった人たちだ。

あれだけの長い時間をともにすることで、私は多くの日本語の単語や表現を彼らから学ぶことになり、選手の取材でも活用することになった。すると、選手たちも喜んでくれることがままあった。そのおかげで選手たちをリラックスさせることができ、報道陣のなかでも際立った存在になれて、深い関係を築くことに役立った。

スプリングトレーニングが始まって数日のうちに、大谷翔平の取材におけるルールが明らかとなっていった。

・ルールその1：もし大谷が何かをすれば、それはニュースである。
・ルールその2：もし大谷が何もしないのであれば、それもまたニュースである。

大谷がキャメルバック・ランチ入りしたのは、二度目となる肘の再建手術を受けた5カ月後のことだった。ドジャースはすでに2025シーズン開幕まで大谷に投げさせないことを決定していたが、大谷本人は、手術後のリハビリと指名打者（ＤＨ）としての役割をまっとうしようと、例年より早い韓国のソウルにおける公式戦開幕の２試合に照準を合わせて調整を進めていた。

スプリングトレーニングがスタートすると、大谷のリハビリの様子を追うのは困難を極めた。というのも、作業の大部分は通称「ザ・ラボ（実験場）」と呼ばれる巨大施設の内部で進められており、そこにはバッティングケージと打者用のハイテクバーチャルリアリティ設備が完備されているからだ。だが、大谷が近いうちに球場で打撃練習を行うことは確かだった。

そして、彼の名前が、球場内の打撃練習の組み分けの一員として登場した。この組み分け名簿はドジャースのロッカールームに貼りだされていて、報道陣の目にも入るものだった。大谷の名前はたしかに名簿に入っていたが、実際に球場の打席に立つことはなかった。前述の大谷取材ルール２を思い出されたい――もし大谷が何かをしなければ、それもまたニュースである。

だが、大谷が報道陣と直接話す機会は限られていて――だからこそ、メディアとドジャースの間にずっと衝突が続いたわけだ――そのうえ、なぜ打席に立たなかったのかを大谷本人が語ることもなかった。

全体練習のあと、クラブハウスが報道陣向けに開放され、私はクラブハウスの入り口に向かって歩き出し、けっこうな数の日本人記者たちもクラブハウスに向かっていた。

すると、大谷と当時の通訳、水原一平がやってきた。

大谷のフリーエージェント（ＦＡ）狂騒曲のなかで、大きな注目を集めたのが二度目のＭＶ

P受賞の際に姿を現した犬の存在だった。

数週間にわたり、この犬の名前は謎のままだった。そこで私は「ワンチャンノナマエ、ナニ？」という日本語を覚えた。それにより、この謎を解けるのではないかと期待していた。

私が大谷に直接聞く機会を得られるまでに、犬の名前「デコピン」は、世間に広く知れ渡っていた。そこでこの日、大谷がクラブハウスを離れようとしているときに、私は日本語で
「ワンチャン、ゲンキ？」

と声をかけてみた。すると大谷は立ち止まり、私を見つつ、

「デコピンは元気です」

と答えてくれた。私の日本語もまあまあ通じたということだが、私は感謝の言葉「アリガトウ」を伝えたうえで、なぜ球場で打撃練習を行わなかったのかを聞いた。本人曰く、

「名簿に名前を載せたのは、もし参加できそうなら参加できるようにしておこうということで。結局、来週までは調整が必要なので、今日は打たないことにしました」

という回答だった。私にとっては小さなニュースのネタを入手できたのだが、この一連のやりとりは日本人記者団にとっては大きなネタだった。

結局、この日の私は大谷本人よりも多くの取材を受ける羽目になり、いかにして私が日本語を学び、大谷取材の意義をどう捉えているかなどを、日本人記者団を相手に延々と語ることになった。この取材記事は写真付きで——私の顔の周りに日本語の文字が羅列されていた——翌日の「スポーツニッポン」の一面を飾ることになった。

私は日本の記者に対し冗談半分ながら、〝ワンチャン・ゲンキ・ガイ〟として日本で大谷と一緒にドッグフードのCMに出演したいと熱弁をふるった。最低限、わが家の「ワンチャン」に無料のドッグフード提供くらいあってもいいのではないか。

大谷と日本語のやりとりをしたことで、日本の報道陣の注目を集めたのはこれが初めてだったが、最後にはならなかった。

2024年の歴史的シーズンを取材するにあたり、ドジャースおよび大谷を追うことが今までとは根本的に違う経験になるのだと、早い段階で教えられた一件だった。

CONTENTS
目次

プロローグ …… 4

第1章 白鯨を釣り上げる …… 23
10年にもおよぶ遠距離恋愛 …… 24
監督自身も肝を冷やした勇み足 …… 34
史上最大の移籍狂騒曲 …… 46

第2章 変革の春 …… 57
ワールドシリーズ制覇か、それ以外か …… 58
1000億円の価値を見守る …… 69
新たな人生のパートナー …… 79

第3章 想定外の激震 …… 83
メジャーリーグと賭博の歴史 …… 84
最高の親友による最悪の裏切り …… 91
禍福は糾える縄の如し …… 105

第4章 活躍を支える特殊な力

第4章 活躍を支える特殊な力 115
睡眠への追求と韓国遠征での熱狂 116
新天地での滑り出し 123
トンネルを抜ける1本 137
第5章 スシかピザか 147
トップパフォーマンスを維持するためのルーティン 148
ブーイングに対する見事な返礼 153
スーパーカーのチューニング 163
第6章 故障者リスト 175
止まらないケガの連鎖 176
〝ドジャースの1番・大谷〟の誕生 181
野戦病院での孤軍奮闘 193

CONTENTS
目次

第7章 ピッチング再開 201
〝トミー・ジョン〟手術の歴史 202
リハビリ中の投手にして最高の打者 208
二刀流復帰への試考錯誤 219

第8章 たった1人の50－50クラブ 229
盗塁のための緻密な準備 230
チームが1つになったミーティング 238
スターがスターたる所以 247

第9章 ヤマモトの1年 269
導かれるようにドジャースへ 270
山本を支える独自のトレーニング 278
自らの価値の証明 283

第10章　初めてのポストシーズン 289
一進一退の攻防戦 290
ここ一番での投手陣の奮起 298
不調を払拭する一振り 302
第11章　ワールドシリーズの景色 311
ゴールデンカードによる夢の舞台 312
予期せぬアクシデント 318
夢に見た舞台での景色 326
エピローグ 332
謝辞と出典 338
訳者あとがき　タカ大丸 342

第1章

白鯨を釣り上げる

SHO-TIME 3.0
THE JOURNEY TO
HIS FIRST WORLD SERIES VICTORY

10年にもおよぶ遠距離恋愛

史上最大のフリーエージェント劇により、大谷翔平は2023年12月にロサンゼルス・ドジャースと史上最高額の契約を結んだ。

以来、大谷は、アンドリュー・フリードマン編成本部長が執心し、実際に釣り上げた最大の大物という意味で、〝白鯨〟と称されるようになった。

もっともフリードマンはこの表現を好まず、むしろ嫌がっている様子さえ見えた。ただ、彼が大谷に目をつけて惚れ込んだのは、2012年の10月、まだフリードマンがタンパベイ・レイズのGMで、10代の高校生だった大谷が高校から直接アメリカのメジャー行きの強い意向を示したころまでさかのぼることは認めていた。

その当時、レイズが大谷に対して、日本プロ野球を飛び越してレイズ入りするように説得できる可能性は非常に低かった。

しかしながら、大谷がドジャースのような巨大市場を抱える人気球団に加わるように説得するのは十分に可能な作業だった。いってみればこのときが、約10年にわたって近づいたり遠のいたりを繰り返すこととなる、大谷とドジャースの恋愛関係の始まりでもあった。

最初の誘惑のサインは長く続かなかった。MLBの数球団が高校卒業直後に大谷を入団させようとし、そのなかでもドジャースは、ボストン・レッドソックス、ニューヨーク・ヤンキース、テキサス・レンジャーズと並ぶ有力候補と見られていた。

当時のドジャースは、この高校生スター選手を将来有望な投手の1人として見ていた。18歳にして大谷は、日本で大人気を誇る夏の甲子園大会の岩手大会で99マイル（約160キロ）の速球を投じていた。それだけの輝きを放っていが、それでも大谷は、MLBデビューを果たすまでには数年間のマイナー生活が必要だと見なされていた。

「もし、彼が日本でのプロデビューを望むとするなら、われわれが獲得できる見込みは薄くなるだろうと覚悟はしていたよ」

そう振り返るのは、当時、ドジャースのGMだったネッド・コレッティである。

MLB側からの熱視線を集めていた――そして大谷本人もMLBに直接飛び込みたい意思を表明していた――にもかかわらず、北海道日本ハムファイターズはドラフト会議で大谷の1位指名を強行して、大谷の説得にかかった。

ファイターズはまず、アメリカの小さな町を転々とするマイナーリーグの過酷さを訴え、そのためにビデオも作成していた。その一方で、日本でプロ生活を始めれば、念願の二刀流選手としてのスタートを切ることができると訴えた。いつの日か、彼がMLBに羽ばたくことは不可避だとファイターズ側もわかっていた。だがまずは、日本で腕を磨けば二刀流選手として地位を確立できると訴えた。そして、彼は納得した。

大谷は新人ながら1年目からオールスター出場を果たし、2年目には2桁勝利と2桁ホームランを達成し、2014年オールスターでは101マイル（約162キロ）の速球を投じ、シーズン後半にも再び同じ球速を記録した。2016年にはパ・リーグのMVPも受賞し、ファイターズを日本一に導いた。

シーズン終了後に受けた右足関節有痛性三角骨の手術のため、2017年のWBCを欠場することとなったが、そろそろメジャーリーグに旅立つときだ。当時の国際選手契約規約によると、MLB球団から提示される年俸は著しく抑えられるにもかかわらず、彼は決断した。

こうして、ロマンスが再び始まった。

当時のフリードマンは、大谷獲得の可能性について「状況を注視している」と語るだけだった。すでにその時点で、長期間にわたり大谷の動きは観察していた。事実、2017年8月に、フリードマン――当時、すでにドジャースの編成本部長に就任していた――と選手調整担当のゲイレン・カー、元ドジャースの名投手で現在は解説者となっているオーレル・ハーシュハイザーが、ファイターズの試合のブルペンで投球練習する大谷の姿に熱視線を送っていた場面を報道関係者が目撃していた。カーはドジャースでフリードマンの部下となる前は、長年ボストン・レッドソックスのスカウトを務めており、数年間にわたり大谷を追いかけてきたことになる。

「私から特別何か言えることなんてなかったよ。本当になかったんだ」

2024シーズン中に、カーが当時を振り返って語った。

「たしかに、日本には何度も行ったよ。私だけでなく、多くの人たちが彼を見るためだけに海を渡った。私が見てきたなかで、あれほどの才能を兼ね備えた選手は、ほかには1人もいなかった。将来、殿堂入りの可能性が高い選手だといっても、何も驚きはないだろう。われわれは選手に評価点をつけるんだ。最低2から最高の8までだ。8なら殿堂入り選手だよ。彼は渡米する前からすでにレベル8の選手だった。打者として控えめに見て7かな。あのミート力と圧倒的な長打力があるわけだからね。しかも、１００マイルの速球も投げられるわけだ。そのうえで80点のスプリットを投げて、80点のパワーもある。フェアゾーンに打ち返すことができて、塁間３・９秒で走ることもできる。何なんだこの化け物は？　どこでどうすればこんな名品をつくりだせるんだ？　才能の集まり方という視点からして、われわれの野球史上、例がない存在だよ。少なくとも私が生きている間には見たことがない」

カーが振り返ってくれたのは２０１７年に訪日し、大谷の強烈な原動力を見せつけられた場面だった。

「たしかあのときのショウヘイは、かかと付近をケガして2軍でリハビリしていたはずだ。日本ハムの2軍施設は割と東京に近いから、東京での試合に出場して、またリハビリに戻っていた。私は練習の様子を3日連続で観察したんだ。スタジアムには誰もいなかった。それでも１人黙々とメニューをこなす男がそこにいた。あの日はたしかＢＰ（打撃練習）で１００スイングくらいをこなしていた。そのうち90球はレフトのライン際に打って、少しでも深い位置でフェアゾーンの中に入れる作業を繰り返していた。ものすごい集中力だったよ。それから最後の8から10球くらいは、思う存分遠くに飛ばそうという感じで５００フィート（約１５２メートル）くらい飛ばしていたな。あの集中力と目的意識からは、『オレはもっと打撃を極めて、今までよりもさらに上を目指すんだ』という凄まじい執念を感じたよ」

そして代理人となったネズ・バレロの手助けも得て、大谷は同じ集中力を注いで自らが加わるＭＬＢのチームを選ぶことになった。まだ年齢が25歳以下だったため、大谷はどのみちＭＬＢの最低年俸しか受け取れなかったわけだが、バレロはＭＬＢ30球団すべてに質問状を送付し、彼に合いそうな球団を見極めようとした。

その点、ちょうど２０１７年10月のワールドシリーズを終えたばかりだったドジャースは、立地面から始まり、ロサンゼルスの大きな日系および日本人コミュニティ、野茂英雄から石井一久、そして黒田博樹および前田健太に至るまでの数多くの日本人選手が所属してきたという歴史、先進的なフロントと強力なマイナー育成組織を備えていて、獲得に有利な条件がそろっていたはずだった。

ただし、１つだけ重大な弱みがあった。ナショナル・リーグは２０２０年まで指名打者制を導入しないことになっており、大谷が投げていない日に打つ機会が制限されてしまうのだ。

「あれだけの才能に恵まれて両方をこなせる選手なら、十分にこの条件でもやっていけると思っていた」

２０１７年冬の時点で、フリードマンはそう語っていた。

「日程を吟味して、リカバリーの日時をきちんととることも当然必要になる。だが、これだけの圧倒的な才能をもつ選手と契約できるのであれば、そのあたりはやっていけると確信しているし、契約できるのを楽しみにしているよ」

フリードマンはドジャースが大谷とバレロに対して行ったプレゼンテーションを「課題」と

称していた。

最終候補の8球団が明らかになった際に、ドジャースはそこに入っており、大谷本人に直接訴えかけることができる、ごく限られた機会を得ることになった。

ほかの西海岸の4球団――エンゼルス、パドレス、ジャイアンツ、マリナーズ――がそこに入っていることには驚きはなかったが、この最終候補一覧にナショナル・リーグの4球団――ドジャース、パドレス、ジャイアンツ、シカゴ・カブス――が含まれていたのは驚いた。

最終的に大谷はエンゼルスとの契約を選んだことで、野球界全体を驚かせることになった。ほとんどの場合、ドジャースの陰に隠れている目立たない球団だからだ。それでも、指名打者制がないナショナル・リーグの弱みをドジャースも克服できなかったことになる。

「私も驚いたよ。でも、理解もできたがね」

多くの人を驚かせた大谷の決断について、ゲイレン・カーが振り返った。

「われわれは、本気で彼が投手と打者の両方で活躍できるプランを立てたんだ。だが、簡単にいうと『よし、君はアメリカン・リーグの球場で指名打者として毎日試合に出るんだよ』と、『君にはいつも代打で待機してもらうよ』の対決だったということだ。それでもドジャースに来てくれれば、年間300打席くらいは立てる計算だった。でも大谷の決断はよくわかるよ。当時ナショナル・リーグがDHを導入していたら彼はドジャースの一員になっていたと思う。それがわれわれの感触だった。だが、本当のところはわからない。まだ直接は彼に聞いていない。いつか聞いてみたいね」

そして、フリードマンは当初から、ドジャースの獲得努力が無駄になることにうすうす気づいていたのではないか。

「その質問には答えられない。私にはわからない。だが、これが困難な作業になることはわかっていたし、われわれとしてはできる限りをプレゼンテーションに詰め込んだ。ロサンゼルス・ドジャースを彼に売り込み、どのように彼を活用するかを多くの時間をかけて知恵を絞ってきた。今でも覚えているのは、彼がエンゼルスを選んだことが判明した15秒後に、弟がメッセージをよこしたことだ。『ヘイ、ロサンゼルスの売り込み、よくやったな』と」

ジャスティン・ターナー、クリス・テイラー、クレイトン・カーショーといった選手たちも勧誘に関わったが、このようなユーモアのセンスを出す様子はなかった。

この3人はドジャースのフロントオフィスに招集され、大谷を唸らせるという任務を課せられた。ターナーはこの冬に自身の結婚式を控えていた。カーショーもテキサスからロサンゼルスに自身の結婚記念日のため舞い戻っていたタイミングだった。

「あんなのは時間の無駄だと、最初から思っていたよ」

翌春、ターナーは「ロサンゼルス・タイムズ」の取材に応じて吐き捨てた。カーショーも同様の感想だった。

「とんでもない時間の無駄だった。彼がDHをやりたいのは前々から明らかだったじゃないか。ある意味で、あんなふうにオレたちに無駄な時間と労力を使わせた、彼の代理人に腹が立っているんだ。最初からナショナル・リーグ所属の15球団は除外しておくべきだったんだ」

こうして大谷伝説は、ドジャースタジアムから南に35マイル離れ、環境も大きく違うオレンジ・カウンティで花開くこととなった。

ドジャースは毎年のようにプレーオフ進出を果たし、うち二度はワールドシリーズまで駒を進めるなか（新型コロナのパンデミック最中だった2020年に世界一となった）、大谷はこの6シーズン、チームとして注目を浴びないままに過ごした。

もちろん、2018年に新人王、2021年と2023年にアメリカン・リーグMVPという圧倒的な個人成績を残し、21世紀のベーブ・ルースとしての地位は確立した。

だが、ポストシーズンにはかすりもしなかった。エンゼルスは大谷が在籍した6シーズン中5回を5球団で構成されるアメリカン・リーグ西地区にて4位で終え、もう1つも3位で終えていた。

2018年の時点で大谷がドジャースと契約していれば、まったく違う条件のなかで緊迫感をともなう野球を楽しめていたことは間違いない。

「私もそのシナリオを夢想することがあるよ」

ドジャースのデーブ・ロバーツ監督は、「2018年に大谷がMLBに参戦した時点で、もしもエンゼルスの代わりにDHのないドジャースを選んでいたらどうなったか」と問われ、そう答えた。

「わが球団は、そういった事態に対応できるだけの人材とインフラを整えていると思う。多くの選手たちが加入してくるわけだから、その準備をしているのは当然のことだ。だが、当時の事情もよくわかっているし、エンゼルスに対して敬意を欠くようなことは言いたくない。結局、あの当時、ショウヘイが自分のために下した決断がいちばん正しかったのだと思う。それでも、もしあの時点で、ショウヘイがドジャースに来てくれていれば、1年目から圧倒的な活躍をしてくれていたことは確信しているよ」

エンゼルスのプレーオフ進出を果たせない無能ぶり、そして大谷がいる間、年間を通じて万全のコンディションでプレーできないマイク・トラウト問題もあり、大谷とアナハイムとの契約が終わりに近づくと、大谷をどこかへ放出して将来有望な選手を複数人まとめて獲得する超大型トレードが決行されるのではないかという憶測が飛び交い続けた。

マーケティング観点から見た大谷の市場価値と、機能不全に陥ったエンゼルスの組み合わせにより、結局トレード話も憶測の域を出ることはなかった。

その代わりに、大谷は二度目のMVPを獲得したうえで、満を持してフリーエージェント市場に名乗り出ることができた。

今度こそは大谷を獲得しようと、ドジャースも再び本気を出してきた。今度こそ大谷がドジャーブルーを選びそうな気配はたしかに漂っていた。ゲイレン・カーはこう解説してくれた。

「思うに、彼がドジャースに来てくれたことを当然だと思ってはいけないんだ。だが、次の移籍先を決めるうえで、ドジャースが彼の求める条件をほぼすべて備えていて、1つひとつの項目にチェックを入れられる状態になっていたの確かだよ。球団が南カリフォルニアにある。それもロサンゼルスだ。街は多様性にあふれている。これは魅力的に決まっているだろ?」

それに加えて、ドジャースの資金力も優位に働いていた。前回と違い金額に上限がないので、すぐさま5億ドル前後の契約になるのではという憶測が広まった。

ブランドン・ゴメスは、ドジャース選手育成部門の一員で、２０１７年の大谷獲得プロジェクトにも関わっていた。今回の彼は、ドジャースのＧＭとして、さらにこのプロジェクトで大きな役割を果たすことになった。

「私は最初の会合から顔を出していたわけではないんだ」

ゴメスＧＭが振り返った。

「だが、事態が大きく進展していたのは確かだった。優先順位も変わっていた。ショウヘイに関していうと、まず公開情報の量が限られていた。滅多に外出すらしない人だからね。ならば、われわれから強調できることがあるとすれば、ドジャースなら勝てるよ、勝つための文化と今後の長期計画があるよという点だった。あらゆる方面に聞き取りした限りでは、勝つことこそが彼にとって重要な要素のようだった。それを考えると、われわれが優位な位置にいるのは確かだった。あとは個人的関係をどうやって築いていくかだけだった」

２０２３年のオフシーズンに入るにあたり、大谷との契約がドジャースにとって大きな位置を占めることは誰の目にも明らかだった。２０２２−２０２３シーズンには大型補強をしていなかったのも、必ず大金が動く大谷獲得の準備のようにも見えた。

監督自身も肝を冷やした勇み足

ドジャースは、人気選手だったジャスティン・ターナーとコディ・ベリンジャーを放出し、4人のフリーエージェント選手――J・D・マルティネス、ノア・シンダーガード、デビッド・ペラルタ、シェルビー・ミラー――を1年契約で獲得した。これも、すべては2023年の選手獲得に関する贅沢税（CBT）を避けるための処置であることは確かだった。

だが、MLB機構はドジャースとトレバー・バウアーとの関係、および彼の出場停止処分について疑念を呈した。最終的にドジャースは出費が少ない冬だったにもかかわらず、CBTの裁定を仰ぐことになった。フリードマンはこう語った。

「くわしいことはあらためて確認しないとな。だが、私が推測するに、何人かには複数年契約を提示したが、話がまとまらなかったということだと思うよ。べつにわれわれが『絶対に選手に複数年は提示しない』と決めているわけではないよ」

しかしながら、2023年の時点で、ドジャースはFAを獲得する大谷を何がなんでも獲得しようと、あえて低予算のオフシーズンを選んだのだという憶測はあとを絶たなかった。そういう思考回路はドジャースにはない、とフリードマンは反論した。

「そんなふうに何年も先のことを考えて、すべての計画を緻密に立てることなんてできない。だって、2020年は重要な年だったんだよ。2021年、これも非常に重要な1年だった。2022年、これも大きな位置を占める重要な1年だった。つまり、その次の年がどうなるかわからないのに、目の前にある年で何かをしたり、しなかったりということはできないよ。ただ、頭の片隅に、ＤＨの枠をどうするかというのはつねに意識していた」

ＤＨの存在は、２０１７年当時と違い、ドジャースにとって大きな問題にはならなかった。すでに高齢のジャスティン・ターナーとは、２０２２年シーズン以降の契約更新はしないことが決まっていたし、Ｊ・Ｄ・マルティネスも２０２３年にＤＨとしてオールスター出場を果たしていたものの、ＦＡで退団することが確実視されていた。

テキサス・レンジャーズが世界王者に輝いたわずか数日後、野球界のオフシーズンが正式に始まり、30人のＧＭがアリゾナ州スコッツデールの年次総会にて顔を合わせることになった。

大谷のＦＡは、いうまでもなく野球界全体の最大関心事だった。だが、ＧＭ一同は、一様に可能な限り口を閉ざそうとしていた。

「彼は特別な選手だからな」

レンジャーズのエグゼクティブ・バイスプレジデント兼ＧＭのクリス・ヤングがかろうじて口を開いた。

「唯一無二の才能としか言いようがない」

クリーブランド・ガーディアンズＧＭのマイク・チャーノフの言葉である。

「われわれの世代のなかで突出した名選手ということだよ」

タンパベイ・レイズでＧＭ・編成本部長を務めるエリック・ニアンダーの短い言葉である。

「とにかく非常に優秀な野球選手ということだよ」

ドジャースGMのブランドン・ゴメスも笑顔で付け加えた。

「彼をほしがる球団は、30はあるだろうな」

シアトル・マリナーズの編成本部長であるジェリー・ディポートも加わった。

だが、誰の目にも明らかだったのは、MLB全30球団が大谷と契約したかったとしても、全球団が彼を呼び込めるだけの財力を備えているわけではないということだ。

初期段階での憶測として有力だったのは、マイク・トラウトが2019年3月に結んだ12年契約、4億2650万ドルあたりが、大谷との契約の基準になるのではないかというものだった。この規模の金額を支払える球団は片手で数えられるほどしかなく、ドジャースは間違いなく最有力候補の1つだった。

ドラフトキングス・スポーツブックという賭けサイトでは、大谷との契約に関してドジャースがマイナス110という圧倒的ないちばん人気で、サンフランシスコ・ジャイアンツがプラス550と遠く離れた2番手となっていた。

ただし、それらは完全なる他人の憶測であり、大谷の代理人のネズ・バレロは、クライアントの意思決定について――2017年と同じように――いっさいの情報を出さなかった。

バレロは2020年に「ジ・アスレチック」の取材に答え、自らの秘密主義について語っていた。2017年の大谷の決断に至るまでの話だった。

「われわれの両方にとってプロセスを完全に自分で制御し、メッセージを発し、最終的に発表に至ることが重要だったのだ」

各球団との面談についても完全に秘密裡で行われ、そこで各球団は大谷に対してプレゼンテーションを行ったわけだ。

2023年の時点でも、基本条件は同じだった。だからこそESPNのジェフ・パッサン記者は、バレロが大谷に興味を示した球団に対して、もし大谷との面談について情報を漏らした場合には、球団選びにおいて不利に働くと警告したと報じたのだ。もっとも、バレロはのちにこの報道内容を否定している。

「そんなふうに明言したことはなかったよ」

アンドリュー・フリードマンも、交渉過程の公表を禁じられていたという報道内容に対して答えた。

「ネズから知らされていたのは、交渉中に互いを尊重することが重要ということだった。べつに『この規律を破ったら、今後は交渉を打ち切ります』などと言われたわけではない。それはべつに普通のことだから、とくに注意することもなかったよ」

大谷の移籍先の決定が12月までもつれ込んだことにより、野球界の注目はナッシュビルで行われた年次ウインターミーティングに集中することとなった。そこで、ロバーツ監督が沈黙を破った。

ウインターミーティング中の2日間、各球団の監督は順番に記者会見に応じ、そこでチームについてオフシーズン中の補強計画とか、翌シーズンの見込みなどについての質問に答えることになっていた。

ロバーツ監督に会見の順番がまわってきてマイクの後ろに座ったとき、質問は当然のごとく大谷獲得の見込みについてという方向に流れていった。ドジャースは大谷獲得を目指しているのかと問われ、ロバーツ監督はためらうことなく即答した。

「ああ、われわれは会ったよ」

そうロバーツ監督は切り出し、大谷がらみの質問をしても無言か無視されるばかりで飽き飽きしていた記者一同が、一気に色めき立った。

「私は正直に答えたいから言うが、われわれはショウヘイと面談し、長時間話し込み、感触は上々だったよ。非常に有意義な面談だった。だが、最終的に決めるのはあちらだし、彼が自分にとっていちばんの決断をできるのだと思う。どこだったらいちばん心地よくプレーできるかとね。ショウヘイが最優先、というのは当然だよ」

たしかにこの数日前に、ドジャースは大谷と面談していた。スタジアムツアーは延期となったあとに中止となり、ドジャースタジアム内のチームストアも閉店となり、いかなるかたちでも大谷がファンの目にふれないようにしていた。

結局、ドジャースと大谷の面談は3時間続くことになったが、熱気という点ではある意味、2017年にドジャースが行ったものより控えめとも言えた。

アナハイムでMLBでの経験を6年積み重ね、ドジャース側は大谷がすでに6年前とは違い、メジャーに関する情報を豊富にもっているため、あのときとは違う観点から決断を下すだろうと踏んで、今回は現役選手をセールスマン役に仕立てることはなかった。

「彼のほうからいくつか聞きたいことがあったようで、それで少しでもチーム環境を把握したいという様子だった」

ロバーツ監督は、このウインターミーティングを振り返った。

「だが、もうメジャーリーグに6年間いるわけだから、ドジャースがどのような球団かは理解しているはずだ。われわれがどういう集団で、都市がどのようなものかといったこともね。2017年には、もっと全体像を話していく必要があった。いろいろと売り込む要素があって、彼は知らないことがたくさんあったからだ。この国のこともそうだし、都市もそうだし、組織全体についてもそうだし、彼に期待する今後の役割といったことも話す必要があった。その点、今回はそういう広い観点は必要ない。もっと的を絞った話をすればよく、彼が次のチームに期待することは何なのかだ。もはやあれもこれも売り込む必要はないんだ。最終的にはフィーリング、今後の毎日の生活がどのようになるかだけを示せばいいと思っている」

ロバーツ監督が率直にこのような応答をしたのは、実は、大谷とドジャースの面談がすでに報道されていると誤解していたからだった。いうまでもなく、このような報道はまったくされておらず、編成本部長であるアンドリュー・フリードマンとGMのブランドン・ゴメスの両方とも、ロバーツ監督がこのように公言したことに愕然としていた。

「正直、ドン引きしたよ。本当に困惑してしまった」

数カ月後に、このときのことをフリードマンが振り返った。そして言葉を選びながら続けた。

「あのときの私は他チームのGM全員とコミッショナーの会議に参加していて、ドラフトやルール変更などについて討議していたんだ。それで会場を出ると……ドック（デーブ・ロバーツ）がまだ会見を続けているのが目に入った。私はすぐネズに電話を入れて感触を確かめようとしたが、幸いこの一件がマイナスポイントにはならなそうな感じだった。それからドックと直接話し合うことになったんだ」

２０２４年に入ってからこのときを振り返り、ロバーツ監督も、会見直後は自分のせいでドジャースの大谷獲得がフイになるのではないかと真剣に心配していたと認めた。

「ああ、ダメになるかもと思ったよ」

そう監督は切り出した。

「私は自分が知っていることを話した。もちろん繊細な話題であることはわかっていたよ。だが、私がショウヘイとネズに直接確認したところ、面談を公言したことがチーム選びの際にマイナスになるという報道は全然事実ではないと明言してくれたよ。だから私は当時、自分が知っていたことを話したわけだが、当初は自分のせいでおじゃんになってしまうと思ったよ」

会見後、ロバーツ監督をつかまえたフリードマンに対して「あちらは落胆していたよ」とロバーツ監督は振り返った。だが最終的に、フリードマンの言葉によると「なごやかな会話となった」とのことで、打ち解けた2人は人気歌手のブラッド・ペイズリーが所有する、近場の１００エーカー（40万４７００平方メートル）におよぶ牧場で、思い切りウィスキーを飲んで楽しんだとのことだ。

このカントリー歌手は熱狂的なドジャースファンで、ドジャース関係者全員を招いて盛大な飲み会を催した。そこには、ペイズリーご自慢の膨大なウィスキーのコレクションがそろっており、早朝までどんちゃん騒ぎが続いたとのことだ。

この長時間にわたる飲み会には、最終的にタンパベイ・レイズから編成本部長のエリック・ニアンダーも加わった。ペイズリーのバーボンの在庫もだいぶ尽きてきたころ、フリードマンとニアンダーはトレード話を煮詰め、最終的にドジャースはレイズから右腕のタイラー・グラスノー投手を獲得する運びとなった。

一方で、大谷はサンフランシスコ・ジャイアンツのオラクル・パークを訪れ、新任のボブ・メルビン監督と元捕手のバスター・ポージーと面会した。その後はカナダのオンタリオ州にあるトロント・ブルージェイズの施設を訪れてチーム関係者と面談し、行き先の有力候補が絞られてきて、エンゼルスに戻る可能性は限りなく低くなったことを示した。

ドジャースのフロント一同がペイズリー牧場での一夜から酔いを醒まそうとしている間に、大谷との交渉に関しての動きは激化していた。

契約は4億ドル、いや5億ドルになるのではないかと憶測が高まっていた。だが、大谷の代理人、ネズ・バレロの頭の中では、さらに上の数字、7億ドルを想定していた。これはあらゆるプロスポーツのなかでも最大額の契約となる。

「私はポーカーフェイスを貫いたつもりだったよ」

バレロが金額を提示した瞬間を振り返り、フリードマンが語った。

「そして理由や詳細を詰めていくに従い、最終的に私からも『ＯＫ、取引成立』と答えたよ」

この契約の肝は、大谷側から提示していた金額の大部分、約6億8000万ドルを繰り延べにして、これから10年間の契約中は毎年約200万ドルだけを受け取るという点にあった。この超大型の繰り延べにより、大谷の新加入チームは負担を最小限にして、贅沢税を払う可能性を小さくしつつ、さらに多くの選手を補強できるようになるということだ。

「最初にあの数字（約7億ドル）を聞いたときは、さすがに金額が大きすぎると思ったのは当然だよ」

ゴメスGMはそう語った。

「だが、その後の支払いの仕組みとその理由づけを聞かされると、それはすごい、たしかによくできた方法だと納得したよ。関係者みんなが幸せになれる方法だと」

バレロはこの契約を、「唯一無二の歴史的名選手のための、唯一無二な歴史的契約」と称した。

これだけの大金を後払いにするというのは、大谷本人による名案だった、と代理人がのちに明かしたが、この選手にとっての最優先事項である、とにかく優勝できるチームの一員でいたいということを如実に浮き彫りとするものだった。

「この契約は、究極の無私と勝利への意志をかたちにしたものだから、それ以上弁明を並べる必要はないだろう。もちろん、私自身もこんな経験はしたことがなかったし、これからもないだろう。ショウヘイはインフレーションがどうとか、資産価値がどうとかはいっさい気にしていなかった。ついでに付け加えようか？　私も気にしていなかったよ」

バレロはUSAトゥデイ・スポーツの取材に答えた。

「この点において、彼は称賛されるべきだと思う。自身の年俸が球団の足かせになることは望んでいなかったんだ」

ゴメスGMは、この契約について、

「本当に素晴らしく、このおかげで関係者全員がそれぞれの目標を達成できるようになる」

という印象を受けたとのことで、今までの少しでも多くのカネをせしめようとする動きとは根本的に違うものだと感銘を受けたようだ。

「バレロから『これがわれわれの考えだ。チームと多くのものを共有したい。それが彼の求めているものなんだ』と説明を受けたよ」

とゴメスGMが述懐した。フリードマンは、この後払いの繰り延べ契約を「衝撃的」と評した。これまでにも、たしかにドジャースは何人もの選手と後払い契約を交わしてきた。ムーキー・ベッツ（1億1500万ドル）とフレディ・フリーマン（5700万ドル）は両方とも、ドジャースとの契約に関して年俸の大部分を後払いとしている。

大谷との契約が締結された数週間後に、フリーエージェントだったテオスカー・ヘルナンデス外野手と契約した際には、1年2350万ドルの契約のうち、850万ドルを後払いとすることで合意した。2024年3月にウィル・スミス捕手が、10年1億4000万ドルの契約延長に応じた際にも、毎年500万ドルが後払いとなることに合意していた。

だが、フリードマンは大谷が自身の年俸の97パーセントを後払いにしてほしいと、自ら申し出てきたことに唖然としたという。

「こんなことをわれわれ側から提示したと言っている人たちは、われわれの本能を過大評価していることになるよ。彼が全球団との交渉を終えて『OK、取引成立』と言うまでは、気を緩めるわけにはいかなかった。交渉する全球団がどう反応するかわからなかったし、ショウヘイも一晩寝かせてじっくり考えてから最終決定を下すはずだからね」

それが最終決定前日の木曜の夜の様子だったという。

あの時点で、大谷の選択は4球団に絞られているというのが大方の見方だった。ドジャース、ブルージェイズ、ジャイアンツ、そして古巣エンゼルスだ。

エンゼルスとも一応交渉をしたようだが、あくまでも大谷に対する形式的なもののようだった。エンゼルスは大谷の放出阻止のために、そこまでの金銭的な犠牲を払う様子はなかった、と大谷自身が2024年9月に認めた。

「僕自身、ドジャースを含め他球団のほうが高く評価してくれていると感じていました。エンゼルスがどうするか、しないかというより、僕はほかの球団がそのように高く評価してくれることをありがたく思っていました」

もしエンゼルスから7億ドルの提示をされたならばエンゼルスに留まったのかと問われ、それは不毛な議論だと大谷は答えた。

「実際のところ、僕側から金額を提示したわけではないので、はっきりとしたことはわかりません。僕はただ、所属するチームのためにベストを尽くすだけ、ワールドシリーズ優勝を目指していいるだけなんです。僕はそれでいいんです」

その点、ジャイアンツはたしかに本気だった。編成本部長（かつ元ドジャースGM）だったファーハン・ザイディが、のちにジャイアンツが大谷に対して提示した契約の詳細を公にした。

「われわれが大谷に提示した契約は、最終的にドジャースと合意したものに比肩するものと自負している」

大谷がドジャースと契約合意した数日後にザイディが、記者たちとの質疑応答で答えた。

「われわれはメジャーリーグ史上最高額となる金額を提示した。もっとも、他球団も同じことをしたのだろうと私は推測しているがね。だが、われわれがどれほど本気で獲得をもくろんでいたのかはきちんと明らかにしておきたい。われわれは最高額の契約をのむと伝えた。あとは選手本人の決断次第というところまでいったんだ」

ジャイアンツのオファーは、「構造と全体的な支払い」については、ドジャースのものとほぼ同じだったとザイディは言う。だが、ザイディによると、サンフランシスコのオラクル・パークを貸し切り状態にして、二度のＭＶＰに輝いた男が誰にも見つからないようにして行われた面談で、ジャイアンツは、

「選手側の好みの観点、具体的には地理的な条件が理由で不利な立場にある」

という感触を得たという。地理的条件については、最終候補のうちブルージェイズがダークホースの位置を占めていた。

史上最大の移籍狂騒曲

この最高額が確実なフリーエージェントの行方は、最後の最後で意外な展開を見せた。

各チームに対して最終条件の提示を求めてきた日の朝、フリードマンは代理人のバレロと直接話したという。

「あの金曜の朝、私はネズと非常に好感触の会話を電話で交わしていたし、詳細についても詰めてきたし、前日夜に提示した条件に対する反応もしっかりと伝えたんだ。そこにオオタニがブルージェイズを訪問したという報道が出てきて、私は『どうなっているんだ、意味がわからない』と混乱した。さらに多くの後追い報道が出て、どうもこの話は本当らしいとわかってきた。そのうちの1つの記事で、ロジャーズ（ブルージェイズの親会社である通信会社）の役員で、それほど知られていない人物のことにふれていたから、これはなおのこと信ぴょう性が高いと認めざるをえなくなったんだ。そして私は、『わかった、直接ネズに電話するしかないな』ということになった。そこで私が電話をかけると、あちらからかけ直してきて『オーマイゴッド、これは本当なんだな』という感じになった。その後の8分から10分間はマーク（ウォルター、ドジャース共同オーナー）とスタン（カステン、チームプレジデント兼CEO）に最新情報を報告し、事の深刻さをあらためて悟るばかりだった」

さらに騒ぎが大きくなったのは、MLBネットワークのレポーターである、ジョン・モロシによるSNSがきっかけだった。大谷の決断は「間近」だという内容だった。あの日の報道で正確だったのは、これだけだった。

ファンサイトのドジャース・ネイションは、真っ先にライターのJ・P・ホーンストラの書き込みで大谷がブルージェイズ行きを決めたと伝えた。あくまでも「複数の匿名情報源」によるものだとしていた。

複数の記者が、大谷がブルージェイズ行きを決めたと断じたが、その背景にはブルージェイズに所属する菊池雄星投手が、この日の夜にトロントのダウンタウンにある寿司店を全館貸し切りにしたことが根拠の1つとされた。おそらくは、同胞の来訪を大歓迎するためではないか。

モロシはさらに一歩踏み込んだ。大谷がすでにトロントへ向かう機上の人になっているというのだ。FlightAwareなどの航空機追跡サイトにファンが集い、カリフォルニア州サンタアナにあるジョン・ウェイン空港からトロントに向かうプライベート・ジェットがないか探し始めた。大谷は北上中なのか。

「人生のなかでいちばん長く感じられた1日だったよ」

ゴメスGMがこう振り返った。

「われわれ全員がほかの人たち同様、大波に乗って踊らされていて、誰もがわれわれなら最新情報をもっているに違いないと思っていた。実際はそんなことなかったのにね。ネズに電話を入れて確認すると、あちらは『いや、それは事実ではない』と答えたよ。でも、われわれが思ったのは『事実がどうあれ、代理人としてはそう言うしかないよな』だった。要は、関係者全員がウィンウィンの正反対、ルーズルーズの状況に置かれるということだ。ショウヘイは自らの口から決定を発表したいわけだから、事実がどうあれ、代理人としてはそうやって否定するしかない。本当に長い、長い1日だった。本物のジェットコースターみたいだったよ。私はその後、妻と子どもたちと何人かのご近所さんをともなって夕食に出かけることになっていたが、その途上で『ああ、もうオレなんか役立たずで、できることなんか何もない。もうこのことは考えないようにしよう』と思ったことを覚えているよ」

アンドリュー・フリードマンによると、ネズ・バレロは最終的に金曜の夜に電話をかけ直してきたという。

「あちらは『ヘイ、調子はどうだい？』と切り出してきたよ」「調子はどうだって、どういう意味だ？　あの報道は何なんだ？　と聞き返した。すると彼は『ああ、あの報道は事実じゃない』と答えてきた。『しかしな、ネズ、ショウヘイが自身のインスタグラムでの発表にこだわっているのは知っているんだ。だとしたら、あんたの口からあれが事実かどうかなんて言えるはずがないじゃないか』と私は言い返したんだ。そしたら、あちらは『ああ、それはたしかに君の言うとおりだ。だけど、あの報道は事実に反するよ』とさらに念を押してきた。私は『わかった。でも繰り返すが、あんたの口からはあれ以外言いようがないに決まっているんだ』と追撃した。すると、あちらは『今の私の口から言えるのは、ショウヘイが南カリフォルニアで練習しているということ、そしてトロント行きの飛行機には乗っていないということだ。そこは信じてもらっていいよ』と。それで『わかった。あんたの話は筋が通っているよ。貴重な情報に感謝するよ』と言って私は電話を切った。あとは待つしかなかったんだ」

だが、この日の話で傑作だったのは、ドジャースのデーブ・ロバーツ監督のものだった。彼は憶測記事が飛び交ったそのとき、ゴルフ場にいた。仲間は人気コメディドラマ「ザ・オフィス」でケビン役を演じた俳優のブライアン・バウムガートナーだった。

ロバーツ監督がこの数カ月後に振り返ってくれた。

「あの日の私は、ランチョサンタフェ・カントリークラブにいて、人生最悪のラウンドを回っていたんだ。私は何度もOBを打ってしまった。パー3のコースで（30ヤード先を指さしながら）あれくらい余計に飛ばしてしまったこともあった。とにかく出来は最悪だった。13番ホールで、思わずバウムガートナーに口走ったよ。『すまん、普段ならこんなにひどいことにはならないんだけどな』と。恥ずかしかったし、気まずかったよ」

この奇妙な1日に、さらにハリウッド映画のようなどんでん返しが付け加えられた。ジョン・ウェイン空港からトロントのピアソン国際空港まで飛んだプライベートジェットだったが、搭乗者は大谷翔平ではなく、カナダ人ビジネスマンのロバート・ハージャベック、人気テレビ番組「シャークタンク」のホストでもある男とその家族だった。

「私は大谷翔平ではないし、彼は今日、私の飛行機には乗っていなかったぞ！」

ハージャベックはその日の夜、自身のインスタグラムに書き込んだ。

「なんでこういう話になったのかよくわからないが、私はブルージェイズのオフィスに電話して、同乗していた、なかなか鋭い球を投げる私の5歳の息子と6億ドルで契約する気があるのかと確かめたよ」

ハージャベックの自家用機が着陸した直後、モロシは自身のX（旧ツイッター）アカウントで「不正確な情報」を流したことについて謝罪のコメントを発表した。一方で、ホーンストラはさらに墓穴を掘り、土曜朝に出した2番目の記事で、ドジャースは土壇場で提示額をさらに上げたからこういう結果になったのだと書いた。こちらも真実ではなかった。

1週間後、ネズ・バレロはUSAトゥデイ・スポーツの取材に応じ、あの晩に大谷翔平と面談し、最終決定をどうするかと、どのようなかたちで大谷のインスタグラムアカウントに発表するか話し合ったという。

「私が野球界で経験したなかでも、いちばん過熱化した報道だったね」

バレロはUSAトゥデイ・スポーツのボブ・ナイチンゲール記者に答えた。

おそらくこのドラマの登場人物のなかで、あの日の晩に唯一熟睡できたのは、大谷翔平だけだったのではないか。すでにバレロにはドジャースと契約したいと明言していたからだ。

「あの翌日、私は契約に関して何か動きがあるのではないかと予感していたのだが、本当に彼が最終決断を下すのか、確信はもてなかった」

アンドリュー・フリードマンが回顧した。

「私は午前11時に、サッカーの試合に出る息子を会場の前で車から下ろした。そして、私はラップトップを開き、ある選手と代理人を交えたZoom会議を車の中で行った。11時55分にはお開きにして、12時からのキックオフに間に合うようにしたいと考えていた。そしたら、11時53分だか54分だったたか、私の携帯を見たらネズからの着信が入っていた。そこで私は『すまん、急用が入った。お時間をありがとう。またな』と言って会議を打ち切った」

　フリードマンは車から飛び出し、息子のサッカーの試合会場に向かって歩きながら、恐る恐るバレロに電話をかけ直した。

「彼は『今は落ち着いて座っているのか？』と聞いてきた。『いや、実は歩いているんだ』と答えた。そしたら『捕まえたよ』と言うんだ。『どういう意味だ？』と聞き返すと、『ショウヘイは、ドジャースの一員になるよ』と」

　フリードマンの反応はどうだったのか。「すごいぞ」だったと彼は言う。

「ネズから『今はまだ完全に伏せておいてくれよ。5分後には、ショウヘイがインスタグラムに上げるから』と釘をさされた。とにかく、私としてはスタン（カステン）とマーク（ウォルター）とゴーマー（ブランドン・ゴメス）には通知した。11時59分の時点で『ショウヘイがドジャースの一員になる』とわれわれのスラックに書き込んだら、私の携帯電話から煙が上がり始めた。文字どおりパンクしたんだよ」

　大谷のインスタグラムには、史上最高額と注目を集めたフリーエージェント劇の結末が、次のように書き込まれていた。

〈ファンと野球界に関わるすべてのみなさまへ、決断までに長い時間がかかってしまったことをお詫び申し上げます。私は次の球団として、ドジャースを選ぶことを決めました。

　まず最初に、エンゼルス球団関係者のすべてと過去6年間にわたり応援をいただいたファンのみなさま、そして今回の交渉に関わってくださったすべての球団の方々に御礼申し上げます。

とくに深く御礼を申し上げたいのは、この6年間、状態がよいときも悪いときも変わらず応援を続けてくださったエンゼルスのファンのみなさまです。あなたがたの声援は、私にとって本当に大きな意味をもつものでした。エンゼルスで過ごすことができた6年間は、これからも私の心に一生残り続けることでしょう。

そして、ドジャースファンのみなさまへ。私はチームのために全力を尽くし、つねに最高の自分を見せ続けられるよう尽力することをここに誓います。私は選手生活の終わりまで、ドジャースファンのためだけでなく、すべての野球界のファンのために前進を続けることをここでお約束します。

今の私の思いをすべてここで文章にしたためるのは難しいので、近日中に行う記者会見の場であらためてお話しできればと思います。

あらためて感謝申し上げます〉

ここでふれられている記者会見は、5日後にドジャースタジアムのセンターフィールドプラザで行われ、世界各国に生中継された。

約300人の記者、フォトグラファー、映像撮影の担当者が取材許可証を求め、この会見に参加した。MLBネットワークの推計によると、約7000万人がこの会見を見守ったということだった。その状況で、大谷はこう口を開いた。

「今日は報道関係者だけが来られると聞いていたのですが。ですから、こんなに多くの方々が来られるとは思っていませんでした」

この記者会見の司会を務めたアナウンサーのジョー・デイビスが、この大人数の聴衆は、何人かのチーム関係者が入っていたとはいえ、すべて本当に報道関係者だけなのだと大谷に伝えた。

大谷はドジャースとの契約を選ぶに至ったのには、複数の要素が絡み合っていたことを認めた。だが、そのなかでも最重要の項目は「ポストシーズンに出場できること」だったとあらためて強調した。そして、マーク・ウォルターやアンドリュー・フリードマンといったチームの経営陣と話した際に、彼らが11年連続でプレーオフ進出を果たしながらも、ワールドシリーズ優勝に辿り着いたのは1回だけであることを「失敗」だと語ったと大谷は明かした。

「僕はこの話を聞き、このチームは本気で世界一を目指しているのだとわかりました」

大谷は当時の通訳者、水原一平を通じて語った。

「僕は、ドジャースに加わるのが楽しみで待ちきれません。このチームのみなさんは、僕と同じ情熱を共有しています。勝つためのビジョンと歴史があり、僕にも同じ価値観があるので、このチームに加わって勝つことが楽しみでなりません」

前例がない後払いに加え、今回の大谷の契約には「キーマン条項」、つまりウォルターかフリードマンがドジャースから離れる場合、大谷は契約を破棄できるという一項が加えられていることも明らかにされた。

「組織が勝つためには、全員が同じように足並みをそろえないといけないと考えています。ですから、僕は実質この2人と契約を交わしたようなものです」

大谷が今後10年間ロサンゼルスで過ごすうえで、どこを目標としているのか、その点についてはいっさいのブレがなかった。大谷はこう断言した。

「僕はとにかくワールドシリーズで優勝したい。そして、いつの日か、ファンのみなさんがワールドシリーズ優勝を振り返ったときに、僕がこの優勝のカギだったと思い出してくれるような、そういう活躍をしたいです」

フリードマンは余韻に浸る間もなく、わざわざ大谷が特殊な契約によって与えてくれた金銭的余裕を最大限に活用し、ドジャースが世界一を獲るために必要と思われる複数人の選手をさらに加入させていった。

大谷との契約後の数週間のうちに、ドジャースはもう1人の日本人右腕投手、山本由伸と、MLBの公式戦に登板する前にもかかわらず投手史上最高額となる、12年間3億2500万ドルの契約を結んだ。レイズからトレードで右腕のタイラー・グラスノー投手を獲得し、5年1億3650万ドルで契約した。実は、この2人の勧誘には大谷本人も参加している。

「内容は、『僕としては、ぜひ君がドジャースと契約してほしいと思っている。そうすれば、僕は君とチームのためにできるだけたくさんホームランを打つから』という感じだった」

グラスノーは、ドジャースから送られてきたビデオに出演していた大谷の言葉をそのように要約した。

ドジャースの資金投入は1月に入っても続き、フリーエージェントのテオスカー・ヘルナンデスとジェームズ・パクストンを獲得した。ドジャースの〝お買い物〟による出費は総額12億ドル（山本のポスティング分も含む）となった。

もしも大谷が後払い条項を出していなければ、これほどまでに大胆な補強をドジャースはできたのだろうか？

フリードマンはこう答えた。

「もしこの契約が年間4600万ドルだったら別に影響はなかったと思うよ。だが、年間7000万ドルの契約で、後払い条項がなければ、われわれは呑まなかったと思うけど、当然ほかの補強にも響いてきただろう。おそらく多くの人たちが『ああ、7000万ドル払ったら、ほかの補強ができるのかね？』と聞いてくるだろう。私の答えは、そもそもこの大型契約自体が成立していないだろうということだよ。だが、私から言えるとするならば、ショウヘイの加入のおかげで、すでにチームの構成がよくなっているわけだから、われわれはさらに大胆な補強もできるようになったし、選手たちもこのチームに加わりたいと思ってくれるようになった」

その点でいえば、大谷の契約で多くを得たのは、ドジャースだけではなかった。ジョー・ケリーの妻アシュリーも大きな利益を享受した。

まだ大谷がフリーエージェントだった間に、アシュリー・ケリーは大谷がドジャースに来るよう公にキャンペーンを行った。自身のソーシャルメディアのアカウントで、彼女は夫の背番号17を提示した。そして「"Ohtake17"（ぜひ17番をもらってください）」と題してビデオをあげ、ケリーは面白おかしく長年にわたり集めてきたドジャース17番のグッズを見せつつ、名前を「Kelly」から「Ohtani」に変え、一時的に息子の名前を変えたと言い張った。

大谷がドジャースとの契約に合意したあと、アシュリー・ケリーは、ケリー邸の芝生で踊りながら、ドジャース17番のグッズをクリスマスの飾りつけの周りにばらまき、末息子の名前を「カイ」から「ショウカイ」に変えていた。そして、ビデオの終わりではジョー・ケリーの新しい背番号99を、白いTシャツを着る本人の背中に書き込んだ。

するとクリスマスイブに、ケリー邸の前に1台の銀色の新車ポルシェが横づけになった。

「ショウヘイから、あなたへの贈り物です」

ドジャース公式アカウントにあげられたビデオの中で、配車担当者が彼女に告げていた。

「ぜひ、背番号のお礼にポルシェを贈りたいとのことです」

「やめて、そんなバ……」

アシュリー・ケリーは驚きのあまり発しそうになった下品な言葉を、慎むように自らの口を覆った。この車は4ドアのタイカンで、金額は1300万～2600万円とのことだった。だが、おそらく大谷はこの金額は支払っていないだろう。もともと彼はポルシェのブランドアンバサダーで、広告にも出演しているからだ。

ジョー・ケリーはこの件について大谷と話したことはいっさいなく、背番号を譲った代わりに何を要求してやろうかと冗談交じりに話すだけだった。

「普通なら、オレがこういうふうに背番号を贈るなんてありえないよ。だが、ショウヘイが期待どおりの活躍をしてくれるなら、間違いなく将来は殿堂入りで、そのときはオレの背番号が永久欠番になるわけだ。これが、オレにとっていちばん殿堂に近づける方法ということだな」

第2章

変革の春

SHO-TIME 3.0
THE JOURNEY TO HIS FIRST WORLD SERIES VICTORY

ワールドシリーズ制覇か、それ以外か

２０２４シーズンを前に、大谷翔平と大型契約を結んだロサンゼルス・ドジャースは、大きく変わったように見えたかもしれないが、実際には何も変わっていなかった。ドジャースは、ここ4年間にわたり、毎シーズン１００勝以上をあげている、ほかのどのチームも達成していない偉業を遂げているチームだ。そこに、さらに１００億ドル単位の大金を投じて、大谷翔平、山本由伸、タイラー・グラスノー、テオスカー・ヘルナンデス、ジェームズ・パクストンらを補強した。

これにより、必然的に２０２４年のワールドシリーズ優勝の最有力候補になった。だが、この10年ほどを振り返ると、ドジャースはいいところまではいくものの、実際に最後の悲願を達成するに至らないということを繰り返していた。

２０２４年までの11シーズンを振り返ると、ドジャースは毎年プレーオフ進出を果たし、うち10シーズンでナショナル・リーグ西地区優勝を果たしていた。

２０１７年以来、五度にわたりシーズン１００勝を達成し、過去10シーズンを振り返っても平均99勝を記録している。そして、ワールドシリーズ進出を果たしたのが、２０１７、２０１８、２０２０シーズンと三度あった。

だが、シーズンでこれだけ勝ち続けているにもかかわらず、世界一は一度だけ、例の新型コロナのパンデミックで短縮された２０２０シーズンだけだ。それ以外のシーズンはすべて失敗

で、それがドジャースにおける価値基準だった。

「われわれが毎年掲げる目標はただ1つ、ワールドシリーズ優勝であり、それこそがわれわれのあるべき姿なのだ」

フレディ・フリーマンは断言した。

2017、2018、2020シーズンの三度にわたりワールドシリーズ出場を果たした1人、キケ・ヘルナンデスは、一度フリーエージェントで退団したが、2023シーズン途中のトレードで復帰した。そして、彼にもまた「ワールドシリーズ制覇か、それ以外か」という考えが染みついていた。

「オレにいわせれば、当然のことだと思うよ」

このユーティリティプレーヤーが、年次目標について語った際の言葉である。

「オレたちはプレーオフ進出を目指しているわけではない。あくまでもワールドシリーズ制覇が目標であり、もしそこで勝てなかったら、それは惨敗なんだ。もう何年連続でこのチームはプレーオフに駒を進めているんだ。地区優勝なんかで満足していられるか。このチームはプレーオフがある10月に辿り着くために集められたわけではない。チーム首脳陣は10月の最後まで残って、ワールドシリーズで勝ちきるためにこのチームを構成しているんだ」

ここ数年ドジャースは、この高い目標に辿り着くはるか前に敗退する事態が続いていた。2024年以前の5年間のうち、三度にわたりポストシーズンの第1段階で敗退していた。

2019シーズンは、最終的にワールドシリーズ優勝を果したワシントン・ナショナルズと対戦したが、5番勝負のナショナル・リーグのディビジョンシリーズ（NLDS）最終戦で、ドジャースは痛い目にあった。

先発のウォーカー・ビューラーが、素晴らしい投球を見せて3－1のリードを保ったまま7回に降板し、あとを救援投手陣に託すこととなった。だが、ドジャースがそこで投入したのが高齢のエース投手、クレイトン・カーショーで、代わりばなの8回にアンソニー・レンドンとファン・ソトに連続で本塁打を打たれてしまった。

さらにベテラン救援投手のジョー・ケリーが、シリーズの行方を決定づける満塁本塁打を10回に、ハウィー・ケンドリックへ献上してしまった。

2020年には、ワールドシリーズ優勝を果たしたが、2021年のドジャースは、リーグチャンピオンシップまで駒を進めたものの、そこでアトランタ・ブレーブスに敗れた。

2022年は、シーズン111勝を達成し、意気揚々とNLDSに乗り込み、シーズン中には圧倒していたサンディエゴ・パドレスとの決戦に臨んだ。ドジャースは対パドレス戦の28戦中23勝を稼いでおり、うち19試合の総得失点が109－47という大差をつけていた。

このディビジョンシリーズも同じような展開になるだろうというのが大方の予測だった。だが、パドレスのほうがこのシリーズを4戦で制してしまった。ドジャースは第4戦で3－0と先制していたにもかかわらず、7回に逆転を許しそのまま敗退した。

シーズン中は22ゲーム差の大差から、ポストシーズン逆転勝利を許したというのは、1906年ワールドシリーズで、シーズン93勝のシカゴ・ホワイトソックスが同116勝のシカゴ・

カブスを破って以来の下剋上の記録である。

「衝撃、それしかない。ものすごく大きな落胆で、粉砕されてしまったよ」

試合直後のデーブ・ロバーツ監督の会見である。だが、それ以上の雷に打たれたような衝撃が、2023年10月にドジャースへ襲いかかった。

NLDSでアリゾナ・ダイヤモンドバックスと対戦したが、数値上は前年のパドレスとの対戦と同じく一方的な展開になるはずだった。

ダイヤモンドバックスはナショナル・リーグ西地区で、ドジャースよりも16も勝利数が少ないまま、大きく引き離された2位でシーズンを終えていた。

だが、ドジャースの先発投手陣はシーズンを経るうちに負傷と球場外の不祥事が重なり瓦解していた。対ダイヤモンドバックス戦でドジャースが投入した3人の先発投手、カーショー、新人のボビー・ミラー、シーズン途中にトレードで補強したランス・リンは、3人合わせてわずか14個しかアウトがとれず、13失点を喫した。

エリアス・スポーツビューローによると、MLBの歴史上、先発投手3人の合計イニング4回2／3というのは、ポストシーズン最初の3戦の合計としては最短の記録だったという。

問題はこれだけにとどまらなかった。ムーキー・ベッツとフレディ・フリーマンは、ナショナル・リーグMVP投票で、それぞれ2位と3位につける素晴らしい活躍をシーズン中に見せてくれた。だが、この2人はダイヤモンドバックスとの3試合で、合計21打数1安打という惨《さん》憺《たん》たるありさまだった。この唯一の安打は、第2戦にフリーマンが打った内野安打だった。

2年連続の第1ラウンド敗退という事態に、ドジャースのアンドリュー・フリードマン編成本部長は、「組織的大失敗」だと吐き捨てた。

「われわれは10月に11勝するのが目標なのに、今回は1試合も勝っていない。だからわれわれは根本的な何かを見直し、どうすれば事態を改善できるのか、今後対策をとることになる」

ドジャース側は、オフシーズンに何百億ドル単位の大金を投じたのは決してプレーオフでの惨敗が原因ではないと否定した。だが、恒例の地区優勝とシーズン100勝の意義は、毎年ドジャースタジアムに駆けつけてくれる300万人の観衆にとっては薄いものとなっており、ある意味で甘やかされているともいえるが、当たり前のことになってしまっていた。

大谷はこういうファンを満足させなければならないという義務を課せられること、そして、この自らが受け取る大金を納得させる義務があることを自覚していた。

「つまり、唯一求められる結果は、ワールドシリーズ優勝だということです」

春の時点で、大谷は通訳を通じて答えた。

投資の成果が判明するのは数カ月後、しかも短期で決まるとなると、前年オフの動きに沿ってスプリングトレーニングにおける論調と雰囲気が変わってくることになる。

冬に大きな動きがない場合、春には報道陣からさまざまな質問が投げかけられる。大体は前年10月にどこでどう間違ったのか、そして組織としてポストシーズンの失敗を受けて、今後どのような方向に進むのかといった内容となる。

マックス・マンシーが２０２３年のＮＬＤＳを春に振り返り、こう吐き捨てた。

「弁明の余地はない。オレらはへなちょこだったんだよ。要は、オレらが自滅したんだ。ダイヤモンドバックスをくさすつもりはない。あちらのほうがいい試合をしたんだから、オレらは素直に脱帽するよ。とにかくオレらの自爆だった。ここに敗因と思われる要素を書き並べたボードを置いてダーツを投げれば、何か原因らしきものに当たるだろう。どちらにせよ、オレら全体がダメだったんだ。打てない。点が取れない。投げられない。まともにできたことが、ほとんどなかったんだ」

大谷およびほかの大型補強が呼び覚ました興奮により、諸々の問題は許されたわけではなかろうが、忘却の彼方となった。

その代わりに、スプリングトレーニング中におもに質問されるようになったのは、２０２４年に３人のＭＶＰ受賞者（ベッツ・大谷・フリーマン）が打線に並ぶが、どのような打順に並べるのか、そしてグラスノーと山本の加入で強化された先発投手陣が、どこまでやってくれるのかということだった。

スプリングトレーニング初期に、ロバーツ監督は新戦力加入によりここ数年の落胆を一掃できるのではないかという手応えがあることを明言していた。

「新しい選手たちが入ってきて、打線も大きく変わるわけだ。ファンにも大きな喜びをもたらせるようになると思うし、組織全体も大きく活性化される。新加入の選手たちは、やってくれると思うよ」

その点、大谷以上に興奮を呼び覚ました選手などいるはずがない。

大谷がインスタグラムで新球団の発表をした直後から、ドジャース17番のユニフォームは飛ぶように売れ続け、スプリングトレーニングが行われていたキャメルバック・ランチは、17番のユニフォームとシャツを着ている人であふれ返った。公式戦の前売り券の売り上げも跳ね上がった。

「こんなの見たことがないよ」

10年目のベテラン先発投手、ジェームズ・パクストンが大谷と山本を巡る狂騒曲を見て感想をもらした。

「春の時点で、こんなにファンが来るのは見たことがない。サブ球場に行くだろ。そしたら大歓声が響いていて、それが全部、大谷と山本に向けられたものなんだよ」

大谷にとってみれば、このスプリングトレーニングは人生の大きな転換点であり、球場内外での変化に適応するための重要な期間だった。

エンゼルスでの6年間を経て、大谷はまったく違うチームメイト、コーチ、スタッフに囲まれることになった。

まったくの新しいスタートを切ったようなものだと、大谷本人も認めた。

「僕はまったくの新しいチームに加わったので、ここでは新人のようなもので、これからチームメイトたちに合わせていかなければなりません。今のところ、みんないい人ばかりですね。僕のことを歓迎してくれていて、何も問題はありませんよ」

12月上旬にドジャースと契約を交わし、大谷はアリゾナ入りするまでの数週間にわたり、ドジャースタジアムでトレーニングを続けていた。このおかげで、事前にギャビン・ラックスやウォーカー・ビューラーといった何人かの新しいチームメイトとは、すでにスプリングトレーニングで現地入りする前から顔なじみになっていた。

「ここにはさまざまなデータが集積されていて、練習内容のすべてが細かく追跡されている」

ビューラーは、大谷がドジャースの選手指導スタッフたちと練習に取り組む様子を見てそう語った。

「やっていることすべてが、選手間でも別格なんだ。特別な存在とはあのことだよ。すごいね。こういうのを言い表す言葉、何だったかな？　ハードワークは才能を凌駕する、才能ある者がハードワークしないときには、とか、そんな感じの言葉だったかな？　彼は両方を兼ね備えている。見ているだけで刺激になるし、しかもこの男が自分たちの側でやってくれるというのが、なおのこと嬉しいね」

大谷本人によると、新しい職場で仲間と出会った際には、自分から話しかけて自己紹介するのが全然苦ではないそうだ。

「僕は初めての人と出会ったら、ちゃんと挨拶して自己紹介しますよ。そういうのはけっこう好きなので」と言いつつ、ユーモアも加えた。

「ですけど、初対面の人があまりにも多いので、二度、自己紹介しないようにそこだけは気をつけています。もししていたら、そのときは相手が受け流してくれるといいんですけどね」

山本由伸との契約により、大谷はチームメイトのなかに1人同胞がいることになった。

日本人スター選手2人のロッカーは、スプリングトレーニングからドジャースタジアムでの公式戦も合わせ、隣同士に配置されることになった。だが、その間に大谷はそれ以外にも新たな友人をつくっていた。そのなかでも特筆すべきなのは、外野手のテオスカー・ヘルナンデスだろう。

ヘルナンデスと大谷は2021年のオールスターで、それぞれがアメリカン・リーグ代表に選出されたことにより知り合い、2人の友情が花開いた。なぜこれほど生まれ育ちが違う2人が、あっという間に意気投合したのか。ヘルナンデスも説明できないという。

「よくわからないよ。たまたま知り合った人がいて、話し始めたら気が合ったというだけのことだからね。ただそうなったとしか言いようがないんだ。もともとは対戦相手だった。そういう関係性だった。でも親しくなった。それが今は同じチームに入っているわけだ。だから、なおさら仲良くなった。あいつと話すのはいつでも楽しいし、近くにいるだけで盛り上がるし、いろいろ学びたいこともある。野球の技術面はもちろんだけど、家族のこととか、文化とか、あらゆることを知りたいと思うね」

2024年1月に、ヘルナンデスがドジャースとの1年契約を結んだ際には、大谷がインスタグラムで、英語で彼とチームメイトになれた喜びを表した。そして大谷は個人的に直接メッセージも送ってきたと、ヘルナンデスが語る。

「ショウヘイがいの一番に祝福メッセージを送ってきてくれたよ。もう、あちらはドジャースと契約していた。オレが2週間後か、3週間後かに契約した。テキストを送ってきたのはあいつが最初で、ミゲル・ロハスが次だったな」

カリフォルニア州サンマテオ郡レッドウッドシティ出身で、メジャー昇格３年目となる外野手のジェームズ・アウトマンは、少年時代に日本人の友達がいた。この友人家族は家庭で日本語を話しており、アウトマンはいくつかの日本語の単語や会話を知っていた。そして、この新しいチームメイトを驚かせようと、覚えていた日本語を大谷に対して使ってみたそうだ。

大谷自身も新しいチームメイトたちと親しくなるために、積極的に輪の中に入っていった。彼と山本は、チームで毎年春に練習施設の近場のグレンデールのレストランで開催されるチキンウイング大食い競争にも、参戦はしなかったものの出席した。

結局、優勝したのは69個のチキンウイングを平らげた山本の専属通訳ヒロ・ソノダ（園田芳《よし》大《ひろ》）だったが、２人は優勝賞金と商品の提供にも進んで協力した。

このイベントの動画がソーシャルメディアで拡散されると、エンゼルスの面々は、大谷がこのようにチームの人々と交わるのは見たことがなかったと衝撃を受けたとのことだ。

スプリングトレーニングも終盤に入り、ロバーツ監督はマジシャンのシュロモ・レビンジャーを招き、練習開始前の朝にマジックを披露してもらった。レビンジャーは大谷を指名し、大谷の手にトランプの束を渡して、このなかから１枚カードを選んでほしいと伝えた。

大谷はダイヤの７を選んだ。レビンジャーは箱を開け、４枚のカードを抜き出した。裏面には何かが書かれており、よく見ると「ザ」「７」「の」「ダイヤ」と書かれており、大谷を驚嘆させた。

「私が見たところ、ショウヘイは何の滞りもなくチームに溶け込んでいるように見えるね」

ドジャースのブランドン・ゴメスGMはそう評した。

「冗談を言ったりして、ここの文化に溶け込んでいるね。そして野球のプレー面でいうと、バットもよく振れている。調整は順調そのものだと思うよ」

「全体的に見てもショウヘイはよく仕上がってきているし、環境の変化もとくに問題がなさそうだね。まさに、われわれが望んでいたとおりのかたちで馴染んでくれているよ」

ロバーツ監督の大谷に対する第一印象は、

「非常に綿密な計画に基づいて動いていて、集中力が高い選手」

というものだったが、さらに、

「私が思っていた以上に人間関係をつくるのがうまく、周りとうまく馴染んでいる」

というのが加わった。

こういう印象になったのは、アナハイム時代の大谷自身が、報道陣からの取材をほとんど受けることがなく、インタビューの数も極端に少ないというのが大きかったと思われるが、少なくともドジャース加入直後のしばらくは、この印象が変わったということだ。ロバーツ監督は、こう返答した。

「うーん、そうかな。そうかもしれないが、私から答えるのは難しいね。現時点で私にわかっているのは、ショウヘイは毎日努力しているし、クラブハウスにいるときは、いつもチームメイトたちと会話しているということだよ。それでいいんじゃないかね」

1000億円の価値を見守る

今年のドジャースは3月20日と21日（ともに現地時間）に韓国で例年より早く開幕2試合を行うため、スプリングトレーニングも必然的に開始が早くなって、わずかながら期間も短縮された。

大谷は2023年秋に肘の手術を受けていて、韓国での開幕戦にドジャースの指名打者として出場できるまで回復しているのか、調整は間に合うのか、という点に質問が集中した。

春季キャンプが始まる1週間前に、ドジャースはファン感謝祭として、2月3日に「ドジャー・フェスト」をドジャースタジアムで行った。

この時点で、大谷はソウルシリーズでサンディエゴ・パドレスと対戦するころには、ドジャースの先発ラインアップに入れる「自信がある」と答えていた。

「僕たちは予定どおりに進んでいますから。とくに予定外のことも起こっていませんから。僕は準備万端ですよ」

早い段階で、ドジャースは、大谷に2025年まで投球させないことを明言していた。

本人の言によると、長期計画で投手として進めていくリハビリと、2024年に打者として試合出場するための短期計画で進めるリハビリは、両立可能なのだという。

「僕自身、リハビリしながら公式戦開幕の準備をするのは初めてではないですから」

と、大谷は自身が2018年に受けたトミー・ジョン手術の経験と比較しながら語った。

「僕は2019年にも同じことをしていますし、やることはわかっていますから。二度目となる今回は、前回よりある意味、楽かなとは思っています」

これから数カ月間は、投手として1日おきに軽く投げるだけとのことだが、今まで投手と打者の両方に割いていた大谷の能力、エネルギー、時間といったものが打撃のみに集中するわけだから、2024年の大谷が今までよりもさらに強力な打者になる可能性と期待は否応なく高まった。

「打者としての僕自身を見ると、一段階どころか、まだ数段階は駆け上る余地が残っていると思いますよ」

そう本人は打者としての可能性についてふれた。

「でも最終的には、僕の目指すところは同じです。つまり今は打つことだけに集中して、もっと上を目指すということです」

ドジャースの先発打線の一員に加わるための第一歩は、ティーに置いたボールを打つところから始めた。スプリングトレーニングでキャメルバック・ランチ入りすると、そこからいくつかの段階は、われわれの視界の届かないところで続けられた。

2024年に入ってから、ドジャースのスプリングトレーニング施設において見られた大きな変化は、約1万2000平方フィートにおよぶ「ザ・ラボ（実験場）」と呼ばれる建造物の出現だった。

かつてはメインビルのすぐ外にある、いくつかのバッティングケージが並べられて誰でもすぐ近くから見られた場所が、完全に封鎖された2階建ての建造物となり、球団の選手育成やパフォーマンス向上のための中枢に変貌したのだ。

この２０２４年の改装により、選手たちはさまざまなかたちで打撃練習に取り組めるようになった。たとえば、バーチャルリアリティの投球マシン「トラジェクト・アーク」を相手にできるようになった。この機器はハイテクのデータを活用して、あらゆるメジャー投手の投球を、曲がり方や球速に至るまで忠実に再現することができるのだ。

この実験場のテクノロジーは、選手に対してモーションをコマごとに撮影できるカメラやスイングを追跡するデータを活用し、あるいは以前のトレーニングやシーズンのデータさえも呼び起こして、すぐにフィードバックを提供することができる。

「バットがボールを捉えるときの音が全然違う」

ロバーツ監督が、大谷がケージで打撃練習をした際の寸評である。

「ミートの正確さも申し分ない。だが、やっぱりいちばん秀でているのはパワーだね。間近で見ていると、あらためてスイングスピードの速さには驚嘆させられるばかりだよ」

これが２０２３年9月4日、大谷が負傷のためシーズンを早く終了することになった日以来となる、大谷の球場における打撃が解禁されたときのことだった。その2週間後に、彼は二度目となる肘の再建手術を受けたわけだ。

ドジャースにおける初の球場での打撃練習で、大谷はゲームプランニングコーチのＪ・Ｔ・ウォーキンスが打撃投手を務めるなか、２巡で計21スイングを行った。うち10本は外野のフェンスを越えていった。大谷の打球を追跡するタブレットによると、打球速度は最高109マイル（約175キロ）に達していた。

「ショウヘイは爆発力があるし、決定期での勝負強さがあるし、速度も強度も備えているし、ありとあらゆるものがそろっているよ」

ドジャースの打撃コーチ、ロバート・バンスコヨクは打撃練習後に称賛を重ねた。

大谷も自身初となる打撃練習に対して前向きな自己評価をしており、本来は、

「もう少し軽く振ろうと思っていた」

しかし、手応えがよかったので思い切り振ったとのことだった。

「全体的に、僕の感覚もよかったですから。だから毎回強く振れて、まあまあいい結果も出せたと思います」

大谷が進む次の段階は、生身の投手との対戦だ。

スプリングトレーニング恒例のイベントだが、準備の最終段階で打者一同は自チームの投手たちと実際に対戦し、他チームと対戦するエキシビションマッチに備えるのだ。

球場で初となる打ち込みをした1週間後、大谷はベテラン救援投手、ライアン・ブレイシア、ブレーク・トライネン、J・P・ファイアライゼンと対戦した。

大谷はブレイシアの5球をすべて見送り、トライネンと5球対戦して1球を自打球ファウルで足に当て、最後の1球は空振りした。

大谷はファイアライゼンの5球のため打席に立ち続け、最後に投じられた速球をセンターの

フェンスの向こうへ打ち返した。チームメイトのエバン・フィリップスは、すぐさまファイアライゼンにテキストを送ったという。

「早くあのボールを拾いに行って、ショウヘイにサインしてもらえよと、エバンのやつが言ったんだ」

のちになってファイアライゼンが明かした。この打撃練習のあと、大谷は取材応対を拒否した。よってファイアライゼンが自身のロッカー前で囲み取材の対象となり、自身があまりに多くのビデオカメラと記者団に囲まれることにいちばん驚いていた。

「オレは、そもそもショウヘイと対戦すること自体知らなかったんだ」

2023年に肩の手術を受けてシーズン全体を棒に振り、自身が復活を目指すファイアライゼンが口を開いた。

「要は実戦形式のBP（打撃練習）で、大体10人くらいの打者を相手にして投げるということしか意識していなかったんだ。最初にショウヘイが打席に入ってきたとき、オレから見ればまた次の打者がきたという、それだけの話だった。そんなものだよ。もちろん、何球か投じるうちに、この男は少しモノが違うと感じたよ。でも、とにかく彼との対戦は楽しかったよ」

ファイアライゼンは冗談交じりに語ったが、大谷が打席に入るたびに「異常なほど静かになるのは感じ取っていた」という。

「ショウヘイがこれから打つぞ。これは見に行かないと。そんな感じだな」

ファイアライゼンは全員の心中を想像しながら、吹き出しにコメントを入れた。

ロバーツ監督はスプリングトレーニング序盤の様子を見て、明らかにご満悦の様子だった。

「ショウヘイの仕上がりは、誰もが予測していたよりもかなり早く順調にきているよ」

そうロバーツ監督は太鼓判を押した。

「ショウヘイはいつも真面目に練習しているし、勤勉ぶりが群を抜いているんだ。だから予定が前倒しになっている。毎日のように状態がよくなっていくのを感じるよ。体調も日を追うごとによくなっているのではないかな」

肘の手術以降、リハビリが予定より早く進んでいるのかという質問に対する回答を、大谷自身は完全に否定した。あくまでも、予定どおりに進んでいるだけだと強調した。

「予定が前倒しになっている感覚はまったくないです。あくまでも予定どおりに進んでいて、それはいい兆候だと思います」

ロバーツ監督の見立てを聞かされた大谷の返答である。

「今のところ、僕の体調は良好です。ですから、すべてがいい方向に進んでいると感じています」

大谷は自分がシーズン開幕を万全の状態で迎えるためには、あと50打席立つ必要があるという自身の見込みを語った。この必要な打席は、カクタスリーグでの試合、ライブBP（実戦形式の打撃練習）、マイナーリーグでの調整試合、あるいはそれこそ「トラジェクト・アーク」投球マシンなどで消化できるものだという。大谷はこう話した。

「今や、室内での練習と試合に大きな違いはないんですよ。僕が必要としているのは打撃の際のタイミング調整だけで、投球に対する反応が早すぎたり遅れたりしたときにどうするか、体の反応をどうするか、バットをどう動かすか、それだけなんです。それは、どんなかたちでこなしても大きな違いは起こらないです」

だが、ファンにとってはドジャースが7億ドルを投じて獲得した男が、ドジャースのユニフォームを着て試合に初出場することには大きな意味があった。

そんな待望の舞台は、2月27日にカクタスリーグでの対シカゴ・ホワイトソックス戦で実現した。大谷は初打席の際にスタンディング・オベーションで迎えられたが、ホワイトソックスの左腕投手ギャレット・クロシェットが投じた100マイルの速球により見逃し三振を喫した。そして、2打席目はダブルプレーとなってしまった。

ところが、三度目かつ最後となる打席で、大谷はついにファンが待ち望んでいたものを披露することができた。

レフト側に高く打ち上げた打球は、そのままフェンスを越えてホームランとなったのだ。

「私も、この男だけは別格だと早くも悟ってきたよ」

アリゾナは乾いた空気が原因で、春はとくに本塁打が増えることで悪名高いが、それを差し引いても、大谷が本塁打を放った瞬間を目撃したロバーツ監督は絶賛した。

「僕自身、打球の角度が高すぎたかなと思っていましたけど、おそらくはアリゾナの空気に助けられた部分もあったのかなとは思います」

大谷自身もその点は認めた。

カクタスリーグにおけるドジャースデビュー戦で大谷は2番を打ち、春の間ずっと続いていた問題、ロバーツ監督はMVP受賞者3人をどういう打順に並べるのかという問いに対する答えが出た。

今後はムーキー・ベッツが先頭打者ということになりそうだった。フレディ・フリーマンはベッツより2つあとの打順になりつつあった。2023年のレギュラーシーズンには打率・331とOPS・977を記録した。大谷は、アナハイムにいた6年間の大部分で2番打者を務め、この打順で打っているときに最高の打撃成績を残していた。

「監督業を務めていると、紙の上で打順を書いてみて、どんなふうになるかをいろいろと想像をめぐらせるんだ」

スプリングトレーニング中のロバーツ監督はこう明かした。

「この紙に大谷、フリーマン、ベッツの名前が並んでいるんだぞ。それは嬉しくなる」

ロバーツ監督はこの3人の打者とスプリングトレーニング開始直後に個別で面談し、自身の打順に関する構想を披歴していた。こうしてドジャースが開幕以降、毎日披露することになる打順、つまりベッツが1番打者、そこに大谷が続き、フリーマンが3番打者という打順が明らかになったわけだ。

「お互い、とくに強く意見を言い合うという感じではなかったな」

3人との個別面談を終えたロバーツ監督が明かした。

「3人と話してみたところ、3人とも率直に意見は言ってくれたし、そういうオープンなやりとりができることが大切なんだ。3人とも、打順についてこだわりはないと言っていたよ」

エリアス・スポーツビューローによると、MLBの歴史を振り返って、前年にMVP投票でトップ3に入った選手が打順に並ぶのは、2004年のニューヨーク・ヤンキース、アレックス・ロドリゲス、ゲーリー・シェフィールド、ホルヘ・ポサダ以来通算五度目になるという。大谷は2023年にアメリカン・リーグMVPに選出されており、ベッツとフリーマンはナショナル・リーグMVP投票で、それぞれ2位と3位を占めていた。

ロバーツ監督がこの3人を1番から3番までに並べると決めたとき、もちろん大谷と契約した時点で半分わかっていたようなものだが、3人のMVP受賞者が1番から3番にずらりと並ぶのは、1983年のフィラデルフィア・フィリーズが、ジョー・モーガン、ピート・ローズ、マイク・シュミットを1番から3番まで並べて以来となった。

こういう事例は、MLBの歴史のなかではほかに2回ある。ともにシンシナティ・レッズで、1976年のローズ、モーガン、ジョニー・ベンチのときと、1978年にローズ、モーガン、ジョージ・フォスターのときだけだ。フィリーズは、1983年にこの打順で10試合を戦い、レッズは1976年と1978年に一度ずつこの打順を組んだ。

ドジャースはこのMVP1－2－3番打者の打順で毎日試合に臨み続け、それは6月中旬にムーキー・ベッツが故障で戦線離脱するまで続いた。

「2人の打者をDNAレベルまで解析するとすれば、ショウヘイはどちらかといえばフレディよりも、あらゆる球種を積極的に打っていく打者といえる」

スプリングトレーニング中にロバーツ監督が語り始め、なぜ大谷に2番を打たせてフリーマンの前に置くのかを熱弁した。

「つまり、フレディみたいな打者を後ろに置くことにより、対戦投手はショウヘイと勝負しないといけなくなる。それは間違いない。もし後ろにフレディが控えていなければ、ショウヘイに対して普段よりも広くストライクゾーンを使えて四球を出しても平気になるから。どの選手が抜けても痛いわけだが、私にいわせれば、ショウヘイの後ろにフレディが控えていることこそが、この打線のキモなんだよ」

大谷が自身の打撃に関するリハビリが完了したと宣言したのは、カクタスリーグでさらに4試合をこなしたあとだった。これで少なくとも毎日、指名打者としての務めは果たせるという。

「打撃に関してはリハビリ完了ですね」

3月5日に3打数0安打で試合を終えたあとに、大谷はこう明言した。

「これからもっと打席に立たないといけないですし、そこで結果も残さないといけないです。もっとボールを見てタイミングの調整は必要になりますけどね」

ロバーツ監督もこの大谷の自己診断に賛意を示し、もはや彼の指名打者としての務めに関して「リハビリモード」は卒業し、あと9試合をこなしたあとに迎える韓国シリーズにも準備万端で向かえそうという見込みを明かした。

「私から見ると、もうショウヘイは〝シーズン開幕準備万端〟状態に入っているよ。われわれ全員にとって喜ばしい事態だよ」

新たな人生のパートナー

2月が終わろうとしていたころ、球場外からさらに大きなニュースが飛び込んできた。大谷は自身のインスタグラムアカウントで結婚を発表し、すべての人を驚かせた。

〈友人とファンのみなさま、本日は重大なお知らせがあります〉

から文面が始まっていた。

〈私はドジャースでキャリアの新しい一章を始めたのみならず、同じく日本出身の私にとって特別な存在にあたる方と新しい人生を歩み始めることになりました。この場を借りて結婚したことを報告いたします。今後どうなるか楽しみですし、変わらぬ応援を感謝申し上げます〉

結婚に関して、大谷はまったく詳細を明かしておらず、日本の報道陣にとっても完全にノーマークだった。当然このニュースは、すぐさま日本のすべてのテレビでトップニュースとして扱われることになった。

「本人と花嫁さんを心から祝福するよ」

ロバーツ監督がコメントを出したが、この一報は大谷のチームメイト一同にとっても驚きのようだった。

「われわれにとってもサプライズだったから、結婚式の贈り物を考える時間もまだないな」

キャメルバック・ランチで取材に応じることを了承したが、大谷は秘密主義を貫き、妻の名前を明かすことは拒んだ。彼は通訳を通じてこう答えた。

「日本人の方ですね。入籍日はとくに言わなくていいかなと思っているので。いたって普通の人っていうか、普通の日本人の人です」

大谷によると、妻とは3〜4年ほど前に知り合い、２０２３年に婚約したという。だが、入籍の日などについての詳細についてふれるのは避けた。こう大谷が口を開いた。

「今ならシーズン前ですから、報告するにはいいタイミングかなと思いましたので。シーズンが始まったらいかなる雑音も入れたくないので。本当はもう少し早めに報告したかったのですが、いろいろと書類上の手続きに時間がかかって遅くなってしまいました」

「普通の日本人の女性」としか大谷本人が言わないので、必然的にいちばんの関心事の判明が遅れることになった。報道陣は躍起になって、新妻の正体を明かそうとした。

結局、大谷の新妻が田中真美子さんと判明するまで、それほどの時間はかからなかった。

当時27歳の彼女は元プロバスケットボール選手で、２０１９年に日本女子プロバスケットボールリーグ所属の富士通レッドウェーブに入社するまでは、早稲田大学で学んでいた。身長5フィート11インチ（１８０センチメートル）のフォワードで、田中さんにとって4年目で最後となった２０２３年シーズンには、28試合に出場していた。

彼女の元チームメイトはすぐに祝福のメッセージを出した。

〈富士通レッドウェーブでの活躍を通じてたくさんの人に元気を与えてくれた田中真美子さんの新たな門出を心よりお祝い申し上げます〉との文面で声明が始まっていた。そして、〈新しい人生のスタートがお二人にとってより素晴らしいものでありますようお祈りいたします〉と結ばれていた。

この夫妻の「お披露目」となったのは、ドジャースがパドレスとの開幕戦に向けて韓国へ飛び立つときだった。

ドジャースの公式ソーシャルメディアのチームは、大谷と彼女がソウルで一緒に飛行機から降り立つ瞬間を切り取り、チームのインスタグラムおよびＸのアカウントで公表し、あらためて彼女が大谷の妻であることを文面で追認した。２人は、韓国行きの飛行機に乗り込むときの動画でも姿を見せていた。

この写真はインターネット上で拡散され、大谷のファンたちはあらためて彼の妻が誰なのかを知ることとなった。

ドジャースのソウル滞在終盤になると、チームは滞在中のホテルで晩餐会を開き、大谷と彼女がテニス界のレジェンド（そして、少数ながらドジャースの株主でもある）ビリー・ジーン・キングと談笑している姿も公表された。

彼女はファンたちから好意的に受け入れられた。持っていた小さなショルダーバッグはＺａｒａのもので、定価も30ドル程度。世界的超有名人で年に何千万ドルも稼ぐ夫を持つ女性の選択としては、非常に慎ましやかなものだったからだ。

ソウルの高尺スカイドームで行われたドジャースの試合の中継で、カメラは何度となくスタンドで大谷の母と姉と共に観戦する彼女の姿を抜いた。

スポーツネットＬＡのプロデューサーたちは、画面の裏でこれ以上やめろと注意されたようだが、残念ながらアメリカにも配信される国際映像に関して発言権がなかった彼女たちは、ずっとカメラに追われ続けた。

大谷の結婚話は、ソウルでの初練習前に設定された大谷、ベッツ、フリーマンの合同記者会見でも、話題の中心となった。ある1人のレポーターが大谷に、彼女とどのように距離を縮めて深い関係になったのかを含め、新婚生活の現状について聞こうとした。

この質問には、すでに大谷の秘密主義に慣れっこになっていたベッツとフリーマンが笑い出した。フリーマンは目の前にあった同時通訳のイヤホンをつかみ、耳の中に突っ込んだ。

「これはオレも聞きたいな」フリーマンが言った。「いけ、ショウ、言っちゃえよ」

大谷が詳細など話すはずがなかった。フリーマンのからかいにも動じず控えめに笑い、レポーターの質問をうまくはぐらかした。

「詳細は発表したというかインタビューで答えたとおりなので、ここで言う必要はないのかな、と思うんですけど」

と答えた。これはアリゾナで応じた短くかつ詳細にふれていないインタビューのことで、周囲から笑いが起こった。

「初めて一緒に、公式戦を見るのも初めてですし、そういう意味では、いい思い出になるのではないのかなと思うので、そこも含めて、まずは自分のやることに集中したいなと思います」

この時点の大谷は、野球に対する集中どころか、人生をも大きく変えてしまうような〝危機〟が迫っていることに、まったく気がついていなかった。

第3章

想定外の激震

SHO-TIME
3.0
THE JOURNEY TO
HIS FIRST WORLD SERIES VICTORY

メジャーリーグと賭博の歴史

野球と賭博は1800年代に初めてプロチームがつくられたころから、複雑に絡み合い、切っても切れない関係が続いてきた。

早くも1865年には、ナショナル・アソシエーション・ベースボールプレーヤーズ（全米野球選手協会）から、選手たちに試合を賭けの対象とすることを禁じる通達が出ていた。

1905年の第2回ワールドシリーズは、ニューヨーク・ジャイアンツとフィラデルフィア・アスレチックスが対戦することになっていた。

殿堂入りも果たしている名将ジョン・マグローは前年にアメリカン・リーグのバン・ジョンソン会長と反目したこともあり、自チームを率いてワールドシリーズ出場を果たすことができなかった。だが、この年、マグローはジャイアンツを率いてアスレチックスと対戦するワールドシリーズに導いた。それだけでなく、自身がジャイアンツの勝利に400ドルを賭けていたことを公表したのである。ただ実際に、彼のチームが4勝1敗でアスレチックスを下したあとのことだったので、大きな問題とはならなかった。

しかし、メジャーリーグ史上最大のスキャンダルといえば、賭博がらみと決まっている。とくに有名なのが、1919年のブラックソックス事件だろう。

チャールズ・コミスキーがオーナーを務めるシカゴ・ホワイトソックスは、1917年にワールドシリーズを制覇しており、当時、最高のスター選手だったエディ・コリンズや〝ジューレス〟ジョー・ジャクソンといった面々をそろえていた。

だが、チーム内部ではコミスキーが払う年俸が少なすぎると不満の声が鬱積していた。実際には、1919年のホワイトソックスの選手総年俸は球界最高だったにもかかわらずだ（当時は今と違い移籍の自由がなく、保有条項の縛りにより選手の大部分は1つのチームで選手生活をまっとうするのが普通だった）。

ギャンブラーたちはこの時代にも野球界の近くをうろつき、真偽は別として、さまざまな噂の発信源となり、恒常的に選手たちへ八百長をもちかけていた。1919年ワールドシリーズ開幕前夜に、ボストン出身の悪名高い博打うちのジョセフ・サリバンが、ホワイトソックスのチック・ガディル一塁手に8万ドルの報酬でそのシリーズの敗退行為をもちかけた。

スキャンダル発覚後、この件の詳細が明らかにされた。シューレス・ジョーは、おそらくこの事前の打ち合わせの会合には出席していなかった。三塁手のバック・ウィーバーは会合に参加はしたものの、ギャンブラーたちからいっさいの報酬は受け取っていないと強く主張した。

何はともあれ、敗退行為の設定ができたと噂が広まったことにより、本来不利だったはずのシンシナティ・レッズのオッズが大きく変わった。ワールドシリーズを取材していた複数の記者たち――そのなかには殿堂入りを果たした元選手のクリスティ・マシューソンも含まれる――は、疑念が残るいくつかのプレーの検証を行うことにした。

ホワイトソックスのエース投手レッド・フェイバーは、インフルエンザでシリーズ中登板できなかった。八百長には非常に都合がいい設定だ。代役で、エディ・シーコットが初戦に先発登板したが、早速、先頭打者に死球を与えている。ホワイトソックスが敗退行為に手を染めていると考えるに足る証拠の1つだ。

ホワイトソックスは9番勝負のシリーズにおいて、第8戦で敗退したが、それも約束された支払いが遅れたため第6戦と7戦に勝ったあとのことだった。いちばん大切な第8戦の前には、選手とその家族に暴力による脅迫がもたらされていた。

八百長ワールドシリーズの噂は１９２０年のホワイトソックスにもつきまとったが、最終的に特別調査委員会が結成されることになった。シーコットは自身が関与した部分について自白したが、コミスキーは八百長に関わった7人のホワイトソックス選手を出場停止処分とした。

この7人の選手のうち実際に法廷で有罪判決を受けた者は1人もいなかったが、メジャー球団のオーナー一同は、連邦判事のケネソー・マウンテン・ランディスを起用し、実態の解明とメジャーリーグの腐敗一掃および名誉回復を目指した。ランディスは最終的に初代コミッショナーに就任したが、最初に行ったのはブラックソックスに関わった8人の関係者を球界から永久追放処分にすることだった。2人の選手――ハル・チェイス（悪名高い賭博関係者との関係性が問題となった）とジョー・ゲデオンも永久追放リストに入ってしまった。

ブラックソックス後にシューレス・ジョーは謎めいた存在となった。どれほど彼が敗退行為に手を染めていたのかは疑問符だった。彼を擁護する人たちが指摘するのは、シリーズ8試合で彼が打率・３７５を記録し、エラーを1つもしていないという事実だ。しかも、ホワイトソックスが負けた5試合で6打点を叩き出しているのだ。

その後数十年にわたり、支持者たちはウィーバーとシューレス・ジョーの名誉回復を果たそうと尽力してきたが、実ることはなかった。

結局ランディスは、16人の選手を賭博関与の疑いで永久追放リストに加えた。そのなかでもブラックソックス事件は、メジャーリーグ史上最大の汚点の1つとなり、その後、球界全体が賭博に関するあらゆるものに対して神経質になる主因となった。史上最後のシーズン30勝投手、デニー・マクレインは、1970年に賭博に関わったことにより3カ月の停止処分を受けた。

だが、反応が過剰になりすぎたきらいもあり、あの伝説そのものであるウィリー・メイズとミッキー・マントルが、とっくに選手生活を引退したあとにギャンブラーたちと「接点があった」だけで追放処分になったこともあった。

ここでいう「接点」とは、アトランティック・シティのカジノ2軒と「親善大使」の契約を結んだことである。メイズは1979年、マントルは1983年に署名した。2人の職務内容は、企業イベントで握手会をするとか、パトロンたちとゴルフに行くとかそういうことだった。

そもそもアトランティック・シティでは当時、スポーツ賭博自体を認めておらず、2人はカジノ従業員として、アトランティック・シティ内のすべてのカジノでいっさいのギャンブルをすることが許されなかった。

にもかかわらず、MLBコミッショナーのボウイ・キューンは、メイズとマントルをすべてのMLBチームから締め出すことを決定した。当時の2人は、それぞれメッツとヤンキースで臨時コーチを務めていた。

「カジノは野球のヒーロー、殿堂入り選手にふさわしい場所ではない」

キューンはそう断じた。現代のカジノやスポーツブッキングがどれほどMLBのスポンサーとなり、貢献しているかを考えると、隔世の感がある言葉である。

ピーター・ユベロスがキューンのあとを継ぎコミッショナーに就任したが、真っ先に手をつけたのが1985年春に断行したメイズとマントルの資格回復だった。

この4年後、さらに深刻な賭博問題が野球界全体に襲いかかった。

スポーツ・イラストレイテッドが初出となり、メジャー史上最多安打の記録をもち、当時はシンシナティ・レッズの監督を務めていたピート・ローズが、選手時代、監督時代を通じてレッズに賭けていたことが判明したのだ。

ローズの賭博問題は、野球界をはるかに超えた大騒動となった。彼自身がレッズの試合に賭けていたという問題は、MLBが本格調査に乗り出す契機になった。

コミッショナーのバート・ジアマッティは元合衆国司法省の弁護士だったジョン・ダウドを招聘し、特別調査委員会を立ち上げることになった。

ローズは野球に賭けていたことは公の場で否認した。もっともその後、主張は大きく揺らぎ、2004年に刊行した自伝のなかで、自らの罪を認めた。ダウド報告書により、ジアマッティはローズの永久追放処分を決めた。

ローズは脱税で投獄されることとなり、その後は細々とサインや記念品を切り売りしつつ不遇な晩年を送ることになった。長年にわたり、彼はクーパーズタウンの殿堂入りセレモニーが行われるたびに顔を出していたが、決して殿堂入り選手として表彰されることはなかった。実際に殿堂入りの投票でも得票数が伸びることはなかった。２人のコミッショナー（フェイ・ヴィンセントとバド・セーリグ）も、ローズの名誉回復嘆願書に取り合うことはなかった。２０１５年に、ロブ・マンフレッドもこの嘆願を拒絶した。

もっとも、現在のアメリカ合衆国におけるスポーツ賭博は、かつてローズが沈んでいった闇の世界の違法行為といった様相とは大きく異なっている。

今や、ピート・ローズの銅像がレッズの本拠地であるシンシナティのグレート・アメリカン・ボールパークの本塁側入り口のすぐ外に建っているのだ。

あの伝説のヘッドスライディング「チャーリー・ハッスル」の場面を切り取った銅像の腕は、通りを挟んだ向かい側にあるBetMGMを運営するスポーツブックメーカーに向かっており、ファンたちはレッズの試合に行く前にこの会社を通じてさまざまなスポーツに賭けられるようになっているのだ。

こういう組み合わせは、今やごく普通のものとなった。

同じようにワシントンのナショナルズ・パークにはBetMGMがあるし、フェニックスのチェイス・フィールドのすぐ外にはシーザーズ・スポーツブックがあり、シカゴ・カブスのリグレー・フィールドにはドラフトキング・スポーツブックがある。

シティ・フィールドの外野の壁を見ると、シーザーズ・スポーツブックの広告がある。トロントに行くと、ブルージェイズの大口スポンサーの１つは、ザ・スコア・ベットの運営会社であることがわかる。

そのほか枚挙に暇がない。

ＭＬＢの賭博との関係性が大きく変わったのは２０１８年5月に、アメリカ連邦最高裁判所がスポーツ賭博を合法化するかどうかの判断を各州に委ねるという裁決を下してからのことだった。２０２４年夏の時点で、アメリカ50州のうち、38州が何らかのかたちでスポーツ賭博を合法化している。

スポーツ賭博専用アプリもありとあらゆる場所に広まっている。BetMGM、ファンデュエル、ドラフトキング・スポーツブックそのほか、もろもろがスポーツ中継の合間やスポーツ関連サイト、球場内部で宣伝広告を展開している。選手たちや著名人もＣＭに出演して、さらにスポーツ賭博を推奨している。

今やスポーツ賭博がプロリーグ、テレビ中継、税収を通じて政府の大口パートナーになったというだけではまだ足りない。ＳＴＡＴＩＳＴＩＣＡの推計によると、２０２３年のアメリカで、少なくとも１１００億ドルが合法的に賭博から生み出されたという。

スポーツ賭博とプロ選手との関係性を鑑みて、ＭＬＢ、ＮＦＬ（ナショナル・フットボール・リーグ）、ＮＢＡ（ナショナル・バスケットボール・アソシエーション）は、近年、選手たちがこういう合法スポーツ賭博に関わることを厳しく制限してきた。

サンディエゴ・パドレスとピッツバーグ・パイレーツに所属したトゥクピタ・マルカーノは、メジャーとマイナーの境界線を行き来する程度の選手だったが、２０２２、２０２３年に合計

387回にわたり総計15万ドルを賭博につぎ込んでいたことを問題視され、2024年に永久追放処分となった。

ほかにも4人の選手が、少額ながら野球に賭けていたことで1年間の出場停止処分となった。MLBと選手組合の取り決めにより、選手たちは合法賭博で、野球以外のスポーツであるという条件なら賭けをしてもいいということになった。球団職員にも同じ規制が適用されることになった。

こういう情勢のなかで、ピート・ローズ以来最大となる野球界の大型賭博スキャンダルが、2024年3月、大爆発したのである。

最高の親友による最悪の裏切り

日本生まれながらにして幼少期の大半を南カリフォルニアで過ごした水原一平は、2012年に日本へ帰国し、同年、北海道日本ハムファイターズで雇用された。メジャーリーガー投手であるクリス・マーティンや、そのほかの英語圏出身者の通訳を務めることになった。

大谷翔平も同年、18歳の新人選手として入団した。大谷がロサンゼルス・エンゼルスに加入するために渡米すると、水原も同行することになり、四六時中彼の傍にいるようになった。大谷に殺到する取材や雑音を裁きつつ、唯一無二の二刀流選手が野球に集中できる環境をつくるのが役目だった。

「あの2人は、最高の親友として見ていたよ」

そう振り返るのは、エンゼルスのフィル・ネビン前監督である。

水原の父親はアナハイムでシェフをしており、エンゼルスが地元にいるときは大谷と水原はほぼ毎日このレストランで食事していた。

シーズンオフになると、水原は大谷のキャッチボールの相手も、ウェイトトレーニングの相棒も務めるし、2021年にコロラドのクアーズ・フィールドで行われたオールスターのホームラン競争では、大谷が打席に立つ際にキャッチャーを務めたこともあった。

水原は大谷にとって万能の右腕、最側近であり、マネージャーとしてコロナ禍のロックダウン中には衣食を運ぶなど、とにかくありとあらゆる業務をこなしていた。そんな業務の1つに、大谷の銀行口座開設も含まれていた。

しかし、水原は大谷がまだエンゼルスに所属していたある時期から、スポーツ賭博を合法化していない12の州の1つであるカリフォルニア州に拠点を置く、悪名高いブックメーカーのマシュー・ボイヤー主宰の違法賭博に、手を染めるようになっていた。

ボイヤーはもともと、商品取引のトレーダーで、ラスベガスにある2軒のカジノで累計42万5000ドルの負けを記録し、2011年に破産宣告を受けたわけだが、マイナーリーグの投手から胴元に転身したウェイン・ニックスを中心とした違法賭博を、南カリフォルニアで主宰したことにより連邦捜査の標的となった。そして捜査は、元ドジャースのヤシエル・プイグとエンゼルス時代に大谷のチームメイトだったデビッド・フレッチャーにも広がった。

水原は2021年に、サンディエゴでのポーカーゲームでボイヤーと会ったという。すぐに水原はボイヤーか、その相棒——のちに、リアリティテレビ番組「リアル・ハウスワイブズ・オブ・オレンジ・カウンティ」に出演していたライアン・ボヤジアンと判明——を通じて、国際サッカー試合、バスケットボール、アメリカンフットボールの試合などで賭けるようになった。

のちに連邦捜査の結果が公表されると、水原は2021年12月から2024年1月までの間に、約1万9000回の賭けを行っており、累計1億4200万ドル勝ったが、1億8300万ドル負けていた——。1日あたり平均25回賭けをしており、金額は最低10ドルから最高16万ドルの間を賭けていた。なお、MLBの試合に賭けている証拠は出てこなかった。ボイヤーは、大谷に近しいという特殊な立場から、とりっぱぐれはないと踏んで、水原には賭けられる金額の設定を大きくしていた。

そして、水原は負けをカバーするために大谷の銀行口座にすがりついた。

特別捜査官は、水原がアリゾナで大谷のために開いた銀行口座の連絡先電話番号とメールアドレスを大谷のものではなく、水原のものに変更していたことをつかんだ。これにより水原は、銀行から大金が動く際に、連絡が大谷へいくことを阻むことができた。

水原が銀行詐欺・虚偽の税務申告で告発されたあとに、自分で大谷の口座から大金を送金するための承認をできるようにして、さらに電話でも大谷のふりをして——この音声記録は当局が押収した——送金手続きをしていたことが判明した。

「この被告の騙しと窃盗の規模は甚大である」

合衆国司法省のマーティン・エストラーダ連邦検事は、公式会見でこのように断言した。

「自身に対する大谷氏からの絶対的信頼と特別な立場を悪用して、自身の賭博中毒をここまで悪化させてしまった」

さらに水原は、大谷の銀行口座から歯科矯正費用として約6万ドルをくすね、かつ32万5000ドル相当のベースボールカードを買い集めて、利益を出すことをもくろんでいた。

水原の賭博中毒が最初に判明したのは、2024年3月、ドジャースがちょうど韓国のソウルで歴史的な開幕2連戦に臨もうとしているそのときだった。

ESPNのレポーターが、ボイヤーに連邦捜査の手が伸びていることを最初につかみ、そこには大谷の名前で行われた銀行振り込みの記録も含まれていた。

水原はESPNの取材に応じ、3月20日に行われた90分間の独占取材で、2023年のうちに8〜9回ほど大谷の口座にログイン、送金記録があることについて、大谷が自分の借金を肩代わりして、支払いを行ってくれたのだと主張した。

事態は一気に大転回した。

韓国におけるドジャースとサンディエゴ・パドレスの開幕戦を終えたのち、水原はクラブハウスで事情説明をすることになった。

報道陣はこのクラブハウスから完全に締め出されており——チームのオーナーの1人であるマーク・ウォルター、そして大谷の代理人のネズ・バレロが通り過ぎるのを見守るばかりだった――そこで水原はチームに対し、自身がギャンブル依存症であることを告白した。

報道陣がクラブハウスに入ることを許されたときには、大谷は上機嫌で、チームの広報担当者と冗談っぽいやりとりをしており、自身のドジャースデビューについて聞こうとする報道陣をうまくかわしていた。

大谷は取材に応じた。水原の姿は近くのどこにも見られず、大谷は何分間か日本人記者に対して直接日本語でやりとりを行った。最終的に水原は再び姿を現し、英語圏の記者向けにいくつかの質問と回答を通訳した。

のちになって大谷は、この時点で水原がチームに対して何を話していたのか、完全には把握していなかったことを認めた。

「あのミーティングで、あの人は全部英語で話していましたから」

ドジャースがアメリカに戻ったあとに公表した長文の声明で、大谷はそう振り返った。

〈あのときの僕には通訳がおらず、彼は英語で話し続けていたので、僕は彼の言っていることが完全にはわかりませんでした――ただ何かおかしいことが起こっていると感じただけでした。あのとき、彼はホテルに戻ってからもう少しくわしいことを直接話したいと僕に言ってきました。――もちろん、僕は一平さんがギャンブル依存症だとか借金まみれだったとかはまったく知りませんでした〉

次の日の朝、水原の借金を大谷が肩代わりしていたという物語はあっさりと崩された。

水原は、前日の証言を完全撤回したのだ。大谷についた弁護団は、この元通訳を「大規模窃盗」で告発した。

「報道陣からの多数の問い合わせに答えるが、われわれはショウヘイが長年にわたる大規模窃盗の被害者であることを発見し、本件の捜査をあらためて当局に要請する次第である」

その日に大谷側弁護団が出した声明である。

水原はドジャースから即時解雇処分となったが、球団はこの件のコメントを出さなかった。

「言えることは何もないよ。本当に何もない」

ソウルでの2試合目を前に、報道陣がアンドリュー・フリードマンに直撃した際の返答だ。

ロバーツ監督には、大谷に対して特別な配慮をして休養を与えるという考えはなく、大谷はそのまま試合に出て5打数1安打、犠牲フライ1本と高尺スカイドームのフェンスぎりぎりに飛んだ大飛球2本という結果に終わった。

ドジャースCEOのスタン・カステンおよび関係者全員にとって、恐ろしい不安と苦痛の24時間だった。大谷翔平にドジャーブルーのユニフォームを着せることにより――球場内外で――得ようとしていたものが一気に雲散霧消するおそれが出てきたからだ。

ソウルにいたマーク・ウォルターから第一報を受けたのは、韓国での開幕戦が始まる日だったという。

「ちょうど、本人が聞かされたばかりの疑惑内容を私に伝えてきたよ」

カステンはあの瞬間を振り返った。

「あれから9時から15時の間だったかな。もっと短い時間だったかもしれないが、『なんだ、これなら全部が消えることはないな』と確信できるようになるまで、たしかそれくらいだったと思う。何もかも消えることはなさそうだとね」

２０２４年シーズン後半に、カステンは自身のオフィスからドジャースタジアムに向けて歩きながら回想した。

「最初の数時間は、状況は十分に悪いものではあるけれども、ショウヘイ個人にとって致命傷にならないかと心配した。なるほど、彼は親友を助けたんだ。自分で賭けたわけではない。もしそういうことなら、われわれとしては十分対処できると思った。だが、われわれとしてもことを慎重に進めなければならなかった。繰り返すが、当初の報告では『あるメディアが次のような記事を出す』という話だった。われわれは3月20日中、身構えていたが何も出なかった。いや、待てよ。これは全部ガセなのかと思ったよ。それから24時間から36時間くらいの間、われわれには何が起こるかまったく見当がつかなかった。ついに真相が知らされたのが、韓国での開幕戦8回に入ったころで、全容を知らされたんだ」

だが、3月21日には、ドジャースはまったく別のシナリオに対処する必要に迫られた。大谷はギャンブル依存症で借金まみれの友人を救ったわけではない。実は、この友人にカネを盗まれていたのだ。カステンは語る。

「いざ次の状況が出てきたからといって、われわれの恐怖感がすぐに消えたわけではなかったよ。最初の反応は『おい、何がどうなっているんだ？　いつの間にか、まったく違う2つの物語が出まわっているではないか』だった。思い出してほしいのは、われわれがロッカールームで選手一同に事件を伝えたのは、午後の9時とか10時だったことだ。そこから翌日朝7時までには、もう第2弾の話が出まわっていたんだぞ。われわれは朝食の席で選手全員のところを回り、『昨日の話なんだけれども……』と話しかけないといけなかった。実は、完全にひっくり返ったんだ。もう困惑するしかなかったよ」

この一件は、日本とアメリカで大爆発した。

当初、大谷が沈黙を貫き、水原が物語を変えたことにより、大谷がどれほど通訳の賭博に関与していたのかについてさまざまな憶測が飛び交った。

もしや、水原は大谷自身が数百万ドルを賭ける際の代打ちだったのではないか？　なぜ、水原はこんなに簡単に大谷の口座に手をつけることができたのか？　なぜ、水原は物語を変えたのか？　もしや、大谷のすべての罪を被るかわりに報酬を受け取っているのではないか？　長年「スポーツニッポン」で記者を務める奥田秀樹は、この件が報じられた際に大阪の自宅で仕事をしていた。

「反応はアメリカ側と同じだったのではないか。100パーセント、サプライズという意味で」

あとになって奥田は、日本での反応についてこう振り返った。

「水原一平は、日本人ファンの間では、ある種、アイドルに近い存在になっていたからね。ほとんどの人が彼のことを好いていた。大谷翔平のいちばんの親友だった。通訳者としての技量も高かった。私の息子は生まれも育ちもアメリカなのだけれど（奥田がMLB取材を続ける間に生まれた）、水原の通訳能力は最高の1人だと絶賛していたよ。本当にみんなが水原のことを大好きだったんだよ」

　報道陣が水原の人生を振り返るなかで、過去の一部が暴露された。

　水原はカリフォルニア州立大学リバーサイド校を卒業したとされていたが、同校は「その名前で在学していた学生の記録は存在しない」と公式声明を出したのだ。

　エンゼルス所属時にチームのメディアガイドに掲載されていた水原のプロフィールを見ると、2012年のトレーニング時にニューヨーク・ヤンキースの岡島秀樹投手の通訳を務めていたと記されていた。また水原は、岡島が2010年にボストン・レッドソックスに所属した際に通訳だったとも記されていた。どちらも信憑性は低かったが、レッドソックスはあらためて公式声明を出し、水原がチームに所属したことはないと明言した。

　嵐のような報道が数日間続くうちに、MLB機構は、「大谷翔平と水原一平に関わる疑惑の調査委員会」を立ち上げることを発表した。

　ドジャースが韓国から戻るまでに、大谷は5人のチームメイト――フレディ・フリーマン、ムーキー・ベッツ、マックス・マンシー、タイラー・グラスノー、ミゲル・ロハス――と45分間にわたり個人的に面談し、彼らの質問に答えた。

「あれはショウヘイ対ほかの選手という構造で、私もアンドリューも、ほかの誰も入る余地がなかった。そこでショウヘイがすべてを明かし、疑問点に答えていったんだ」

　カステンはそう語った。

「選手一同が厳しく問い詰めた。そして会合を終え、全員が『事情はわかった。もう何も問題はない』という結論に至ったのだよ」

考えてみるとこの男たちは、まだ大谷のチームメイトになって数カ月しか経っていなかった。だが、本人の口から真相を聞き、大谷をチームメイトとして信じて支え、今後もともに進むことを決めたのだ。

フリーマンは、ウィル・アイアトンを通訳として入れたうえで行ったこの会合について、こう語った。

「われわれはありとあらゆる質問を投げかけて、彼はそのすべての質問に答えたんだ。これでショウヘイが事件とは何の関わりもないと確信できた。オレは相手が誰であれ、同じようにするんだ。そして、信じられなくなるまでは信じ続けるんだよ」

この2日後、大谷は初めてとなる公式声明を出し、ドジャースタジアムでの会見において初めて記者団と相対した。

大谷は質問を受け付けず、当局とMLB両方の捜査が現在進行形であることを理由に、コメントも短く、詳細については語れないと最初に語った。

だが、彼が日本語で読み上げた声明（通訳したのは、新任のウィル・アイアトンだった）は、期待していたものよりはるかに長いもので、詳細にも踏み込んでおり、約12分間におよんだ独白は、記者団にとって十分に納得のいくものだった。

「まずみなさん、来ていただいてありがとうございます」

ドジャースタジアムの会見室において、アイアトンの隣に腰かけた大谷は切り出した。

「僕も話したかったので嬉しく思っていますし、チームの関係者のみなさん、僕自身もそうですけど、ファンのみなさんもここ1週間ぐらい厳しい1週間だったと思うんですけど、メディアのみなさんも含めて、がまんとご理解をしていただいたのはすごくありがたいなと思っています。まず、僕自身も信頼していた方の過ちというのは悲しく、ショックですし、今はそういうふうに感じています。現在進行中の調査もありますので、今日話せることに限りがあるというのをご理解いただきたいということ、今日ここに詳細をまとめた、わかりやすくみなさんにお伝えするためのメモがありますので、それに従って、何があったのかをまず説明させていただきたいと思います。

まず初めに、僕自身は何かに賭けたり、誰かに代わってスポーツイベントに賭けたり、それを頼んだりということもないですし、僕の口座からブックメーカーに対して、誰かに送金を依頼したこともももちろんまったくありません。数日前まで、彼（水原一平）がそういうことをしていたというのもまったく知りませんでした。結論から言うと、彼が僕の口座からお金を盗んで、なおかつ、みんなに嘘をついていたというのが結論です。

まず初めに言うと先週末、韓国ですね。僕の代理人に対してメディアの方から、違法のブックメーカーに僕が関与しているのではないかという連絡がありました。一平さんはこういった取材の依頼があるということを、僕に話していなかったし、僕のほうにそういった連絡はきていなかったということ。代理人は、僕と話してわかったのは、一平さんにではなく、「某友人の肩代わりの借金として支払った」と、僕の代理人を含めみんなに話していた。翌日、さらに尋問で一平さんは僕の代理人に対して、借金は一平さん自身がつくったものだと説明しました。それを僕（大谷）が肩代わりしたという話を、そのときに代理人に話したそうです。

これらはまったく、すべてが嘘だったということです。一平さんは取材依頼のことを僕にはもちろん伝えていなかったですし、代理人に対しても僕はすでに彼と話して、コミュニケーションをとっていたと嘘をついていました。チームにも、僕とコミュニケーションをとっていたと嘘をついていました。僕がこのギャンブルに関しての問題を初めて知ったのは、韓国の第1戦が終わったあとのチームミーティングです。そのミーティングで彼は英語ですべて話していたので、僕に通訳はついておらず、完全には理解できていなくて、なんとなくこういう内容だろうなと理解していましたが、なんとなく違和感も感じていました。

彼は僕に対して、ホテルに帰ったあとで2人でよりくわしいことを話したいので今は待ってくれと、そのときはホテルまで待つことにしていました。一平さんがそのとき、ミーティングのときにギャンブル依存症だと知らなかったし、彼が借金をしていることはもちろん知りませんでした。彼の借金返済に同意していませんし、ブックメーカーに対して送金をしてくれと頼んだことも、許可したことももちろんないです。

試合後、ホテルに戻って一平さんと初めて話をして、彼に巨額の借金があることを知りました。彼はそのとき、僕の口座に勝手にアクセスし、ブックメーカーに送金していたと僕に伝えました。僕はやっぱりこれはおかしいなと思い、代理人たちを呼んで、そこで話し合いました。話が終わって、代理人も彼に嘘をつかれていたと初めて知り、ドジャースのみなさんと弁護士に連絡しました。彼らも初めて嘘をつかれていたとそのときに知りました。弁護士の方からは、窃盗と詐欺で警察当局に引き渡すと報告がありました。これがそこまでの流れなので、僕はもちろんスポーツ賭博に関与していないですし、送金をしていた事実はまったくありません」

この時点で、大谷は用意していたメモから顔を上げ、さらに記者団に対して（アイアトンの通訳を通じて）声明を出し続けた。

「正直ショックという言葉が正しいとは思わないですし、それ以上の、うまく言葉では表せないような感覚で1週間過ごしてきました」

大谷が続けた。

「今は、うまく言葉にするのは難しいなと思っています。ただ、シーズンも本格的にスタートするので、ここからは弁護士の方にお任せしますし、僕自身も警察当局に全面的に協力したいと思います。気持ちを切り替えるのは難しいですが、シーズンに向けてまたスタートしたいですし、お話しできてよかったと思っています。今日は、これがお話しできるすべてなので、質疑応答はしませんが、これからさらに進んでいくと思います。以上です、ありがとうございました」

大谷のドジャースにおけるチームメイトの2人、ジョー・ケリーとキケ・ヘルナンデスが大谷が声明を読み上げる会見室後部で見守っていた。

スタン・カステンCEO、デーブ・ロバーツ監督、ブランドン・ゴメスGM、アンドリュー・フリードマン編成本部長も会見室にいた。

「非常に強く、パワフルで、明瞭そのものの声明だったね」

この日の大谷の声明について、カステンが満点をつけた。

「オレよりもよっぽどうまく、この危機に対処しているよね」

ヘルナンデスがつぶやいた。

「裏切りはつらいぞ……。オレらはみんな人間だし、スタッフからはどうやっても影響を受けるわけだ。ショウヘイは集中力が削がれることをうまく避けていて、球場でやるべきことに今も集中できているのがすごいよ」

ケリーも同意し、大谷のことをこう讃えた。

「本物のプロとして対処しているよな。オレが同じ状況に置かれたとしても、ここまで見事に対処できないだろうな」

ロバーツ監督もまた、大谷の声明が水原の賭博問題に関する真相を明かすに十分な内容を備えていたと、彼を完全擁護した。

「ああいうふうに自分の考えをまとめて、正直かつオープンに話せるのは立派なことだよ」

ロバーツ監督が彼の勇気を讃えた。

「私としては必要なことはすべて聞き出せたし、選手一同も同じ考えだと思うよ。私のところにも彼が何を知っていたのか、何を知らなかったのか、問い合わせが殺到していたのだが、これを機にわれわれ全体が前に進み、あとは当局の捜査に任せるようにしたいね」

アメリカにも一定数いる陰謀論者は、大谷の声明に合点がいかない様子だったが、大部分のファンは彼自身の説明を受け入れた。連邦捜査の詳細が明らかになるにつれ、大谷の無実を信じる声援は、とくに日本で大きくなるばかりだった。

「当初はたしかに、大谷本人が賭博に関与していると疑う声もあった」

奥田秀樹の回想である。

「疑うのにも十分な理由はあったんだ。あれだけの大金をもっている人物が、大金の行方がわからない、まったく知らないというのはおかしいだろう。しかもその人物の最側近が、実はギャンブル依存症だった？　あの2人は、ほぼ1日24時間に近いくらいずっと行動をともにしていたんだよ。それで何も知らない？　普通の人なら、そんな話はなかなか信じられないよね。私もそうだが、日本人の大部分も同じように感じたと思う。だが、日がたつにつれて、真相が明らかになってきた。当局とか、当局の捜査に基づく公式文書から真実がわかってきた。こうしてわれわれは、彼の無実を信じられるようになったわけだね」

禍福は糾える縄の如し

新しいチームメイト一同からの信頼を集めたことにより、大谷はスキャンダルのせいでシーズンに向けた準備がおろそかになることはなかった。

「あの男は、クラブハウスで本当に見事なふるまいをしているよ」

ベテラン内野手のミゲル・ロハスが証言した。

「つねに本物のプロフェッショナルとして動いていて、冷静で、身の回りのことをいつもきちんとこなしているよ。ショウヘイが実際のところ、どう感じているかをオレから話すことはできないけど。1人のチームメイトとして、あいつがどれほどの試練に直面しているのかは知っている。本当に過酷だと思う。心から同情するしかないよ。できることは、ただそばで支えてあげることだけだよ」

この任務の大部分を負ったのが、間違いなく通訳のウィル・アイアトンである。もともとドジャースの職員だった同氏だが、水原一平の後任となった。

選手、コーチ、スタッフ全体から好かれているこの男は、ドジャースの通訳として2016年に前田健太投手の1年目と同時に入団した。

東京生まれで、アイアトンは15歳のときに家族とともにアメリカへ移住し、オクシデンタル大学とメンロー大学で野球をプレーし、2012年に後者の大学で卒業総代スピーチも行っている。

テキサス・レンジャーズとニューヨーク・ヤンキースでのインターンを経て、彼は前田の通訳としてドジャース入りし、早々に「ウィル・ザ・スリル」の異名をつけられた。打撃練習中やダグアウトでのダンスなどが、チームの雰囲気を盛り上げたと高く評価されたのだ。

前田は2019シーズン終了後にドジャースを離れてミネソタ・ツインズに移籍したが、アイアトンはそのままドジャースに残り、オクラホマシティの3Aで選手育成コーチとして活動するようになった。

1シーズン後、彼はロサンゼルスに戻り、メジャーでパフォーマンス・オペレーション・マネージャーとして、洗練されたトレーニング指導やデータ解析などで辣腕を発揮するようになった。この役割がきっかけで、アイアトンの役割はさらに広まり、情報分析やゲームプランニングで使われるスカウティングビデオの作成などにも携わるようになった。

だが、水原の賭博スキャンダルと急遽の解雇により、アイアトンは大谷の専属通訳となり、ゲームプランニング業務と兼任することとなった。

そしてロバーツ監督は、この組織改編を「ポジティブ」と評した。当時は大谷がいかなるかたちでも、水原と接触することはできなかったからだ。

アメリカでの6年間の生活で、報道陣の前ではなかなか披露しようとしなかったが、大谷はある程度英語を話せるようになっていた。チームメイトやコーチ陣との意思疎通に関しては、四六時中、通訳に頼る必要はなくなっていた。アイアトンには通訳業務以外の仕事がまだ残っていたので、大谷は否応なくドジャースのクラブハウスで独り立ちを余儀なくされ、水原に頼りきりだったアナハイム時代とは大きく異なる様相となった。

「実を言うとこの一件のおかげで、緩衝材がなくなったから、チーム内部の関係が深まったとも思っているんだよ」

通訳交代についてロバーツ監督が語った。

「ここ数日の様子を見ているのだけれど、私の見るところ、ショウヘイは今まで以上にチームメイトと直接交流するようになっている。今回の一件は悲しいものだけれども、この一点だけはよかったことだと思っているよ」

ドジャースの選手たちはグループチャットをつくり、内輪でお互いに意見交換するようになっている。大谷がチームに入団した当初、水原がこのグループチャットに加わり、大谷の代理で応答していた。だがスキャンダル発覚直後、当然ながら水原のアカウントは削除され、大谷本人がこのチャットに参加するようになった。

「ショウヘイは十分に英語を話せるし、いいヤツだというのがすぐわかるよ。一緒にいて楽しいヤツだね」

クレイトン・カーショーは大谷をそう評した。

「少なくとも外面を見ただけだと、今回の事態にあいつはうまく対処しているように見える。われわれには何の異変も見せないんだ。オレにも見えないしね」

数週間後、ロバーツ監督は、大谷が水原の不在のおかげで「花開いた」とまで語った。

「ショウヘイはあの一件以来、さらに自立するようになり、周りと打ち解けるようになった。何といっても、いちばん信頼していた人物が裏切ったわけだからね」

さらにロバーツ監督は、シーズン半ばにはこう語った。

「自分で話すようになって、彼の本来の性格が出てきているように感じるよ」

チームメイトのタイラー・グラスノーは、ポッドキャストのインタビューに応じ、

「オレらは全員、早い時期からイッペイが何か後ろめたいことがあるのだと気づいていたよ」

と語り、クラブハウスで軽い調子ながら大谷に、

「オレたちはお前の味方だから安心しろよ」

と伝えたという。同時に彼が口にしたのは、少なくとも表向きは大谷が「いっさい、このスキャンダルで苦しんでいる様子を見せない」ことだった。

「人は自分が何もやましいことをしていないと知っているときは、そのうち時間が解決してくれるものだと思う」

グラスノーは、ポッドキャスト番組「クリス・ローズのローテーション」で語った。

「けど、ショウヘイを見る限り、全然メンタルがやられているようには見えないんだ。何はともあれ、無実が証明されて野球に集中できる状態になってよかったと思う。まあ、今年いっぱいはこのことを聞かれ続けると思うけど、うまく対処していくのではないかな」

この言葉どおりだった。スキャンダルの渦中でシーズン開幕を迎えたが、滑り出しは上々だった。それは大谷には強力な支えがあるからだと、ＣＥＯのスタン・カステンが指摘した。

「すべてが驚異的だよ。だが、そもそもわれわれは驚いていいのか？」

カステンはこの年の後半になってから、こう語った。

「われわれはあの男が、巨大な重圧のなかで戦うのを目撃してきたわけだ。去年のＷＢＣでの活躍を見たか？　君は見たか？　あの男にとって、大きすぎる舞台というのはそもそも存在するのか？　私はないと思うね。だから、彼が対処してやってくれるのは驚くべきことではない。とくに本件に関しては、彼こそが世界で唯一、最初から最後まで真実を知っている人だからね。だから疑問の余地がない。何の心配もない。本人もこれ以上の処分が下ることはないとわかっていたはずだ。だから、私はこのように彼が結果を出し続けてくれても、驚きはない。何も驚くようなことではないんだ」

〝大谷・水原狂騒曲〟で、何か新しい動きがあるたびに過剰反応する報道陣一同だったが、このせいでドジャースのクラブハウスにいる、その他全員の選手たちに悪影響をもたらす危険性は大きかった。だが、ロバーツ監督はその危険性を早々に否定した。

「何事に対しても分業は重要だろう。つねにプロフェッショナルとしてふるまわなければならない。そして、われわれのクラブハウスにいる男たちは全員本物のプロだからな」

監督は、ドジャース一同が本国での公式戦に向けて準備万端だと強調した。

「感情的に多少振り回されていることは否定しないが、必要以上に大谷の現状に感情移入しすぎているわけでもない。われわれ自身にそれぞれやるべき仕事が目の前にあるということだよ。だから私としては、あまり深く心配していない。すでに話したとおり、集中力が削がれることはあるだろうし、球場外でいろいろと問題は起こる。だが、われわれの一団は、今やけっこう長い時間一緒にいるおかげで、団結力も強くなっている。そういう邪魔なものを頭の外に追い出すことができる。われわれが集中すべきは野球だけであり、今日この日に選手一同が考えているのは野球のことだけだ。そこは私から約束してもいいと思うよ」

大谷の視点から見ると、損失は個人的な側面が大きかった。

田中真美子さんと結婚するまで、水原は今までの人生でほかの誰よりも特別に近しい存在だった。大谷は人生のなかでも最大のこの大変動を極力小さなものにしようと努め、

「この間ずっと支えて続けてくれているチームの選手たちとスタッフに感謝している」

と、ただただ繰り返すばかりだった。

彼の野球に集中する能力について、大谷本人はこう明かした。

「球場外でどんなことが起こったとしても、僕の野球の試合に対する集中力は変わりませんよ。僕の仕事は毎日試合で力の限りを発揮することですから」

大谷が新しい現実とドジャースにおける新しい環境に馴染んでいく一方で、一平は連邦裁判制度の中に身を投じていた。

4月12日に、水原は連邦捜査に対して全面自白した。

同日の夜、ドジャースタジアムにて、大谷は初回に本塁打、5回と7回に二塁打と5打数3安打を記録したが、試合は延長の末、サンディエゴ・パドレスに敗れた。

5月8日、水原は司法取引に合意し、大谷翔平の銀行口座から違法に1700万ドルを送金した件に関して、有罪判決を受け入れた。

同日午後、大谷はドジャースタジアムでのマイアミ・マーリンズ戦で3－1と試合には勝ったが、自身の打撃成績は4打数0安打だった。

5月14日、水原は法廷に出廷し、銀行詐欺と虚偽の納税申告の罪状認否に臨んだ。

同日夜のオラクル・パークで大谷は、本塁打1本と二塁打1本を含む5打数3安打を叩き出した。ドジャースが初めて、ジャイアンツを10－2と圧倒した試合だった。

この日、大谷は水原の裏切りにより、自身の世界がいかに凍りつき、伝説ともいえる長時間睡眠が妨げられたことを認めた。

「当初は、僕も眠れませんでした。いうまでもなくああいう事件が起こったからです」

サンフランシスコでの5月シリーズ最中に、彼は苦悩を明かした。

「ですが今は、いつものルーティーンをきっちりとこなせていますし、十分に眠れています。そのおかげでいい結果もついてきているのかなと思います。事件の捜査も進み、もう僕が関わる部分はなくなりました。それ以来ずっと寝ることに集中できるようになりましたし、実際ぐっすりと眠れるようになりましたよ」

6月4日、水原はサンタアナにある法廷に出廷し、公式に銀行詐欺と税金詐欺に関して罪を認める有罪答弁を行った。この容疑には最大禁錮33年が課される可能性があるのだが、水原は有罪を認めているため、これよりは刑期が短縮されることを期待できる。水原は法廷で裁判官から問われた際にこう答えている。

「私は被害者A（大谷）のために働き、彼の銀行口座にアクセスすることができました。賭博で莫大な借金を抱えることになり、ここから（借金から抜け出す）唯一の方法として、彼のお金に手をつけることしか思いつかず、そこで彼の口座からギャンブルの借金を送金したのです」

合衆国カリフォルニア州中央地区検事のマーティン・エストラーダは、聴聞のあとに報道陣の取材に応じ、大谷を「立場が弱かった人」と描写した。

「大谷氏はこの国に移民としてやってきて、この国の仕組みなどに不案内が故に、多少はこの国の金融システム等にくわしい人物の餌食になりやすい状態にあった」

とエストラーダは総括した。この有罪答弁を経て、メジャーリーグ機構は本件に関して大谷の関与はなかったと結論づけ、調査の打ち切りを発表した。

「公になった徹底した連邦捜査の結果から鑑みて、MLBは収集した情報と係争の余地がない犯罪証拠に基づき、大谷翔平を詐欺の被害者と認定し、本件は解決したものとする」

メジャーリーグ機構が同日に出した声明にはそう書かれていた。

代理人が出した声明において、大谷は水原が「全面的に有罪を認めたことにより……私と家族に対して一件落着がもたらされた」とまとめていた。

「本件は非常に特殊な案件であり、この困難な時期に支えてくれたチーム一同、家族、代理人、事務所、弁護団、そしてアドバイザーと、今回の一件で一貫して支え続けてくれたドジャース球団関係者全員に感謝申し上げます」

と大谷の声明はつづられていた。

「そろそろこの話は終わりにして、次に進んで、あとはただ試合に集中して勝つことだけを考えていきたいと思います」

あの晩、大谷は4打数1安打で、ドジャースはピッツバーグ・パイレーツに対し、0－1の完封負けを喫した。ロバーツ監督は、こう答えた。

「ショウヘイはうまく対処していると思うね。試合のパフォーマンスに影響をおよぼしているとは思えないね。本当に影響はなさそうだな」

彼は正しかった。

第 4 章

活躍を支える特殊な力

SHO-TIME 3.0

THE JOURNEY TO HIS FIRST WORLD SERIES VICTORY

睡眠への追求と韓国遠征での熱狂

大谷翔平はロサンゼルス・ドジャースの一員として公式戦でプレーする前に、すでに超人的な能力を発揮していた。長時間睡眠である。

それはサンディエゴ・パドレスとの歴史的開幕戦を行うために、韓国のソウルに到着した直後に行われた記者会見でのことだった。ドジャースのデーブ・ロバーツ監督は、大谷がアリゾナから韓国までの約13時間のフライトのうち、チーム最長記録となる約11時間も寝ていたことを明らかにした。

いうまでもなく、その後の大谷はドジャースの一員として、かずかずの驚異的な記録をつくっていくわけだが、この睡眠時間は、間違いなくその始まりとなる1つの記録だった。

しかし、大谷のキャリアを追ってきた誰にとっても、こんなのは驚きのうちには入るまい。大谷の睡眠に対する執念と能力は、間違いなく彼の伝説の1つだからだ。

「睡眠は、僕にとっての最優先事項ですから」

2022年、彼は共同通信の取材に答え、とくに移動と日程の両方の負担がそれほどない日本プロ野球から、移動と日程が過酷なMLBに移籍して以降、疲労回復のためになおのこと睡眠が重要になったと力説した。

大谷は、常日頃からワークアウトの一部に組み込んでいる「パワーナップ（昼寝）」も含め、毎日10時間は眠るように心がけているという。それもあって、出演しているCMの1つは、大谷にオーダー枕とマットレスを提供している日本の寝具メーカーの西川だ。西川は大谷の肉体を３Ｄで綿密に計測し、特注の高級マットレスまで作成している。

エンゼルス時代、大谷は自分用マットレスと重みのあるアイマスクをつねに遠征に持参していた。そして、大谷の飼い犬・デコピンにまで特注の犬用ベッドが西川から提供されていた。

よく眠れた大谷とドジャース関係者一同がソウルに到着したとき、空港には数百人のファンが殺到し、ドジャースのユニフォームを着て「Shotime Korea」とか「Go Ohtani Go」といった旗などを振って歓迎した。韓国では1週間にわたり、つねに警備スタッフがチームを守っていた。

「すごかったね」

大谷のチームメイトとして、ロックスター並みの歓迎を受けたムーキー・ベッツは驚きを隠さなかった。

「でもいいんじゃないか。ああいう超大物、世界的スーパースターが来るんだから、これくらい当然だよな」

大谷が韓国にやってくることで200件以上の取材申請が殺到し、ソウルの高尺スカイドームは大騒ぎになった。だが、フレディ・フリーマンは、この注目度の高さと取材申請の殺到ぶりに一筋の光を見出していた。

「これだけの大騒ぎになるということは、つまり何かすごいことがシーズンオフの間に起こったということだよ」

フリーマンはソウルに到着した際、こう口を開いた。

「ショウヘイと契約した、ヤマモトとも契約した、グラス（タイラー・グラスノー）をトレードで獲得して契約した。これだけ大型補強したんだから、注目されて当然だよ。当然、大部分はショウのおかげだけどな。とにかくこのオフシーズンには、普段以上に特別なことが起こっていたという証拠だよ。オレたちは今の状況に悪い意味で少し慣れてしまっている気がするね。だけど、この状態（大人数の報道陣一同を指差しながら）に慣れることができるのかな。とにかくワクワクしているよ。オレたちにとってもとても楽しいことだよ。今年は今まで以上に多くの人たちの前でプレーすることになるわけだな」

ロバーツ監督は、比較対象として別のスポーツ（バスケットボール）をもちだした。大谷を擁するドジャースが遠征に出るのは，マイケル・ジョーダンを抱える全盛期のシカゴ・ブルズのようなものだったのではないかと。

「われわれが空港に到着すると、多くのファンが待ち構えていて、大人数の報道陣もそろっていて、選手たちも興奮していたし、これこそが野球が地球全体に広まっている証拠だと思うよ。私の見るところ、MLBに対する関心と興奮は、史上最高のレベルに達していると思う。そんな時期にドジャースがMLBの代表としてソウルに来られたのは、本当に名誉なことだね」

これこそ、長年にわたりドジャースが果たしてきた役割そのものである。韓国遠征は、史上2番目となる外国での公式開幕戦だった。

2014年、ドジャースはオーストラリアのシドニー・クリケット・グラウンドで、史上初のMLBの開幕2連戦をアリゾナ・ダイヤモンドバックスと行った。

　このオーストラリアと2024年のソウルシリーズの間に、ドジャースはサンディエゴ・パドレスと2018年にメキシコのモントレイで、公式戦を行った。このときの試合で、ウォーカー・ビューラーと3人の中継ぎ投手陣によるノーヒッターも実現した。

　またドジャースは、1993年に台湾と日本で5試合連戦を行い、2008年に歴史的快挙ともいえる、中国の北京でのエキシビションマッチも実現させ、2010年には台湾を再訪している。

「この遠征は野球界全体がすそ野を広げ、国際的にわれわれの市場を広げる努力の一環ということだ」

　ドジャースのCEOのスタン・カステンは、韓国出発の前夜にこう語った。

「われわれは2014年にオーストラリアへも行っている。今や、どこかのチームは毎年ロンドンに行っている。メキシコも毎年だ。今年は、インド、フランス、ドミニカ共和国でもプログラムがある。それからドミニカ共和国では試合も決まっている（ボストン・レッドソックスとタンパベイ・レイズが2024年3月に首都サント・ドミンゴで2試合オープン戦を行った）。こういうすべてが市場拡大のための尽力の一環なのだよ」

　2024年7月、ドジャースは2年連続となるアジアでの公式戦開幕を発表し、新たな歴史をつくった。2025年3月に東京ドームで、シカゴ・カブスを相手に公式戦2試合を開催することが決まったのだ。

この東京シリーズでは、4人の日本人選手が凱旋し、ファンの前でメジャーリーガーとしてプレーすることになる。カブスの鈴木誠也と今永昇太、そしていうまでもなく、われらがドジャースの大谷翔平と山本由伸だ。

「日本に行くとなったら、オレたち完全に超人気ロックバンドだよな、確実に」

ベテラン投手のクレイトン・カーショーが日本行きの様子を想像しながら語った。

「ものすごい経験になるね。特別なものになるのは間違いない」

2023年11月に受けた肩の手術のため、カーショーは2024年3月のソウルシリーズに帯同することはなかった。帯同した全員にとって、この遠征はかけがえのない経験となった。選手とスタッフ一同は軒並みこの遠征を一世一代の喜びとして受け入れ、景福宮を観光したり、明洞夜市場でいろいろな目新しい食事を楽しんだりした。選手たちの夫人一同は、韓国の著名な美容製品ブランド、オリーブヤングを訪問することをいちばんに喜んだ。アレックス・ベシアとマイケル・グローブ両投手は、メディア出演して韓国料理の試食をしてみせた。

タイラー・グラスノーは、この韓国の雰囲気を「すごくエスニック」と表現した。いざ、ドジャースの一団が高尺スカイドームで練習をこなし、韓国のプロ野球チームのキウム・ヒーローズおよび韓国代表チームとオープン戦をこなすと、一気に現地へ馴染んでいった。

高尺スカイドームの観客収容人数は、わずか1万6000人程度。5万人以上を収容するドジャースタジアムや、2025年のドジャース日本遠征で使用される東京ドームの5万5000人には遠くおよばない。だが、試合中の盛り上がりはチアリーダーの大歓声により最大限に増幅され、両側のスタンドに設置された舞台の上で繰り広げられるドラムとダンスの組み合わせと、各選手に個別に用意された応援歌がさらに彩りを加えた。

イニングの合間と投手交代の際には、チアリーダーたちがK-popの曲に合わせて踊り、そこに特殊照明効果も加わった。韓国人女優のチョン・ジョンソが始球式を務め、両チームのダグアウトにいる選手たちの目が釘付けになった。絶世の美人女優が始球式を務めて、選手たちがうっとりしている様子はカメラで抜かれ、しばらくの間、韓国遠征中のハイライトの1つとしてネット上で注目を集めた。

「イニングの合間も、試合最中もそうだったけど、大音量の歌やダンスで盛り上がって楽しかったね。こういうのがアメリカでもあるといいのにね。すごいよ、本当によかった」

グラスノーはさらに指摘した。

「みんなが試合に釘付けになっていた。誰一人、携帯電話をのぞいていなかったし、周りを見回す人もいなかった」

集中力が長続きしないアメリカ人ファンに対する軽い皮肉も含まれた言葉だった。

ロバーツ監督も、この状況を「まったく独自の環境」と呼んだ。アメリカでのMLB公式戦とは明らかに雰囲気が違い、韓国のファンは「一晩中、熱気を保って盛り上がっている」と讃えた。

「私の見るところ、レフトスタンドのみなさんは試合が終わったことに気づいていなかったのではないかね」

オープン戦のあとに、ロバーツ監督は冗談交じりに語った。

「こういうふうに、別の文化のなかにある野球を経験できるのは貴重なことだよ。レフトとライトとにチアリーダーがいて、しきりに盛り上げてくれるというのは本国とはまったく違う環境だからね」

ドジャースは試合そのものも存分に謳歌し、キウム・ヒーローズを14－3と大差で撃破して韓国代表にも5－2で勝ち、サンディエゴ・パドレスとの開幕戦に準備万端の様相となった。

大谷は、オープン戦2試合では無安打に終わった。対キウム・ヒーローズ戦において、彼はパナマ出身の右腕投手で、テキサス・レンジャーズおよびニューヨーク・メッツでメジャー昇格の経験もあるアリエル・フラドに対し、2打席とも三振に終わった。

メジャーで登板した45試合のうち、44試合はアメリカン・リーグ西地区のレンジャーズ時代のものだったフラドは、しばしば大谷と対戦しており、当時、エンゼルスのDHだった彼を11打数2安打（・182）と抑えていた。韓国で大谷から二度も三振を奪い、フラドは一瞬ながら大英雄となった。

「いうまでもなく、彼は偉大な選手だからね。メジャーリーグのなかでも最高峰の選手だから」

フラドは試合後にこう語った。

「オレはメジャー時代と同じように投球を組み立てたんだ。高めの速球を中心にするということだね。なかなかよかっただろ」

新天地での滑り出し

大谷は試合が重なるにつれて調子を上げていった。

ドジャース選手としての公式戦2打席目で、彼はシーズン初安打を放った。パドレスとの開幕戦で同胞のダルビッシュ有投手からライトにヒットを放ったのだ。

3回の打席でダルビッシュと対戦し、大谷はファウルとなったライトへの大飛球を打った。打球速度は時速119・2マイルに達した。シーズン全体を通しても、これより速い打球は2つしかなかった――ピッツバーグ・パイレーツのオニール・クルーズが放った121・5マイルと、ニューヨーク・ヤンキースのジャンカルロ・スタントンが放った120マイルの2本だけだ。

この2球後、大谷はライトに112・3マイルの打球を放ち、妻がドジャース選手の家族一団とハイファイブを交わしている姿がテレビに抜かれた。

大谷にとっては普通のことだったが、この1本も普通のライト前ヒットではなかった。あらためて強烈なパワーを示した。MLB打者の誰よりも、つねに強くボールを叩いて速い打球を打てる能力をあらためて見せつけたのだ。

打球速度、そのほかスピンレート（回転速度）、打球角度、バレル（速度と角度）、……。こういったものはすべてスタットキャスト、つまりは投球や打球の解析を通じて、選手の動きやパフォーマンスを評価するツールの発達によってもたらされたものである。

この高度に洗練されたシステムは、２０１５年にすべてのメジャーリーグ球場に導入されることになった。これが「スタットキャスト時代」と呼ばれるようになった、最新野球の始まりだった。

このテクノロジーにおいて、ドップラーレーダーとホークアイの名前で知られる高速カメラシステムを組み合わせ、投球、打球、選手の動き、バットの振れ方などをすべてのＭＬＢの試合で収集解析している。

このホークアイシステム（プロテニスの試合でもリプレイ再生に使われている）は、２０２０年に追加された。

各スタジアムに12台のホークアイカメラが設置されており、球場全体を網羅している。うち５台は毎秒３００フレームのカメラでバットと投球の追跡に特化している。残りのカメラは選手の動きと打球の追跡をしており、打球の99パーセントはカバーできるようになっている。２０２３年シーズンの間、累計72万５０００の投球と12万５０００の打球がスタットキャストにより追跡解析された。

今や、統計は野球に必ずついてまわるものになった。

打球速度についていうと、時速95マイルは「強い打球」の基準となった。言い換えると、95マイルかそれ以上の速度でバットから放たれた打球は強い打球ということになった。

大谷がソウルで放った１１２・３マイルは、彼が２０２４シーズンに放った95マイル以上の打球２８８本の１本目を飾るものであり、この数字はＭＬＢ最多だった。

「もはや存在自体が別格だからね」

ロバーツ監督があらためて大谷を称えた。

「ショウヘイの平均打球速度、もうこれだけで野球界のなかで孤高の存在だからね。とにかくあいつのバットがボールを捉えたら何か起こるんだよ」

ベテラン左腕投手のクレイトン・カーショーは、自身がまだ２０２３年11月に受けた肩の手術からのリハビリの最中だったが、シーズン前半のある試合で、ヘッドセットを装着してダグアウト入りし、スポーツネットＬＡの放送に出演した。そこで、彼が今までに見てきたどんな強打者よりも強い打球を放つと、あらためて大谷の能力を絶賛した

「とにかく信じられないよ」カーショーが番組内で語った。

「ショウヘイが打った打球のすべてが、とにかく強いんだ。オレにもよくわからない。なぜ、あいつだけがあんなに強い打球を打てるのか、誰も本当はわかっていないと思う。とにかく驚異的だよ。もちろん、ほかにもけっこう強い打球を打てるヤツはいるよ。けれども、ショウヘイみたいにいつも打てるという打者はいない。数字でいえば１１５マイル、１１８マイルとか、ＭＬＢでもいつもこんな速度の打球を打てるヤツはなかなかいないよ」

ドジャース一塁手のフレディ・フリーマンも同じ見解だった。ボールを強く叩ける大谷の能力を「プリティ・アメージング」と絶賛した。

「ショウヘイは毎回１０５マイル以上の打球を打っているような気がするよ」

フリーマンは驚嘆した様子を隠すことなく言った。

「とにかく特別な存在だよ」

この強い打球により、大谷はＭＬＢのなかでもヤンキースのアーロン・ジャッジとジャンカルロ・スタントン、パイレーツのオニール・クルーズのみが入ることを許されていた、ごく限られた長距離砲クラブの一員となった。

２０２４年のＭＬＢ全打者の記録を見ると、ジャッジが平均96・2マイルで1位だった。２位が大谷の95・8マイルで、そのあとにクルーズの95・5マイル、スタントンの94・6マイルと続く。

「ショウヘイの体の使い方は、超がつくほど効率的なんだよ」

ドジャースの打撃コーチ、ロバート・バンスコヨクがそう切り出し、大谷がいかにして強い打球を打ち続けることを可能にしているかをくわしく説明した。

「体の軸と、肩と手首の回転が一体となることで、あの怪力が生まれているんだよ。もちろんそこに速さとテコの原理が加わって、さらに大きな力が生まれるんだ。シンプルにいえば、ショウヘイは自分の体を超効率的に使っている、そういうことだよ」

デーブ・ロバーツは、選手・コーチ・監督として、25年間、ずっと野球界で活躍してきた。だが、シーズン半ばには、もはや大谷の強烈な打球を賞賛する言葉も尽きてしまった。

「正直、放たれる打球、あんなものは今までに私も見たことがないのだよ」

かつて2シーズンにわたり、バリー・ボンズとチームメイトだったロバーツ監督が明かす。

「スタントンについては、それほどくわしく見ていないよ。私はバリー・ボンズとも一緒にプレーしたことがあるけれど、ショウヘイのバットから放たれる打球はそれとも違うんだよ。史上最高の打者となると、バリーになるのかもしれない。だが、ショウヘイの存在、打球の強さ、これは今まで私が見てきたどんな選手からも異次元のものなんだよ」

大谷のドジャースにおける安打は、ソウル開幕戦の7イニングまでの数少ない見どころの1つだった。ドジャースは8回に入るまで1－2とパドレスにリードを許していたが、8回に一気に4点をとり逆転勝利にこぎつけた。

2つの四球とテオスカー・ヘルナンデスの単打により、ノーアウト満塁の絶好機が到来し、キケ・ヘルナンデスの犠牲フライでまずは同点にもちこみ、珍しいプレーでドジャースはリードを奪った。

ギャビン・ラックスが一・二塁側に割と平凡な内野ゴロを放ち、あとはパドレス一塁手のジェイク・クロネンワースが、この打球を処理してダブルプレーにするだけだと思われた。だが、よりによって打球は彼のグラブの網をすり抜けていった。これによりドジャースは世にも珍しい「用具不良によるエラー」で追加点をあげた。

この打球が壁を打ち破ったことで、ドジャースはさらにたたみかけた。

ベッツと大谷がタイムリーヒットを重ね、ドジャースはこの歴史的な開幕戦を5－2の勝利で飾った。

「今日いちばんよかったのは〝W（勝利）〟がついてきたことですが、後半に逆転できたということは、チームとしてもいいチームになっている証拠だと思います」

大谷は自身が5打数2安打、1盗塁と1打点を残した試合をこう総括した。

ドジャース側からはとくになかったが、大谷が春に結果を出せなかったこと、そしてソウルでのオープン戦で無安打に終わったことにより、スイングが公式戦レベルまで仕上がっていないのではという多少の懸念の声が上がっていた。だが２０２４シーズンの早々に、複数安打を放つことにより、かすかな不満の声も実力で黙らせた。

「打者というものは、１回のスイングで本調子を取り戻すこともよくあるのだよ」

ロバーツ監督は、例の１１９・２マイルのファウルについてふれながらご満悦だった。

「春の時点で、ショウヘイはすでにいい打球を打っていたよ。だが、あの大飛球のファウルを打ち出したスイング、あれで本来のスイングを取り戻し、今度はライト側にフェアの打球を打って試合後半のタイムリーヒットにもつながったと思うよ」

このいい感覚、そしてドジャースの無敗記録は、例の大事件により24時間で雲散霧消してしまうことになる。

開幕戦を終えて次の朝までに、大谷の専属通訳だった水原一平がギャンブル依存症を認めたためドジャースから即時解雇となり、この負債を弁済するために大谷から「大規模窃盗」を働いていた容疑もかかってきた。

「われわれは、野球をするためにここへ来ているわけだ」

ロバーツ監督は、パドレスとの第2戦を前にして苦々しそうに切り出した。

「あれだけの大事件が昨晩発覚したわけだが、にもかかわらず、われわれは試合に集中した点でよくできたと思うし、今日も同じように試合へ臨むことになる」

ロバーツ監督は水原によって引き起こされた大騒動が原因で、大谷を第2戦の先発から外すという案を即刻却下した。そして、大谷がプレーしたがっていないという憶測も完全否定した。

大谷が試合前に報道陣に対して語ることはいっさいなく、試合前の練習にも顔を出すことはなかった。ただ、それ自体は珍しいことではなかった。大谷は普段から滅多に球場で打撃練習に参加することはなく、ほとんどの場合、室内練習場で行っていたからだ。

「ショウヘイは準備万端だよ」

ロバーツ監督が明言した。

「いつもどおり打者向けのミーティングで準備しているのは知っているし、今夜の試合にも出るよ」

大谷は準備万端だった。しかし、山本由伸はまだだった。

ドジャースにおけるデビュー戦で、山本はドジャースが支払った3億2500万ドル（約463億円）の巨額契約を正当化できるだけの成果をまったく出せなかった。

最初からパドレスの4人の打者に連続で出塁されてしまい、失点を記録した。結局、山本は3人の打者からアウトをとるために、43球も投じなければならなかった。そして5失点を喫し、1イニングで降板となった。

第一印象が悪すぎたため、山本は今後、本当にMLBに適応していけるのかという大きな疑念を抱かせる結果となった。

だが、この試合で苦しんだのは山本だけではなかった。ドジャースとパドレスはこの試合で総計13人の投手をつぎ込んだが、パドレスの松井裕樹、ドジャースのガス・バーランドとロベルト・スアレスだけが無失点だった。

ドジャースはこの締まらない試合でさらに2失策を記録し、ムーキー・ベッツがソウルシリーズ初の本塁打を含む4安打6打点を記録したにもかかわらず、11－15で敗れた。

大谷は球場外の騒動に動揺している様子を見せることなく、5打数1安打1打点と、ドジャースにおける初得点も記録した。

「攻撃面に関していうと、たしかにいいところはいろいろあった」

ロバーツ監督はそう試合を振り返った。

「投手のほうは、今一つだった。まったく安定したところがなかった。たしか、与四死球がかなりあった（実際は6）。これでは、到底合格点とはいえない」

韓国での歴史的開幕シリーズを終え、ドジャースは1勝1敗の結果で帰国することとなり、期待されていた「スーパーチーム」の姿はまったくなく、むしろ大谷と水原のスキャンダルで影だけが差している状態だった。

「長い1週間だったけど、弁明するつもりはないよ」

ムーキー・ベッツが淡々と結果を受け入れて語った。

「素晴らしい経験だった。来られてよかったし、新しい文化にもふれることができた。しかし、結果はこうなった。どんなカードが回ってきても、それに合わせて試合に出続けないといけないんだよ」

韓国から帰国したドジャースには、１週間の調整期間が与えられ、国内公式戦に向けて時差ボケした体を再調整する猶予ができた。その一方で、ドジャースが本当に看板どおりの「スーパーチーム」なのかという疑問が、さらに膨らむことになった。

山本の悲惨な初先発登板、そしてソウルシリーズで露呈した守備の穴などが重なり、そのうえに大谷・水原スキャンダルが襲いかかってきたことで、ドジャース編成陣に対する疑念が大きくなるばかりだった。だが、ブランドン・ゴメスGMはこう反論した。

「私にいわせれば、たかだか2試合の結果だけを見て全体を推計するのは賢明とは思えないね。ドジャースは今も最高の才能が集まったチームだよ。私の考えは、韓国での2試合の前も後も何も変わっていないよ」

大谷の場外スキャンダルが原因で、ドジャースのクラブハウスに不協和音が走り、球場でのパフォーマンスに悪影響が出るのではないか。

この憶測に対して、アンドリュー・フリードマン編成本部長は、即座にあらゆる懸念を否定した。

「私はそんなことは、いっさい心配していない」

彼の言葉は簡潔明瞭だった。実は、ドジャースは近年、ほかにも場外の騒動に巻き込まれていた。

２０２１年に婦女暴行容疑をかけられたトレバー・バウアー投手はＭＬＢから出場停止処分

を受け、最終的に2023年にドジャースから放出された。同年には、二度目の家庭内暴力問題が発覚し、フリオ・ウリアスがチームから9月に出場停止処分となり、そのままシーズンオフにFAとなった。ドジャース在籍時代に、ヤシエル・プイグも場外で問題を起こしていた。

「われわれはこの点においても近年ずっと試されてきた」

ロバーツ監督があらためて球団を取り巻く事情について語った。

「ここ数年、われわれは何があっても乗り越えて前進を続けてきた。各個の問題に鈍感だったということではなく、われわれにはつねにやるべき仕事があるのだということを忘れたことはなかった。そして何よりも野球をする、試合、シーズンのために準備することがつねに最優先だと、忘れたことはなかったということだよ」

メジャーリーガー、そしてアスリートは一般的に、「問題を切り分ける能力に長けている」とロバーツ監督は付言した。

「われわれは、そういうふうにつくられているということだと思う。野球選手というのは、おおむねそういう存在だと思うよ」

そしてチーム一同はやるべきことに立ち戻り、ドジャースタジアムで行われた恒例のフリーウェイシリーズのエキシビションマッチで、ロサンゼルス・エンゼルスを5－3で撃破した。ドジャースタジアムで初めてドジャースのユニフォームに身を固め、大谷は三度打席に立ち、古巣を相手に1三振を含む2打数0安打1四球という結果となった。

大谷はこの次の日に特大スイングを放ち、賭博容疑に関して12分間におよぶ長文の声明を発表し、いかなるかたちでもギャンブルに関わったことを否定し、虚言と数百万ドル単位の大規模窃盗で水原を全面的に非難した。

この声明を読み上げた数時間後、数多くの疑問はいったん脇において、大谷と彼の新しいチームメイトは、大谷の古巣とのオープン戦に臨むためフィールドに散っていった。大谷は、再び無安打に終わった。

翌日の夜、大谷翔平はかつての本拠地エンゼルスタジアムに戻り、今回はロサンゼルス・ドジャースの青いユニフォームで、フリーウェイシリーズの3試合目かつ最終戦に出場した。大谷が初打席に立った際には、スクリーンに彼の功績をまとめた映像が流された。ご存じのように、エンゼルスに在籍した6年間で二度のMVPに輝き、二刀流でセンセーションを巻き起こした。

大谷は観衆からの大きな声援に、ヘルメットを取って頭を下げて応えた。共に過ごした年月と思い出に双方が感謝の思いを示した。

そして大谷は、チェイス・シルセスの速球に空振り三振し、もう1試合無安打が続くことになった。水原一平スキャンダルの発覚が集中力を阻害したのか、ソウルの大遠征の疲れからなのかははっきりしなかったが、大谷は公式戦再開までの試合で、6打数0安打3三振2四球という散々の出来だった。

「われわれが韓国で試合したときには、ショウヘイはよくバットを振れていると思ったんだけどな」

ロバーツ監督も首をひねった。

「この3試合ほど、体全体が調和していないように見えるが、まあ木曜にはよくなっていると思うよ」

木曜日、すなわち3月28日は、ドジャースファンにとって大きな1日だった。地元での開幕日というのはつねに気分が高揚するものだが、今回のホーム開幕戦では、何といってもオフの間に大谷翔平、山本由伸、タイラー・グラスノー（この日の先発投手でもあった）という大きな目玉を獲得できたのだ。

そのうえ韓国遠征があったため、普段より長く待たされた。しかも、カリフォルニア州では、ソウルシリーズの試合は真夜中に行われたことになったからだ。

地元開幕戦にあわせて「青いカーペット」が拡げられ、選手が1人ずつ呼び出されセンターの壁から入場し、ホームのダグアウトに向かう。選手紹介と合わせ、試合前の移動としてみると、まあまあ長い距離だ。

大谷が紹介されたときには、満員御礼となった5万2667人から大歓声があがった。

「僕にとって、あの歩く距離は少し長すぎましたね。ですがセレモニーはよかったと思いますよ」

大谷は試合後に、冗談半分で振り返った。満員のドジャースタジアムで、今までとは反対の側に立つのは、大谷にとって目新しい経験だったに違いない。

今まではエンゼルスの選手としてたびたびこの球場で試合に臨み、2023年のシーズン中は6連敗したものだった。大谷はこう話す。

「ドジャースの一員になれて、このようにドジャースファンにも受け入れてもらえて僕は感謝しています。いうまでもなく、以前は対戦相手側の選手だったので少し怖かったですけど、このように歓迎してくれたファンに感謝しています。それに、多くの方々にお越しいただいていますからね」

大谷が初打席に立つ際、あらためて名前をコールされ、ファンたちが歓迎の雄たけびを上げるなか、彼はカージナルスの先発投手マイルズ・マイコラスとの対戦に臨んだ。

この応援が大谷の後押しになったのか、一塁走者にムーキー・ベッツを置き、大谷はライトに二塁打を放った。三塁コーチのディノ・エベルはベッツを三塁で止めた。だが、大谷は走り続け、三塁から二塁へ戻る前にタッチアウトとなってしまった。

大谷のこの行き違いについて、エベルを早めに目視してしまったからこうなったのだと非難を一身に浴びることになったが、「今後適応の必要がある」ということになった。

「ショウヘイは非常に俊足だが、一方で自分の前に走者がいるということも認識しないといけないね」

ロバーツ監督も軽く苦言を呈した。

「たしかに、あのまま普通に走り続ければ、すべり込まなくても余裕の三塁打になっただろう。だが、後ろにフレディ（フリーマン）が控えているから、無理にベッツを本塁に突入させて最初のアウトを与える必要はない。だから、頭を上げてちゃんと先を確認しておかないと」

これでドジャースによる攻勢の手が緩むことはなかった。1回のうちに2得点をあげた。3回には、大谷の四球をはさみ、ベッツとフリーマンが本塁打を放った。結局、ドジャースの勢いは止まらず7－1と大勝した。

大谷は5回にライト前に単打を放って、この日三度目となる出塁を果たした。

ドジャースは、ホームでのカージナルスおよびサンフランシスコ・ジャイアンツとの7戦で6勝し、ムーキー・ベッツから大谷翔平、フレディ・フリーマンと連なる、ドジャースの1番から3番にMVPがずらりと並ぶ打線が十分に機能することを証明した。

遊撃手へのコンバートがあったにもかかわらず——高校以来、ずっと守っていなかったポジションだが——ベッツは開幕と同時にMVPの名に恥じない最高の状態を見せてくれた。ベッツは開幕から9試合で5本塁打を叩き出し、打率も・485（33打数16安打）、11打点14得点と申し分なかった。

比較すると、大谷は新しいチームでそこそこの出だしだった。

最初のホームの連戦までで、打率・270（37打数10安打）、4打点7得点という打撃成績だったが、打球速度を見ると、100マイルを超えた打球が9本あり、この数字はメジャートップだった。大谷はこう話した。

「ボールはよく見えていると感じますね。ですが、タイミングにかすかなずれがあるのと、ボールと自分自身の間にある種の距離があるのを感じています」

トンネルを抜ける1本

結局、ドジャースに入団して待望の初本塁打は、ホーム連戦の最終戦、最終打席まで待たなければならなかった。飛距離430フィートの打球を、7回に左腕救援投手テイラー・ロジャースから打った。

だが、ドジャースタジアムのライト側観客席に飛び込んだこの打球については、ちょっとした論争を巻き起こすことになった。

このボールは、熱狂的ファンを自認するアンバー・ローマンという女性の手の中におさまった。ローマンと夫のアレックス・バレンズエラは球団警備員にエスコートされて席から移動した。これは記念碑的な本塁打が生まれた際に行われる通常の手続きで、チーム職員は選手にこのボールを渡すために、ファンに対して何か代わりのものと交換することを提案するわけだ。

ローマンとバレンズエラは、大谷にボールを返すことには喜んで合意したが、チーム職員が提案した代替品に納得がいかない様子だった——サイン入り野球帽2個だというのだ。

近くにいたファンがはやし立てたこともあり、最終的にチーム関係者はローマンに2つのサイン入り野球帽、サインボール、大谷のサイン入りバットを加えることで納得させた。

それでも、大谷のドジャース入り後の初本塁打という記念碑的価値を考えると、オークションに出せば推定価格10万ドル——今ならそれ以上になっているのではないか——にはなるだろうに、それには到底およばない不平等取引であることは間違いなかった。

この1週間後、ドジャースが遠征から戻ってきたところ、ドジャースは粋なはからいを見せた。ローマンとバレンズエラの夫妻は、ドジャースのクラブハウスに案内され、大谷と直接対面できたのだ。ローマンは大谷との記念写真を公開し、「人生最高の誕生日プレゼントよ！」と書き込んだ。

大谷側から見ると、ドジャースでの公式戦41打席目の初本塁打は、安堵をもたらすものだった。大谷はこう明かした。

「早く1本目を打ちたい、早く1本目を打ちたい、という一種の焦りのせいで打撃に少しズレが出ていました。監督から、あるがままの君でいいんだよと声をかけられていて、そのおかげで気が楽になったのは確かですね」

大谷は気楽な状態のまま遠征に入り、シカゴとミネソタの寒い気候のなかで熱い活躍をみせた。4月6日、風が強くて肌寒い、華氏43度（摂氏6度）のリグレー・フィールドで、二塁打と第2号本塁打を含む5打数2安打と大暴れした。次の日も三度出塁（単打2本と四球）し、さらに4月7日には、二塁打と三塁打を1本ずつ放った。

寒気《かんき》はそのままドジャースをミネソタまで追いかけてきたが、大谷の打撃もミネソタに襲いかかった。

リグレー・フィールドでは3試合合計で13打数6安打と当たっていたが、ターゲット・フィールドでの初試合で、大谷は18打数9安打と波に乗り、「バッティングケージでの微調整」と「メカニクスの改善を図った反復練習のおかげ」だと総括した。

これによって遠征に出る前に放った第1号が偶然の代物ではなかったと証明できた、と彼自身も胸を張った。

「ええ、間違いなく1本目が出たことは、メンタルにいい方向へ作用していますね」

そう自身で認めた。そんな反復練習のうちの1つは普段とは違うもので、リグレー・フィールドでの最終戦が雨天中断でベンチ待機になったときに行われたものだった。ドジャースは「さまざまなおもちゃ」を打撃用具バッグに詰め込んでいるのだ、と打撃コーチのアーロン・ベイツは語る。大谷はそのうちの1つ——一面が平らになっている、クリケットで使用するような形状をしたバット——を取り出し、ティーに置いたボールを打ち始めたのだ。

「あのときは、雨天中断ですることがないし、みんな暇つぶしのバカ騒ぎをしていたね」

ベッツが、結局3時間近くにおよんだ雨天中断を思い出して語った。

「だけどショウヘイが例のバットを使って練習するのを見て、ほかの選手も同じバットで練習するようになったんだ」

大谷は、その直後の連戦でも打ち続けた。

「あの練習が効いたんじゃないかと思うよ」

ベッツは笑顔でそう語った。

ドジャースは開幕直後から10勝5敗という上々の滑り出しで本拠地に戻り、大谷も波に乗っていた。

この好調は「ソウルメイト」のサンディエゴ・パドレスとの試合まで続いた。第1試合で5

打数3安打の二塁打2本に本塁打1本を加えた。ドジャースが遠征に出る直前まで・270だった打率は・353まで跳ね上がり、OPSも1・098に達した。今までのキャリアのなかでも最高のシーズンの滑り出しとなった。

だがドジャースは、パドレスとの3連戦のうち2試合を落とし、ワシントン・ナショナルズにも3戦2敗とふるわず、ニューヨーク・メッツとの連戦でも最初の2試合を続けて落とし、本拠地で2勝6敗となり、開幕から12勝11敗と急降下した。

海外でシーズン開幕を迎えて、帰国後に成績が急降下するのはドジャースが初めてではない。スプリングトレーニング開始が早く、日程も詰め込みにされ、長距離の移動による疲労と時差の負担も当然ある。事実、ドジャース自体がそういう経験をしている。2014年にオーストラリアで開幕して2試合を行ったあとのドジャースは、45試合で23勝22敗と低調だった。クレイトン・カーショーは、2014年の開幕後5週間を肩の後ろ側にある筋肉を痛めたため欠場した（だが、その後は復帰し、同年にナショナル・リーグのサイ・ヤング賞とMVPを同時受賞した）。

2024シーズンも投手陣の負傷が、大きな課題として再び浮き上がってきた。オールスターによる休暇の時点で、15人の負傷者リストのなかに6人の先発投手の名前が加わっていた。

「僕らがこういうかたちでたくさん負けると、当然、雰囲気がよくなるはずもありませんし、とにかく試合でベストを尽くして、事態の改善と前進を目指しています」

大谷が、2勝6敗と調子を落とした時期に語った。

「多少のイライラはあると思いますが、僕たちには前に進み続ける、間違いから学ぶ、将来にそれを役立てるという力は備わっていると思いますので」

ホーム連戦の最終戦はドジャース、そして大谷にとって、復調の兆しを見せるものだった。4月21日に2ラン本塁打を放ち、ニューヨーク・メッツに10－0と圧勝した試合で先制点を叩き出した。この1本は、大谷の通算176本目となる記念の1打だった。これにより日本出身のメジャーリーガーとして、松井秀喜を超える最多の記録となったのだ。

「正直、安心しましたし嬉しかったですよ。最後のホームランから少し時間がかかってしまいましたので」

松井の本塁打記録と並んだあと、7試合本塁打がなかった大谷が率直に語った。

「日本人選手の本塁打記録は、僕がこちらに来た当初はとくに意識していませんでした。しかし、松井さんの実績をあらためて見たときに、ええ、目標になりましたよ」

目標達成への意識が高い大谷は、シーズン開幕後に早々と1つの目標に到達した。

ここで意外な角度から、デーブ・ロバーツ監督の実績が報道陣の注目を集めた。沖縄生まれで、日本人の母親とアフリカ系アメリカ人の父親の間に生まれたロバーツ監督は、意外にもドジャースにおける日本生まれの選手として最多本塁打の記録の持ち主なのだ。

ロバーツ監督はドジャースの選手として302試合に出場し、通算7本塁打を放っているが、日本生まれの選手のなかでは、野茂英雄（ドジャース時代に4本の本塁打）、そして前田健太と石井一久（それぞれ1本ずつ）を抑えて1位だった。そのほかにドジャースで本塁打を放った日本生まれの選手はいない。

大谷は5月4日から6日にかけてアトランタ・ブレーブスとマイアミ・マーリンズを相手に3試合連続本塁打を放ち、ロバーツ監督のささやかな記録を、まるで高速道路で軽くポルシェが抜き去るのと同じような感じであっさり破ってしまった。この一件の記念として、彼はロバーツ監督にポルシェをプレゼントした。

ただし、おもちゃのポルシェだった。

このドジャースのささやかな記録が冗談のタネとなるなかで、MLB.comのファン・トリビオ記者がロバーツ監督に、大谷から本物のポルシェの贈り物を期待しているのか、ジョー・ケリーの妻のアシュリーが、ジョーの背番号17のお礼として本物のポルシェを受け取った一件にからめて聞いた。

ロバーツ監督もこの冗談に乗ってきた。ぜひ、私のささやかな本塁打記録を破ったお礼に大谷から車のプレゼントを待っているぞ、と返したのだ。

「車がほしいと監督が言っていましたね」

大谷が同じく冗談半分に試合後の取材に答えた。

「喜んでくれて嬉しいです。ちゃんと車は贈っておきましたから」

ロバーツ監督は記者会見に乱入し、大谷が贈ってくれたポルシェのおもちゃを見せつけながらこう話した。

「おめでとう、そしてありがとう」

ロバーツ監督は満面の笑みで小ぶりなポルシェのレプリカを掲げた。

「これが私の車だよ。違うのは、ジョーの車は私のオフィスには入らないということだよ。この車なら私の机に飾っておけるからね」

記者団はさらに、どういう条件ならロバーツ監督に本物のポルシェを贈るのかと問いを重ねた。

「そうですね、ワールドシリーズ制覇したら、考えましょうかね」

大谷も冗談半分に答えた。

こういう一見バカバカしいやりとりこそが、大谷がドジャースに来て毎日を楽しめている証拠だとロバーツ監督は強調した。

「ショウヘイの様子を見てみるといい。ドジャースに加われて、どれほど居心地のよさを感じているか。勝つ野球ができていることにワクワクしているではないか」

ドジャースの監督として、自信たっぷりに明言した。

「議論の余地はあろうが、史上最高とまではいかなくとも、同世代でもっとも偉大な選手の1人と数えられる可能性は十分にある。だが選手として戦っている以上、いちばんほしいのは優勝なんだよ。だからこそ、彼も新しい環境を受け入れているし、周りも彼を受け入れているわけだ。クラブのなかでどれほど溶け込んでいるか、そしてファンたちに喜んで受け入れられているか。ショウヘイ本人も感じていると思うし、その感覚が試合でのパフォーマンスにつながっていき、今までに例がないほど楽しく試合に臨めているように私には見える」

個人成績的には、大谷は攻撃面でキャリア史上最高のスタートを切ったといえる。だが、得点圏（二塁・三塁のこと）に走者がいる場面で、19打数1安打というのはたまにキズで、おそらくは新しいチームメイトたちに強い印象を与える、ファンの層を広げる、7億ドルを払った雇い主に自分の価値を証明するといったことにとらわれすぎているようにも見えた。

「私の見るところ、ショウヘイは〝ザ・ガイ〟になろうとしているのではないかな」

この状態に関するロバーツ監督の見解だった。

「選手としてある時期に試合を決定づける、対戦相手に致命打を与える〝ザ・ガイ〟になろうとする心境は当然誰にでもあるんだ。そこで発生するのがストライクゾーンを広げすぎて、普段なら手を出さない悪球に手を出してしまうことだ。だからショウヘイは、本来のストライクゾーンに絞って打つことが必要になる。ああいう超がつく攻撃的選手によくある課題の1つだよ」

大谷が得点圏打率で苦闘した4月、ロバーツ監督は大谷と一度面談し、相手投手が彼の攻撃本能をどのように逆利用して抑えにくるか、そして〝本来のストライクゾーンよりも広く設定してしまっている〟点を伝えたと明かした。

「投手のなかにはボールを散らして惑わせる者もいる。なかには高め（ストライクゾーンの上）の球でつりにくる者もいる。ほかにも落ちる球を使って空振りを誘おうとする者もいる」

と、ロバーツ監督は切り出した。

「だからこそ、きちんと自分のストライクゾーンにきた球だけを振りにいく。それさえできれば、ショウヘイは相手に致命的な1打を食らわせることができるんだよ」

これが大谷にとって、シーズン全体を通じての課題となった。

自分の得意コースから外れた球に、手を出したくなる誘惑と戦う心の強さとでもいおうか。この誘惑に勝てるときは、彼は間違いなく成功できるわけだ。そうでないとき、とくに得点圏に走者がいる場合、ときとして自滅してしまうきらいがあった。

大谷も問題を認識していた。

「たしかに得点圏に走者がいるときは、僕自身のストライクゾーンが広がってバットを余計に振ってしまっていますね。走者がいないときは、僕はそういうの（プレート上にきた球にのみ反応する）は得意なんですよ。だからストライクゾーンを少し削り取る必要がある、そういうことは実際に監督とも話しましたよ」

ただ、なまじ大谷は器用で、ストライクゾーン全体のあらゆる球種を強く打ち返せる能力があるからこそ、この点の線引きは決して容易なものではなかった。

「ショウヘイが打てるポイントと球種は非常に多く、ときに自分の限界ギリギリも打とうと手を出して打てないことがあるんだ」

ドジャース打撃コーチのロバート・バンスコヨクが解説する。

「だけれども、結果として打ってしまえば相手投手が誰だったとか、球種がどうだったかとかはどうでもいいんだ。ストライクゾーンにきた球だけを打てば、もっといい数字が出るようになるわけだよ。そうすれば、相手投手がショウヘイからアウトをとるのはもっと難しくなる。彼を打ち取るのに、この一球で仕留められるという魔法のカードは存在しないんだよ。もし、ショウヘイがストライクゾーンを打つことだけに専念できれば、今以上に危険な打者になるわけだ。内に秘めた攻撃性というのは重要な武器だが、一方で諸刃の剣でもある。彼がバットを振ってくるときに、ストライクゾーンの外へ外せばいいということになるわけだから。だが、相手投手としても、よほどいい制球をしないと抑えられないことはわかっているからな」

大谷は得点圏に走者がいる場面で、当初は19打数1安打だったが、その後は126打数40安打の・317まで数字をあげ、首脳陣が指摘したバランスの部分を見つけたようだ。

試合を決定づける場面「レイト&クローズ」における彼の打率（・326）は、開幕当初の得点圏走者がいる場合の極度に低かった打率を含めてさえも、MLBの2024シーズンにおいて有数の数字となった（レイト&クローズとはSTATS.incが提唱を始めた概念である。7回以降で1点差または同点の場面、あるいは同点ランナーが塁上、打席、またはネクストバッターズサークルにいる場合をさす）。

「どんな状況、場面であれ、何があっても自分の打撃スタイルを貫くことですね」

大谷は得点圏に走者がいる場合のアプローチについて、こう答えた。

「変えたことは何か……。何も変えてないですね」

第 5 章

スシかピザか

SHO-TIME
3.0
THE JOURNEY TO
HIS FIRST WORLD SERIES VICTORY

トップパフォーマンスを維持するためのルーティン

大谷翔平がメジャー通算176本目の本塁打を放ち、MLB史上、日本生まれの選手としては松井秀喜を超えて1位となった。この試合はドジャースがニューヨーク・メッツに10−0と大勝した際の先制点となる1打だった。

4月21日、日曜日のこの勝利は、地元ドジャースタジアムで今一つだったチームにかすかなよい兆候を感じさせるものだった。そして、これから始まるシーズン最大の大遠征、国境線さえもまたぎ、ワシントン、トロント、そしてフェニックスと動く、累計7400マイルのジグザグ移動の前に得られた収穫だった。

またこの大勝は、2024シーズンのドジャースにとって、絶好調の時期の始まりでもあった。メッツに圧勝した試合は、その後のドジャースが21試合中17試合で勝ちまくる際の1勝目で、当初は5割に貯金1つ足しただけ（12勝11敗）で、全体的に負けが込んでいたナショナル・リーグ西地区のなかで、1ゲーム差でかろうじて首位という状況だった。

この21試合後、ドジャースは貯金14（29勝15敗）で西地区でも7・5ゲーム差をつけて首位を独走していた。そのあとに低調になった際に、このときの貯金が大きく役立つことになった。

21試合の快進撃を先頭に立って率いたのが、MVP受賞者3人が先頭から並ぶ打線だった。ムーキー・ベッツの長打はたしかに影をひそめた。しかし、17勝4敗の間も打率は・333を維持し、OPSも・857を記録。慣れない遊撃手を担いながら出した結果なのだから文句のつけようがなかった。このような活躍のおかげで、ベッツは再び大谷と並びMVP候補として返り咲いてきた。

フレディ・フリーマンの滑り出しは低調だったが、この連戦中に調子を上げてきた。21試合で打率・312の13打点13得点、OPS・967と数字が追いついてきた。

だが、そのなかでも人一倍、大車輪の活躍を見せたのが大谷だった。

打率・364の8本塁打、19打点19得点のOPS1・177という驚異的な数字で、一気にMVP争いの筆頭に躍り出てきた。

大谷はドジャース加入後の開幕25試合で、メジャー全体でも強打数（打球速度が時速95マイル以上）50で筆頭に立った。この時点での強打率（61・7％）と最速打球（118・7マイル）の2つの分野で筆頭になった。

4月24日に26試合を消化した時点で、彼はキャリア最高のスタートを実現した。

メジャー全体で見ても打率（・371）、安打（39）、長打（21）、得点（21）、総塁打（73）、出塁率（・433）、長打率（・695）、そしてOPS（1・128）の各部門で首位となった。

これは完全にドジャースが大谷に期待していたものをはるかに超える成果だ。新球団に入り、手術をした肘はまだリハビリの真っ最中。しかも、もっとも近しい通訳の水原一平の信じられない裏切りにより、集中力も削がれたなかでの見事な結果だった。

「まだリハビリの最中なんだぞ。なのに信じられないよ」

ロバーツ監督も絶賛した。

「ショウヘイについて特筆すべきは、長打をたまに打っているわけではなく、つねに強い打球を打ち続けられることだよ。あんなに毎度、毎度、速い打球を打ち続けられる選手はほかに誰も思いつかないな。そこが、私からしていちばん素晴らしい点だ。毎回、ショウヘイがバットでボールを捉えるたびに、110マイル出ているような気がするよ。相手が左投手でも右投手でも関係ない。7カ月前の状態（肘の手術を受けたばかり）を考えると、よくここまで復調しているものだと感心するよ」

ドジャースの長期遠征は、大谷の「シーズン中の最強打球」の1つが生まれた時期でもあった。4月23日のナショナルズ・パークにおける9回の本塁打は、あわや場外かという1打だった。

大谷はナショナルズの救援投手、マット・バーンズの甘く入ったスライダーを捉えて、打球速度118・7マイルの1打を放った。この打球は推定450フィート飛び、ナショナルズ・パークの上部座席まで、瞬きする間に飛んでいったが、見た目にはもっと遠くに飛んだようにさえ見えた。

試合後に、ドジャースのジェームズ・アウトマン外野手が振り返った。

「まるで巡航ミサイルみたいだったな。規格外だったよ、とにかく規格外だった」

118・7マイルという打球速度は、大谷のプロ生活のなかでも最速であり、かつ2015年にスタットキャストが打球速度の測定を開始して以来、ドジャースの選手全員が記録したなかでも最速の数字だった。ロバーツ監督はこう評した。

「あれはトップスピンがかかったライナーが2階席まで届いたということだな。あんなことをできる打者はそうそういないよ」

ドジャースのマックス・マンシー三塁手は、大谷がこの打球にトップスピンをかけたうえで推定４５０フィート飛ばした点に着目した。普通、トップスピンがかかった打球はそこまで飛ばないからだ。

「あのバットからは雷が出るんだよ。オレが人生で見たなかでも、トップスピンがかかったうえでいちばん遠くまで飛んだ打球だよ。トップスピンをかけて2階席というのは、ちょっと考えられないな。もしあれがバックスピンだったら、間違いなく場外だぞ」

翌日の第１打席で、大谷は打球速度１１５・６マイルで、センターのフェンス直撃二塁打を放った。

試合は11－2で、これが3本の二塁打の1本目であり、この日、放った全5本の打球のうち初めてのもので、このほかもすべて打球速度は95マイル以上だった。

「たしかに時間の余裕はありますから、そこにメリットがあるのは確かですね」

大谷は今シーズン、打者としてのみ試合出場している点と、キャリア最高の滑り出しができている点の相関について問われ、こう答えた。

「ただ、同時にいえるのは、僕の準備の仕方は昔も今も何も変わっていないということです。ですが、投手としての労力を割かなくていいので、打者としてコンディショニングをしやすいというのはたしかにあると思いますよ」

毎日、大谷の練習に付き合っているドジャースのロバート・バンスコヨク打撃コーチは、大谷が投手として準備してきたことを打撃面に応用しているのを見つけていた。

「とにかくショウヘイは頑固なくらい、日々の過ごし方が一貫しているんだ。あのバットスピードとそのほかを維持するために、自分のなかでいくつかのチェックポイントがあって、そこだけは守るようにしているんだ」

バンスコヨクはそう証言する。

「ショウヘイは投手としての経験や洞察を打撃に持ち込んで、すべてを数値化しようとしているんだ。数値化の点において、打撃は投手より遅れているからね。数値で計測するという点では投手よりも打者のほうが難しい。今でも打撃よりも投手のほうにこそ細かく数値を出せるようになっている。そして、われわれが結果を目にすることになるわけだ」

今やデジタルテクノロジーは全球団が導入している。

ドップラーレーダーとカメラの組み合わせで、投手がボールを指先から放した瞬間からプレーが完結するまでのすべての瞬間を追っている。

これにより、スピンレイト、バーティカルアプローチアングル、打球速度、ラウンチアングルなど、すべての分野において数値をはじき出す。

バンスコヨクが指摘した。

「つまりバットのスイング角度および球と当たった際のもろもろが数値化できるまでは、投球と比べると一歩遅れていることになるんだ。そこまでいかないと同等に解析できたことにはならない。だから、ピッチャーのもろもろの数値と比べて把握するのは難しいんだ」

大谷は打者としてデータを活用する際に、「ほかの大多数の選手たちよりもはるかに数字に対して厳格だ」とバンスコヨクは証言する。

「投手をしているときも打撃のときも、同じように数値化を求めてくるんだ。そして、バッティングケージに持ち込んで練習に活用していくんだ」

ブーイングに対する見事な返礼

ナショナルズに3連勝し、ドジャースはトロントに乗り込んだ――前年12月にフリーエージェント騒動の一環で、大谷はトロント入りしたことになっていたが――、今度こそ本物の大谷が本当にトロント行きの飛行機に搭乗したことになる。

大谷は12月の時点で、トロント・ブルージェイズとの契約を真剣に検討していたことを認めた。だが、彼がブルージェイズ入りを正式決定したという報道には心底驚いていたという。

「オフの間に出まわったニュースについては、ほかのみなさんと同じように僕自身も驚かされましたよ」

大谷は４月に、北の国境をまたぐ遠征出発の前夜に口火を切った。

「たしかにブルージェイズの方々とはお会いしましたよ。そして、そのとき受けた印象は非常によく、素晴らしい球団だと感じました。ファンの方々も素晴らしいですし、都市も素晴らしいです。ですから、今回トロントに行くことができるので僕も楽しみです」

ブルージェイズのファン一同も、大谷の来訪を心底楽しみにしていた、12月と4月の両方で。大谷がドジャース入りして初となるロジャース・センターは、3万9688人の満員御礼となり、ファンたちは捨てられた恋人のような態度で大谷を待ち構えていた。

4月26日の連戦初戦に大谷の名前がアナウンスされた瞬間、そして初打席に入った瞬間、スタジアム全体が彼に大ブーイングを浴びせた。

良くも悪くも盛り上がりが最高潮に達したところで、大谷はこのブーイングに対して本塁打で応えた。そして、ブーイングの音量はさらに大きくなった。

「あのホームランのあと、ダグアウトの選手たちまでブーイングしていたからな」

ロバーツ監督はそう指摘した。

「あそこまでくると、笑えてくるよね。ショウヘイは見事に返礼してみせたわけだが」

大谷自身も、ファンがあそこまで反応したことに少し驚いていたようだった。

トロント行きの件は、完全にメディア側の誤報だった。しかし、まるで彼が責任を負わなければならないかのようだった。

「とくに驚いてはいないですよ」

大谷は試合後、ブーイングに関する質問を投げかけられ平静を装った。

「つまり、それだけここのファンは熱心だということでしょう。熱心なファンがいるなら、このような出迎えを受けることもある意味当然ですからね。ですから、トロントのファンがドジャースのファンと同じか、それ以上に野球への情熱をもってくれていることに感謝していますし、敬意を表したいと思います。そして、僕に声をかけてくれて本気で契約しようとしてくれたことに感謝したいと思います。でも、最終的に僕が選べる球団は1つですからね」

そこから大谷の打棒は鳴りをひそめた。

ドジャースは19安打の猛攻をあびせて12－2と快勝したのだが、大谷は初回の1本塁打のみだった。結局、ブルージェイズとの3連戦でドジャースは2勝したものの、大谷は2安打で終わった。

この大遠征の最後を飾るのがアリゾナでの対ダイヤモンドバックス3連戦で、２０２３年、ポストシーズンで衝撃的な敗退に追い込まれて以来の再戦となった。

ドジャースは、この3連戦で2勝したが、シーズン中もっとも奇怪な展開をたどる1試合があった。

4月30日、ドジャースとダイヤモンドバックスは3連戦の第2試合を控えていたが、本塁後ろのネットに大量の蜂が群がった。

「試合開始5分前に、試合の実行マネージャーから電話がかかってきたんだ。普通、そんな時間に彼女から電話がかかってくることなんてないから、何かおかしいとは思ったよ」

球場運営副部長のマイク・ロックがこう述懐する。

「彼女が『大変です、本塁真後ろのネットに蜂が殺到しています』と言うんだ。『どれくらい？』

と私が聞くと、彼女が『数百、いや、数千匹単位でいます』と答えたから、これは大問題だと悟ったんだ」

すぐに駆除業者ブルースカイ・ペストコントロールのマット・ヒルトンが電話で呼び出されることになった。

そのときヒルトンは、6歳の息子のティーボールの試合に付き合っていたのだが、やむなくメジャーリーグの試合のために中座して、大急ぎでチェイス・フィールドに向かった。

試合開始は2時間近く遅れたが、ダイヤモンドバックスのイベントスタッフは雰囲気を盛り下げないように、ボニー・タイラーの名曲「Holding Out for A Hero」や、そのほかもろもろの曲をかけて場をしのいだ。

その間にヒルトンは、完全装備のうえリフトで蜂が群がる現場に入り、「殺虫剤を使わない解決法」を用いて蜂を落ち着かせ、掃除機で吸い取っていった。

「ザ・ビー・ガイ」の異名とともに、ヒルトンは一躍有名人となった。ダイヤモンドバックスは遅れに遅れた試合開始の際に、彼を始球式に任命した。その後、彼は全米の朝の番組に立て続けに出演した。トップス社は「ザ・ビー・ガイ」のトレーディングカードを発売し、全米ボブルヘッドの殿堂と博物館は、限定版でこの蜂退治の英雄のボブルヘッドを作成した。

ドジャースはアリゾナでの4試合で3試合に勝った。最終戦で8－0と勝った際には、大谷に初となる休養日を設けた。ドジャースは、その後のブレーブスとマーリンズの両方に3タテして合計7連勝することになったが、大谷は再び復調し、3試合で4本塁打を放った。

5月5日の試合で5－1と勝ち、対ブレーブス3連戦を3連勝で締めくくったわけだが、大谷は2本塁打を含む4安打と大暴れした。うち1本は推定464フィートも飛び、ドジャースタジアムの奥深くに突き刺さった。

「ショウヘイは、今までわれわれが見たことがないことを見せ続けてくれているね」

ロバーツ監督が絶賛した。

「あの1本は大きかった。普通、人間があんな場所まで飛ばせるはずがないんだけどな」

ロバーツ監督はその後、シーズン中に何度もこの言葉を繰り返すハメになった。

「僕たちチーム全体の調子がいいので、そのおかげで僕の打席にもいい影響が出て、いい結果が出せているのかなと思います」

大谷が自身の快調と、チーム全体の連戦連勝について自らの見解を明かした。

大谷は5月6日の対マーリンズ戦で再び本塁打を放ったが、打率は・370に達し、26本の長打（二塁打14本、三塁打1本、11本塁打）を放っていた。

MLB.com の統計専門家サラ・ラングスによると、1961年にMLBで2球団増えて以来、大谷は開幕37試合の時点で打率・370と長打25本以上を記録した初のドジャース選手なのだという。

これだけの実績があれば、5月第1週のナショナル・リーグ週間MVPに選ばれても当然である。

ドジャースの破竹の勢いは、5月10日から12日のサンディエゴ遠征で少し弱まった。ドジャースは対パドレス3連戦のうち2試合を落とし、この2敗した試合で合計わずか1得点というありさまだった。大谷は5月11日の試合で9回表に交代し、翌12日の試合では腰の張りのため先発から外れた。大谷はこう明かした。

「昨日（試合前に）練習していたら、感覚が悪かったですね。個人的には試合に出られたのですが、念のため大事をとることになりました」

大谷は、ドジャースがサンフランシスコで宿敵ジャイアンツとの3連戦に入ると先発に復帰した。そして、すぐさま本来の打撃を取り戻した。

第2戦、4回の先頭打者として、彼はジャイアンツの新人右腕投手、キートン・ウィンの緩い球を捉え右中間の座席の後ろにある歩道まで、推定446フィート飛ばした。

「あそこはバリーだけの聖域だぞ」

サンフランシスコ・ジャイアンツで、2年間バリー・ボンズとチームメイトだったロバーツ監督が驚嘆した。

実はこの晩、ボンズが現地で観戦していた。大谷はこの1本がボンズに匹敵する「スプラッシュ弾」――オラクル・パーク右翼場外に広がるマッコビー湾に打ち込む本塁打――にならなかったことを残念がった。

「今日の僕は行ったと思っていたのですがね」

これから10年間、ドジャースの一員として何度でも訪れてスプラッシュ弾を放つ機会が約束されている大谷がこぼした。

プロ生活最高のスタートを切っている大谷について、ロバーツ監督は、彼が6年間も優勝争いと無縁だったアナハイムから、毎年優勝争いをしているドジャースに加われた喜びからきているのではないかと分析した。

「私が思うに、ショウヘイが長い間待ち望み、熱望していたのは、勝てるチームにいて、優勝を目指せる場にいられることだった。そしてエンゼルスがどうこう言うつもりもないのだが、ここでわれわれが毎年やっていること、目指しているもののおかげで、彼の基準そのものも引き上げられ、毎打席で高い集中力を維持しているから、君たちが彼の超人的な活躍を連日目撃できるのだと思うよ」

従来以上の集中力を維持できているからこそ、細部へのこだわりも深まっているようだ。そのおかげで〝２０２４年版の大谷翔平〟は、随分と以前より優れた打者になった、とロバーツ監督は評した。５月15日、大谷は打率・３６４で首位打者だった。

「あいつは今までも、これからもずっと強打者だよ」

ロバーツ監督が強調した。

「積極的に打ちにいくのは前も今もそのままだよ。ただ、今はさらに好打者にもなったね」

大谷は、監督の誉め言葉に同意するのをためらう様子だったが、それでも、

「何人もの優れた打者と毎日打順に並び、刺激を受けつつ、いい集中力を維持できているのは大きいと思いますよ」

と口にした。例の元通訳、水原一平の大スキャンダルは、大谷のパフォーマンスに悪影響を

与えていなかった。大谷はこの話題がもちだされた際、こう応じた。

「当初は、あまり寝られない時期もありました。いうまでもなく、ああいう出来事があったわけですから。ですが、今はいつものルーティンをしっかりこなせていますし、よく眠れていますよ。そういうことの積み重ねで、今のいい結果が出ているのかなと思います」

大谷のルーティンのなかで、睡眠が重要な部分を占めることは驚きではなかった。しかし、大谷が水原のせいでその大切な睡眠を妨げられたと認めたことは、大きな驚きだった。

「事件が明らかになるにつれ、何とか僕は大丈夫だと周りに見せつけようとしていました」

大谷はサンフランシスコで口を開いた。

「事件の真相が明るみになり捜査も進展し、僕自身が関わることがなくなり、そこからやっと睡眠に集中して、今までのようによく眠れるようになったと思います」

ドジャースはサンフランシスコから地元に戻り、大谷翔平にとってシーズン中でも最高のうちの1つとなる1週間を迎えることになった。

5月16日は彼がドジャース入団後初となるボブルヘッドナイトで、ドジャースファンはこの試合に殺到した。

満員御礼の5万3527人――この数字は2019年9月以来となる、ドジャースタジアム最多観客動員数だった――が観戦し、観客たちは目当てのボブルヘッドを確実に入手しようと、普段より早く球場に現れて駐車場からずっと長蛇の列をつくった。ロバーツ監督がつぶやいた。

「ショウヘイが大騒ぎをつくり出しているな」

この試合のチケット料金は跳ね上がった――そして、この日のボブルヘッドは早くもeBayに出品され、150ドルからのセリとなった。ボブルヘッドは4万個用意されて、そのうち1700個がグレーのビジター用ユニフォームで、大谷ボブルヘッドも混ざっていた。こちらは次の日に2300ドルからでeBayにて売り出された。

ボブルヘッドナイト（試合は2－7でシンシナティ・レッズに敗れた）の翌朝、大谷はロサンゼルス市役所で新たな名誉を与えられた。5月17日が、「ショウヘイ・オオタニ・デイ」に指定されたのだ。大谷はこの名誉を市役所で受け、ロバーツ監督およびドジャースフロント陣とともに喜びを分かち合った。

大谷のアナハイムにおける6年間は、この場でドジャースの一員となった興奮と共に過去の長物となったように見えた。

「もちろん根底にあるのは、幅広いドジャースファンのおかげだと思う」

ロバーツ監督が、2024年に異次元となった大谷の人気についてふれた。

「だが私が思うに、ショウヘイは今やポップカルチャーの一部になったというか、まだ偶像（アイコン）と言えるまでになったかどうかはわからないけど、ポップカルチャーの一員になって、誰もがこのパーティに加わりたい、あいつの周りにいたいと願うようになっている。こういうのは、野球界では珍しいね。そこまでの次元に達しているのは、アメリカスポーツ界では、マイケル・ジョーダンとそのほか数人のアメリカンフットボールの選手くらいではないかな。とにかく、野球選手ではこんな存在はまだ見たことがないね」

何人かの市議会議員が大谷デーについての声明を出した。韓国系アメリカ人議員のジョン・リーは、アジア系のファンが直接つながりを感じられる大谷の存在をこう称賛した。

「スポーツを愛してこの街で育った1人として、もっとアジア系の選手の活躍を見たい、私と同じような外見の選手を応援したい、そう願っていた私が、今や同じような外見をしているだけでなく、その彼が最高の野球選手で、しかもドジャースにいるというのは私にとって特別な喜びです。われわれの仲間が政治に進出していて、エンターテインメントにも入り込んでいる。そして今やスポーツ界にも私たちの仲間がいるのです」

政治家がスポーツ界のヒーローを称えて記念撮影の機会をつくったり、話題づくりのタネにしたりするというのはよくある話だ。だが、ロサンゼルス市役所は単なる写真撮影よりさらに一歩奥深くに踏み込んだ。大谷がドジャースにいる間はずっと、毎年5月17日を「大谷翔平の日」にすると宣言したのだ。

この決定を聞き、試合前に日本人の報道担当者と私は、大谷デーを今後どのように祝うべきか、会話に花が咲いた。ハロウィンみたいに自宅を飾りたてればいいのか？　7月4日の独立記念日のように盛大に花火を打ち上げるのはどうか？　クリスマスのようにお互いに贈り物を交換し合うことにするのか？

大谷のロッカーはわずか数歩先だったので、私は直接本人に、今後の大谷デーの祝い方はどのようなかたちを希望するのか、聞いてみた。彼は大笑いしながら、

「当日に贈り物の交換か、ちょっとした飾りつけをしてはどうですか」

と答えた。私はついでにこの日、われわれが何を食べてお祝いすべきなのかを聞いてみた。するとと彼の答えは、「スシ」だった。そしてロッカーを歩きながら、

「もしくは、ピザかな」

と付け加えた。あの日の晩、大谷は自らのやり方で、大谷翔平デーの祝い方を試合で示してくれた。ドジャースがレッズに7－3と勝った試合で、本塁打を放ったのだ。

「ショウヘイはボブルヘッドデーには打てなかったから、何かほかの大谷記念日でホームランを打たないといけなかったんだよ」

ロバーツ監督が試合後に冗談半分なコメントを出した。

「大谷翔平デーは、ホームランでお祝いしないとな」

大谷は、1年目の大谷翔平デーまでに打率（・360）、長打率（・669）、OPS（1・099）、安打数（62）で、メジャーのトップに立っており、本塁打数で1位タイとなっていた。両リーグの全選手を見ても、本塁打と盗塁の両方で2桁に達していたのは彼だけだった。前人未到のシーズン50－50の予兆は、このときすでに見られていたのである。

スーパーカーのチューニング

この特別な連戦は、特別な瞬間をもって幕を閉じた。大谷は5月19日の試合で延長10回にタイムリーヒットを放って、これが決勝打となった。ドジャース入りして以来、初となるサヨナ

ラ打だった。大谷はこう振り返った。

「僕としては、ただプレーが動く打球を打ちたいと思っていました。いい結果になってよかったです」

当初は、得点圏に走者がいる場面で今一つなスタートだった――得点圏に走者がいる場面で19打数わずか1安打だった。おそらくは新しいチームに対し、いい印象を与えようと意識しすぎたのが原因だったと思われた。大谷は明らかに、「前よりよくなった」とロバーツ監督はあらためて太鼓判を押した。

「打者である以上、どうしてもストライクゾーンを勝手に広げてしまうことは誰にでもあるんだ。積極性の表れというのかな」

ロバーツ監督がサヨナラ打のあとに語った。

「だが本質的に、打者というのはストライクゾーンを厳格に守るべきでね。もともとショウヘイはほかの大部分の打者より多様な球種を捉える力があるのだから、無理をすることはないんだ。だが、この4週間ほど、彼は自分のストライクゾーンをかたくななまでに守れるようになり、結果として打ちやすい球を確実に捉えるようになり、相手の失投をきちんと仕留められるようになっているね」

だが、週末の連戦のなかで、それほど注目されていなかったが、あるプレーにより、その後の数週間にわたり大谷へ悪影響が残ることになった。

対レッズの初戦で1回に四球を選び出塁したのだが、レッズの左腕投手ブレント・スーターの牽制で一塁にすべって帰塁した際に、左太ももの裏に球が当たってしまったのだ。

大谷は数球後に二盗を成功させ、試合から外れることはなかった。だが左足ハムストリングに打撲傷を負ったため、その後、数週間にわたり動きが制限されることになってしまった。

「われわれから言えることは、賢くやってくれ、だな」

ロバーツ監督が、故障があっても大谷を試合に出し続けることについて語った。

「われわれには、試合で彼の力が必要なんだ。だから、あまり無茶はしないでほしいというのがわれわれの要望だよ」

この負傷のせいで、大谷の打撃に悪影響が出ているのは間違いなかった。スターにぶつけられた試合から数えて21試合で、大谷は85打数17安打（・200）の23三振と明らかにパワーが落ちた。大谷もこう認めた。

「もちろん、脚の状態はよくありませんよ。ですが、このよくない脚がそこまでスイングに影響をおよぼしているとは思っていません。いつも調整して、スイングはいい状態を保っているはずですから」

ロバーツ監督は、スイングに悪影響は出ていないという大谷の言葉を尊重していた。だが、それでも5月後半の大谷が低調になったことに気づかないはずがなかった。

「私にいわせれば、ショウヘイは完全にチューンアップされたスーパーカーみたいなもの。ということは、スポーツカーのたとえでいうと、すべてのシリンダーがきちんと作用していなければ、走行性能が落ちることもあるということだろうな」

この比喩は、まもなくドジャース全体に当てはまることになる。

選手のケガ問題は、シーズン開幕前からすでに懸案となっていた。

ベテラン左腕投手のクレイトン・カーショーは、2023年11月に肩の手術を受けた。殿堂入り確実な名投手の彼にとって、これが選手生活で初の手術であり、シーズン中盤まで復帰を見込むことはできなかった。

救援投手のブルスダー・グラテロルは、スプリングトレーニング中に肩の痛みを訴え、2024年シーズン初登板は8月まで待たなければならなかった。

ベテランのブレイク・トレイネン投手は、カクタスリーグの試合で肋骨に打球を受け、2022年の肩の手術もあり、5月まで戦線復帰できなかった。

新人右腕投手のエメット・シーハンは、本来は2024年の先発ローテーション争いに加わることを期待されていたが、トミー・ジョン手術を受けることになって、復帰は2025年以降となった。同じく先発投手で、2023年に肘の手術を受けた、ダスティン・メイとトニー・ゴンソリン両投手も、2025年に復活をかける組の仲間入りしてしまった。

ドジャースは先発投手陣の充実が喫緊の課題だと認識し、シーズンオフ中にタイラー・グラスノー、山本由伸、ジェームズ・パクストンの獲得に乗り出したわけだ。

だが、グラスノーは2024シーズン中に二度の故障者リスト（IL）入りとなり、山本も右肩の回旋筋腱板の負傷により3カ月近くIL入りしてしまった。一方で、パクストンは前半に期待されていた活躍には遠くおよばず、7月にボストン・レッドソックスへ放出された。その直後、ふくらはぎの故障により彼のシーズンはそのまま終了となった。

オールスター休みの時点でドジャースは、MLB筆頭となる15人のIL入りという事態に陥った。とくに投手陣の損失が大きかった。シーズンを通して17人の異なる投手が少なくとも1試合は登板していて、そのうち11人がIL入りしていた。

「今年は本当に大変な1年になっているので、この冬にはいろいろ考えて動かなければならないね」

アンドリュー・フリードマンが9月にこう語った。

「1人の投手を獲得する、それがドラフトであれトレードであれだ。それまでの育成過程も見ないといけないし、メジャーレベルでどれくらい投げられているのかも見ないといけない。もちろん、投手の故障は業界全体の問題でもあるし、ほかのチームでも投手の故障が発生しているのは知っているが、われわれほどとは思えない。だから、今後投手の故障を防ぐためにあらゆる手を打っていかなければならないと考えている」

フリードマン体制下で、ドジャースはドラフトとメジャーレベルのトレードの両方で、故障歴がある選手も積極的に獲得しにいく傾向があった。

2015年のドラフト1巡目でトミー・ジョン手術を控えていたウォーカー・ビューラーを指名したり、2023年12月までのメジャー8年間で100イニング以上投げたのが2シーズンしかないグラスノーをトレードで獲得したのがいい例だ。

だが、ドジャースはそんな投手たちを守るために積極的な手も打っていた。グラスノーの故障歴と山本のメジャー経験の少なさを考慮して、ドジャースの先発投手陣はレギュラーシーズンの162試合中144回は、少なくとも5日間の休養を入れて先発していた。

「ほかのチームが、われわれ以上に投手陣に追加の休養日を与えているとは思えない」

フリードマンが明言した。

「救援投手の起用法を見れば、われわれはもっとも慎重で、球界全体の中でも最高に慎重な姿勢であることはわかってもらえると思う。それでも、ケガの多発防止にはつながっていないのだがね」

もっとも、投手の負傷に苦しむのはドジャースだけではなかった。ここ数年、投手の負傷は増加の一途を辿っており、サイ・ヤング賞に三度輝いたジャスティン・バーランダー自身も肩の負傷からのリハビリの最中だったが、この現象を「パンデミック」と呼んだ。

「こればかりは、僕にも解決法は思いつかないよ」

ビューラーは自身も二度目のトミー・ジョン手術から2024年に復帰するなかで、「ジャスト・ベースボール」のポッドキャストに出演してそう語った。

「すべてのことに長所と短所があるからね。だから一概にはいえないけど、これだけ故障が頻発するのは本当に嫌なことだよね」

いくつもの要素が原因として取り沙汰されてきた。たとえば、球速の上昇やスピンレートにこだわりすぎていること、投手が使用していた「粘着物質」の徹底的な取り締まり、ピッチクロックの導入などがそうだ。

選手会は2024年初頭に声明を出し、MLBが一方的に次シーズンのピッチクロックを2秒間にしたことを問題視した。

「間隔が短くなったら、肉体に余計な負担がかかるのは間違いないでしょうね」

大谷がピッチクロック問題について見解を明らかにした。

「ですから個人的に、そこに相関性があるのかなとは思います。ですが、それだけが唯一の理由だと断言できるだけの根拠があるわけではないです」

ドジャースは6月上旬にピッツバーグへ遠征し、新世代の豪速球投手2人、ジャレッド・ジョーンズと新人王有力候補のポール・スキーンズと対戦することになった。

ジョーンズはドジャース打線を6回無失点の散発3安打に抑えて、初戦のパイレーツを1－0の勝利に導いた。

スキーンズは第2戦に先発し、1回に大谷へ3球連続で速球を投じ三振を奪った。大谷に空振りさせた最後のストライクは、実に101マイルに達していた。

この2イニング後、2人は再び相まみえた。スキーンズは再び速球で大谷に挑みかかったが、今度は大谷がフルカウントまで持ち込み、次の100マイルの速球を打ち返してセンター方向へ415フィート飛ばす2ラン本塁打となった。

この試合でもドジャースは敗れた。だが、スキーンズ対大谷の対決は、この連戦において一番の見どころとなった。

「オレとしては、〝速球vs大砲のヘビー級対決〟と言いたいところだね」

スキーンズは、大谷に速球を投じ続けた場面を振り返った。

「1回の打席では僕が勝っていたからね。だから、第2打席でも速球を選んだのは正しい選択だったと思う。だけど、あの1打には脱帽だね。素晴らしい選手だから、ああいうことも起こりえるわけさ」

もともとオレンジ・カウンティ出身の22歳のスキーンズは、しばしばエンゼルスの試合を観戦しており、大谷がエンゼルスで投手として初登板した試合は、エル・トロ高校の野球チームの仲間たちと現場で目撃していたという。

大谷は、スキーンズが速球ばかり投じてきたことに「とくに驚かなかった」と明かした。

「彼の速球は目を見張るものがありますからね。僕の第1打席を見ていただければわかると思いますが、こちらはいいスイングをすることができませんでした。たんに球速が速いというだけでなく、スキーンズの投球は角度がついていていてリリースが優れているんですよ。ですから、2打席目は微調整して臨みました」

大谷はスキーンズから本塁打を放つまでの直近で、14打数2安打とふるっていなかった。だが試合後半で安打を放ち、打球速度も107・6マイルに達していた。この1週間で初となる複数安打となり、ロバーツ監督も大谷がハムストリング負傷による不調から抜け出してきた復調の兆しであると前向きに受け取った。

「君たちもショウヘイが普段どれほどバットを振り込んでいて、調整を続けているか、知っているだろう」

ロバーツ監督はピッツバーグで語り始めた。

「ああいうふうにホームランがセンターへ飛ぶ、速球に対応する、そしてストライクゾーンぎりぎりのボールを捉える。ショウヘイは間違いなく球界有数の名打者なのだから、きちんとストライクゾーンを把握して強い打球を打ち返すようになったのは、間違いなくよい兆候だよ」

だが、大谷はまだ完全に不調から抜け出したわけではなかった。

ドジャースはピッツバーグを離れて、ニューヨークに乗り込み、ヤンキースとの3連戦を戦った。そこでは、2人のMVP候補、ヤンキースの大砲アーロン・ジャッジと大谷が直接対決することになった。そして試合の雰囲気は、観客席とメディアの集まりの両方で、まるでプレーオフそのものだった。

ドジャースはここで主導権を握り、ヤンキースとの3試合で2勝した。山本由伸が初戦に先発して流れをつくった。強力なヤンキース打線を7回無失点の散発2安打で、7奪三振という圧巻の投球を披露してくれた。

だが、大谷はこの3連戦で13打数2安打と低調で、ドジャースが地元に戻ったあと、テキサス・レンジャーズとの最初の2試合で本塁打を1本ずつ放ったものの、まだ本調子とはいえなかった。

だが、このシリーズでの殊勲選手は、間違いなくレンジャーズのベテラン救援投手のデビッド・ロバートソンだった。この39歳の右腕投手はメジャー16年目で、これまで8球団でブルペンに入ってきた。

6月12日のドジャースタジアムで、レンジャーズのブルース・ボウチー監督は、3－1とリードしている8回を逃げきるためにロバートソンを投入した。ドジャースの攻撃は先頭から、ムーキー・ベッツ、大谷翔平、フレディ・フリーマンと待ち構えていた。

「この連戦まで、実はオレがあいつからアウトを奪ったのは、ブレーブス時代のスプリングトレーニングだけだった」

ロバートソンは、フリーマンとの対戦についてこう振り返った。このドジャース一塁手は、対ロバートソンで通算4打数4安打と打ち込んでいた。ベッツも4打数4安打だった。

「オレがマウンドに送られたとき、(レンジャーズの)クローザーを務めるカービー・イェーツに『誰も対戦成績を見ていないんだろうな』と言ったんだ」

のちにロバートソンは冗談交じりで明かした。

ロバートソンはMVP3人組を三者三振に切って取った。ドジャースはイェーツから9回に1点は奪ったものの、2－3で敗れた。

翌日の晩、シナリオは繰り返された。再び、ボウチー監督は8回に3－1のリードを守って逃げきるために、ロバートソンを投入したのだ。

ロバートソンはキャバン・ビジオに死球を与え、オースティン・バーンズに安打を許し、同点走者を塁上に置いた状態で、ドジャースの最強打線の先頭に戻ることになった。

そして、再び彼はやってのけた。ロバートソンはベッツ、大谷、フリーマンを三者連続三振に切って取り、レンジャーズはリードを保ったまま再び逃げきり勝利を手にしたのだ。

「終わってしまえば楽しかったね」

　ロバートソンはドジャースの危険な3人組との対戦をそう表現した。

　それまで、ロバートソンは大谷と対戦したことはなかった。だが、彼は大谷を二晩とも同じ配球で仕留めたのだ。カッター、カッター、ナックルカーブだ。大谷はこう振り返った。

「データで見ると、とくに驚くようなことはなかったですね。彼の配球が見事で、打ち取られてしまったということです」

　レンジャーズとの連戦で2本塁打を放ったにもかかわらず、大谷の不調は対レンジャーズの連戦中もそのまま続いた。ブレント・スーターの牽制球を足に食らって以来の24試合で、大谷は打率わずか・200（95打数19安打）だった。この間、ドジャースが勝率5割強（13勝11敗）にとどまったのはとても偶然とは思えない。

「好不調の波は、チームとしても一個人としても、必ずありますよ」

　大谷が胸の内を明かした。

「当然、何かがうまくいかないときは、あらゆることを細かく解析していきます。僕の対処法も同じです。いろいろと試して、打席でいい状態をつくれるよう努めていくだけです」

　その言葉のとおり、事態が少しずつ好転しようとしていた。

第6章

故障者リスト

SHO-TIME
3.0
THE JOURNEY TO
HIS FIRST WORLD SERIES VICTORY

止まらないケガの連鎖

2024シーズン開幕後の約6週間、ドジャースの故障者リストはほぼ投手陣だった。打線の中核、ムーキー・ベッツ、大谷翔平、フレディ・フリーマンをはじめとして、テオスカー・ヘルナンデス、ウィル・スミス、マックス・マンシーといった中堅どころも含め、打撃陣は軒並みコンディションはよかった。

そんなとき、マンシーが5月16日の対シンシナティ・レッズ戦前の打撃練習で、突如、異常を訴えた。その日、マンシーは試合出場の予定はなかった。チームドクターの診察とスキャンの結果、右腹斜筋の軽度の張りだった。デーブ・ロバーツ監督は「軽度の」張りだと強調し、当初は故障者リスト（ＩＬ）に入れることすら必要ないという考えだった。

それでも、念のためマンシーをＩＬに入れた。つまりは、10日後には試合に出られるだろうという期待を込めていたということだ。当時、ロバーツ監督に心配している様子はなかった。

「たいした問題ではない。たしかに、しばらくはＩＬ入りするけれども、それで数日間は回復に集中できる。まあ2、3日も休めば、彼もバットを振れるようになるし、11日目には先発に戻っているよ」

結局、マンシーは8月19日まで試合に出ることはなかった。この不満が募る3カ月の間に、マンシーはできる限りの動きをしようとしていた。だが、練習の強度を上げたりバットを振り始めたりすると、毎回また痛みが戻ってくる。マンシーはのちにこう振り返った。

「ある日、目覚めたら調子がいいのに、次の日にはケガした1日目に戻っているんだ」

　6月半ばまでに、回復も遅々として進まず、マンシーはこの状態の自分をこう嘆いた。

「最悪だ。こんなに長い間、座っているだけなのは、人生でいちばんの苦痛だよ」

　何度となく、彼は練習の強度を上げようと試み、ティーバッティングをしたりコーチの緩いトスに合わせて打とうとしたりしたが、毎回ケガのスタート地点に戻ってしまった。

「オレも当然、昔にもケガはしているけど、こんなに長期間試合から外れたことはないよ。厳しい試練だし、本当にイライラが募るばかりだ」

　マンシーの負傷の原因が解けるには、7月末まで待たなければならなかった。この数カ月の待機中に、彼は複数回の検査を受けた。そしてついに、彼のいちばん下の肋骨が「ずれていた」ことが判明したのだ。カイロプラクティックにより肋骨が元来あるべき場所に戻され、マンシーの痛みはようやく消えた。

　そのおかげでリハビリは急激にはかどり、ついに先発に復帰。8月下旬のシアトル・マリナーズに連勝した試合では、2本塁打、2本の二塁打、6打点の大暴れを記録したのだ。

　ドジャースはマンシーの負傷前まで、平均1試合あたり5・3得点を記録していた。これが彼の離脱後35試合で4・7得点まで低下した。

　ドジャースは緊急補強した選手たち、ベテランのユーティリティプレーヤー、キケ・ヘルナンデスやキャバン・ビジオ（トロント・ブルージェイズから獲得）は、合わせて打率・168の長打5本のみ（3本の二塁打と2本の本塁打）にとどまった。

ドジャースの下位打線は、シーズン開幕後の数週間、ほとんど機能していなかった。この点がマンシー離脱後にさらに深刻な課題として浮き彫りとなった。

「長打が足りないな」

この機能不全な下位打線についてロバーツ監督がこぼした。

「要は38パーセントは出塁できていないわけだからな。つながりが出ないいんだ。相手が先発投手であれ、救援投手であれ、とにかく連打が出ない。1番から6番まで、つながりが出ないんだ。われわれの攻撃は細切れになっているんだ。5番、6番打者あたりが先発投手を打ち崩そうとはしている。普段どおり、マックスみたいなヤツが打線にいれば、相手投手が左だろうと右だろうと、われわれの打線に対して今とは違う組み立てをしないといけないはずなんだ」

マンシー不在は十分に痛手だったわけだが、さらに大きな痛手が待ち構えていた。

6月、ドジャースはヤンキースタジアムでの試合に向けてニューヨークに乗り込んだ。ドジャースとヤンキース、野球界で2大巨頭といえる名門同士は、近年のMVPを独占する野球界最高の選手、ヤンキースにはアーロン・ジャッジ、ドジャースには大谷翔平がいるわけだ。

この直接対決は、プレーオフ並みの注目と取材が殺到し、観客もプレーオフ並みの熱気に包まれていた。

「なんか、今日がプレーオフみたいだな」

第1戦のあとに、いみじくもテオスカー・ヘルナンデスが印象を述べた。

山本由伸が先発登板し、ヤンキース打線を7回無失点に抑え、7奪三振の被安打わずか2と好投した。試合は10回まで両者無得点が続き、最終的にドジャースが2－1で勝った。だが、この日の第一の功労者は、間違いなく山本だった。

「ドジャース最高の先発投手だよ」

あの夜、ロバーツ監督が激賞した。

「見ればわかっただろ。大一番で力を発揮してただろ。われわれが期待していたことを彼はやってのけてくれたんだ。そして、持てる力を最大限に発揮してくれた。今晩の先発登板については、どれほど褒めても褒め足りないよ」

ドジャースはこの3連戦で2勝した。だが、山本の好投の代償はあまりに大きかった。

ドジャースは山本の休養を通常より伸ばし、次回の登板となるドジャースタジアムでの対カンザスシティ・ロイヤルズ戦までまるまる1週間の調整期間を与えた。だが、この試合で彼は2回までしかもたず、そこで肩の痛みを訴えて降板した。

山本がプレーオフ並みの熱気とヤンキースタジアム独特の雰囲気のなかで無理をしすぎたためか、新球種としてスライダーを加えたせいで故障につながったのか、今一つはっきりしなかったが、診断は肩腱板断裂だった。

この故障のせいで彼の戦線離脱は3カ月近くにおよび、ドジャース先発投手陣へのしわ寄せは大きくなり、やむなく7月のトレード期限ぎりぎりで、フロントが緊急補強せざるをえない状況となった。その穴埋め役として、デトロイト・タイガースからジャック・フラーティが加わった。

だが、さらなる大打撃がわずか1日後にドジャースを襲った。

ドジャースは、ロイヤルズを相手に3－0とリードしていた。大谷の2本の本塁打（18号と19号）、そしてフレディ・フリーマンの1本の本塁打で得点を重ね、7回にロイヤルズ救援投手のダン・アルタビラとムーキー・ベッツが対戦した。

アルタビラが1－2から内角に速球を投じた。97・9マイルの速球が、ベッツの左手甲に直撃。ベッツは即座に地面へ倒れ、激痛にのたうちまわっていた。試合後に速報が流れた。ベッツは左手骨折により4週間から6週間の離脱が余儀なくされた。ベッツが試合後に明かした。

「一瞬呆然として、そこから猛烈な痛みがきたよ。あそこで腰を引くわけにはいかないだろ。ビビっているわけにはいかないし、とくにああいういいスライダーが武器の投手には、なおのこと逃げてはいけないからな。そこにあの内角高めの速球がきた。オレは踏ん張った。でも、残念ながら手に直撃してしまったわけなんだ」

ベッツは開幕直後の絶好調ほどではなかったが、それでも打率・304、OPS・892と、ケガの瞬間まで十分な実績を残し、守備面でも毎日、遊撃手の役割をそつなくこなしていた。

「大打撃だよ。本物の痛手だ。ムーキーのことは残念でならないよ。今シーズンはMVPばりの仕事をしてくれていたからな」

とロバーツ監督は嘆いた。事実、大谷三度目のMVPに向けて、唯一のライバルとなりそうなのがベッツだった。だが、手が回復するまで5週間、試合には戻ってこない。大谷はこう話した。

「チームメイトとしても見ているのがつらいです。彼はチームのなかでも非常に重要な役割を果たしてくれていますから。しばらく彼がいないとなると、残ったメンバーで何とかやりくりしなければなりません」

だが、そんな重荷の大部分は、大谷本人にのしかかってきた。

ベッツが先発から外れたことにより、ロバーツ監督は大谷を１番打者に据えた。大谷はすぐこの新しい打順に馴染んだ。ベッツが欠けた次の日から、彼は対コロラド・ロッキーズ戦で３安打１打点２得点で、勝利に大きく貢献した。

「普通に考えれば、それしかないだろ」

ロバーツ監督は、大谷を１番に据えた理由について聞かれ、そう答えた。

「ほかに誰もいないんだからな。そしたら、ショウヘイがいちばん適任となるだろ。前にも先頭打者をやったことはあったしな。それに正直いって、今日１番を打っていたときのほうが、今までよりもよくバットを振れていたじゃないか」

〝ドジャースの１番・大谷〟の誕生

大谷は以前にも１番を打ったことがあった。だが、その機会はそれほど多くなかった。エンゼルスでの６年間に１番打者として61試合に先発したが、その大部分は２０２１年（23試合）と２０２２年（32試合）に集中していた。それ以外の大部分は２番打者か３番打者が多かった。

この打順変更まで、大谷は不振が続いていた。6月16日の対ロイヤルズ戦の1試合2本塁打までの19試合で、打率わずか・195、77打数22三振と散々だった。ところが、ドジャースの先頭打者になってからの13試合で、彼は50打数19安打（・350）の8本塁打、18打点16得点と、再び調子を取り戻した。フレディ・フリーマンはこう賛辞を述べた。

「まあ、あの男に関しては何番で打つとか関係ないんだよ。どこであろうと、打つに決まってんだからさ」

コロラドでの連戦で、大谷は左腕のオースティン・ゴンバーから476フィート（約145メートル）の特大本塁打を放った。この時点で、この1本はシーズン最長距離の本塁打だった。そして、大谷の選手生活のなかでも最長の1打だった。

「つねにだよ」

ドジャースのタイラー・グラスノー投手は、大谷のチームメイトたちが大谷の飛距離に驚かされているか、と問われ即答した。

「オレもそうだが、周り全員の反応はいつだって『ワオ！』だよ。オレたちは今もずっと毎回驚かされているし、全員にとってショウヘイの飛距離を見るのが楽しみになっているよね」

だが、あの6月18日の試合で最大の見どころとなったのは9回の攻撃だった。4－9で負けていたが、ドジャースはそこから大爆発して一気に7点をとって逆転し、そのなかにはジェイソン・ヘイワードの代打満塁本塁打と、テオスカー・ヘルナンデスによる勝ち越し3ラン本塁打が含まれており、敵地クアーズ・フィールドで驚異的逆転劇を演じてみせた。

大谷は1番に起用されるようになって、1週目でナショナル・リーグ週間MVPに選出された。6試合に出場して24打数11安打（打率・458）の4本塁打、11打点、二塁打3本、長打率1・083に出塁率・567という活躍ぶりで、うち2本の本塁打は古巣エンゼルスとの対戦で放ったものだった。この大活躍ぶりにロバーツ監督はご満悦だった。

「圧倒的才能だね。ショウヘイは別次元の存在だよ。だが、今のあいつは打席での自制心も備えているから、さらに高い次元に到達しているよ。才能があればかなりのところまで行くことはできる。だが、打席でストライクゾーンを厳格に見極めて打てるようになれば、もっと危険な存在になれるんだ。四球を選んで一塁に出たっていいわけだからね。3－2からのスライダーがボールになるのを、自信をもって見逃せるようになる。こういうことの積み重ねが今の最強のショウヘイをつくり上げているのだよ」

大谷は先頭打者に任命されても「何も大きな変更はしていないですよ」と言い張っていた。だが、ロバーツ監督との話し合いと約束事で、「ストライクゾーンをもっと意識する」ことだけは心がけるようになり、そのおかげでこの時期の絶好調につながったということだろう。

彼はドジャースタジアムでの対エンゼルスの2試合で1本ずつ本塁打を放っている（勝敗については1勝1敗の痛み分けだった）が、この対戦はドジャースの本拠地で行われたものだったため、特別感傷に浸ることはなかったと一部の憶測を否定した。本人曰く、

「エンゼルスタジアムでの試合だったら、また違う感覚になったと思いますけどね」

だが、大谷にとっての最大の違いとは、今の彼が優勝争いの常連に加わり、今までの6年間のアナハイムは、中堅どころかそれ以下という点だった。彼自身も、今のロサンゼルスでの環境のほうが楽しめていると率直に認めた。

「もちろんですよ。これからシーズン後半に入っていくと、もっと楽しくなると思います」

6月21日の対エンゼルス戦に際して、通訳を通じてこう答えた。

「今までに体験したことがなかった感覚なので、これからもっと盛り上がってくると思っています」

大谷が先頭打者になってからの快進撃は、歴史的大惨敗を続けるホワイトソックス相手に3タテの際にも続いた。この3連戦でさらに2本塁打を放ち、直近10試合で8本塁打を重ねたことになり、ナショナル・リーグ全体でも25本でトップに立った。

6月16日の対ロイヤルズ戦から6月22日の対古巣エンゼルス戦に至るまで、大谷は7試合連続で1打点、長打1本、1得点以上を叩き出し続けた。結局、彼の連続試合打点は10まで伸び、打点が公式記録に加わった1920年以来、ドジャース選手としては最長となった。大谷は、

「幸いランナーが塁上にいる場面で、僕の打順がまわってくることが多いですから。だから、僕としてはとにかく打席で粘って相手の投手を苦しめることですね。（連続試合打点は）その結果だと思います」

彼はこの記録中にも本塁打を打ち続け、飛距離もコロラドで476フィート、ドジャースタジアムで459フィートと455フィート、451フィートまで出た。

２０１５年にスタットキャストがあらゆる数値を出すようになって以来、ドジャースタジアムで４５０フィート以上の本塁打を２本放った選手は１人もいなかった。大谷は２試合連続でこの数字を出してしまった。

大谷の飛距離があまりにも圧倒的なので、テキサス州アーリントンのグローブライフ・フィールドで開催される、オールスターのホームランダービー（本塁打競争）に出場する可能性が取り沙汰されるようになった。

「僕はまだ（２０２３年の肘手術の）リハビリ中なので、まずは医師、トレーナー、チームの許可をもらわなければなりません」

本塁打競争への出場の可能性について問われ、大谷はこう答えた。

「もちろん、出場したいという思いはありますよ。選手なら誰でもそう思うでしょうし、あとはもろもろの要素が絡んできて決まるのではないでしょうか」

このもろもろの要素というのが曲者だった。大谷が本塁打競争に参加したのは一度きり（２０２１年にデンバーのクアーズ・フィールドで行われた）で、その際に彼は５００フィート以上の特大ホームランを６本放った。

最終的に、大谷はテキサスでの出場を見送った。理由として肘の問題をあげた。

代わりに、チームメイトで親友でもあるテオスカー・ヘルナンデスがドジャース選手としては初となる本塁打競争の勝者となった。ロイヤルズの若手遊撃手、ボビー・ウィットJr.を僅差で破ったのだ。

「僕はまだリハビリの最中の身なので、今回は参加できそうにありません」

大谷はオールスター戦の2週間前に発表した。ロバーツ監督は大谷のこの決断を全面的に後押しした。

「ショウヘイはこのチームをワールドシリーズ優勝に導くために契約したのであって、それ以外の何かが邪魔するようなことはあってはならないのだよ。リハビリなどをしていない普通の状態であれば、彼のことだから本塁打競争にもぜひ参加したいと思うだろう。飛距離はいちばんの自慢だからね。だが、今回の場合はリハビリが最優先されるべきであって、彼の決断は当然だと思うよ。野球界全体を盛り上げる責任が、ショウヘイ1人だけに押し付けられるべきではない。毎日、できる限りのことをしてくれているのだからね」

6月下旬のシカゴでの連戦で、大谷はあわや負傷者リストの仲間入りをするところだった。だが、ハビエル・ヘレーラがドジャースの2024シーズンで最大のセーブともいえるファインプレーをしてくれた。

彼は38歳のクラブハウスのスタッフで、試合中3回表にドジャース側ダグアウトの前方にある階段に立っていた。キケ・ヘルナンデスの打席で、大谷はあと2人で打席がまわってくるため、ちょうどラックから自身のバットを引き出そうとしていた。そのときにヘルナンデスがファウルを打った。この打球がドジャース側ダグアウト方面に飛んだが、ヘレーラが平然とこの打球を捕球し、別方向に向いていた大谷を救った。このナイスキャッチはテレビカメラに捉えられ、一気にこの映像がネット上で拡散した。

「私は自分の仕事をしただけですから」

ドジャースの次の試合前にヘレーラは報道陣に囲まれ、そうコメントを出した。

「私は投球の行方を最初から最後まで追っていて、バットにあたったボールが私に直行してきたということですよ」

彼はドジャースの一員となって18年になるが、選手とスタッフ一同もヘレーラのファインプレーの一部始終を見守っており、大谷もこの場面を捉えた写真を自身のインスタグラムにあげて「僕のヒーロー！」と書き添えた。ヘレーラはこう自慢げに語った。

「例の映像を送ってきてくれた人がいて、私も100回は見返しましたよ。けっこうすごかったでしょ。私自身すごいと思いましたよ。ですが、あの瞬間は、『よし、まずは仕事をしよう』みたいな感じでした」

ファウルボールがらみでヘレーラが注目を集めるのは、初めてではなかった。2016年8月のドジャースタジアムで、彼はレフト側でボールボーイを務めていたが、その際にフェンスに頭から突っ込み、スタンドに入りながらも見事フライを捕球した。この動画もネット上で大いに拡散された。だが、今回の注目のほうが気持ちいい、そうヘレーラも明かした。

「それはそうでしょう。前回は、まあ転んだだけですからね。今回は完全に英雄扱いですから。前回は、お笑い種《ぐさ》みたいなもので、どちらかというと恥ずかしかった思いのほうが強いですね」

大谷の先頭打者としての快進撃は、7月2日の対アリゾナ・ダイヤモンドバックス戦でも続き、27号本塁打を含む3安打と見事な働きをみせ、ドジャースタジアムに5万2931人を集めた、「ジャパニーズ・ヘリテージ・ナイト」に彩りを添え、試合もドジャースのサヨナラ勝ちとなった。

「ショウヘイは、存在そのものが物語だよ」

ロバーツ監督は大観衆が期待するものを、見事に3安打1本塁打というかたちで具現した大谷をそう絶賛した。

「期待されているときはいつでも、期待どおりに応えてくれるんだ。そういう男はマイケル・ジョーダンか、タイガー・ウッズくらいしかいない。2023年のWBCがそうだっただろ。対トラウトの対戦、あのとき投手だったのがショウヘイだからな。そしてこの〝ジャパニーズ・ヘリテージ・ナイト〟、つまりは日本人とか日系人が間違いなくたくさん集まる1日に、ああいう大活躍をしてくれるわけだからね」

負傷したムーキー・ベッツに代わり、ドジャースの1番打者になって以来の13試合で、大谷は50打数19安打（打率・380）、二塁打4本、本塁打8本に18打点、13四球、16得点と見事にはまった。

必然的に、ドジャースは13試合中9試合に勝ち、ナショナル・リーグ西地区のトップを独走し、2位のサンディエゴ・パドレスに8・5ゲーム差をつけていた。この時点においてナショナル・リーグでドジャースを上回っていたのはフィラデルフィア・フィリーズだけだった。

だが、本拠地で7月4日の独立記念日を祝ったものの、ドジャースはここから少し調子を落とすことになった。その日、ダイヤモンドバックスに3－9で敗れたのだ。大谷は初打席で四球を選んだものの、その後は3打席連続三振となってしまった。

　こうして大谷は自身の20代に別れを告げた。7月5日に30歳となり、ドジャースはミルウォーキー・ブリュワーズを8－5で降した。だが大谷は無安打で、しかも最初の3打席で3連続三振を喫し、自身のキャリアのなかで最長となる6打席連続三振という不名誉な状態に陥った。

　大谷は余計に、とくに緩く落ちる変化球をストライクゾーンより下まで追いかけてしまっていた。ロバーツ監督は、大谷ならすぐに「リセット」できると自信たっぷりだった。

「2試合、3試合、4試合程度、今一つの結果に終わるなんて誰にでもあることで、ショウヘイならすぐにまたリセットして本調子に戻ることができるよ」

　ロバーツ監督の信頼は揺らぐことがなかった。

　翌日には本当にすべてが本調子に戻った。大谷は2四球、1死球、1三塁打、430フィート弾と五度にわたり出塁を果たし、対ブリュワーズ戦の勝利に大きく貢献した。だからか、再び負傷の魔の手が襲ってくることになる。

　対ブリュワーズ最終戦を落としてから、ドジャースはオールスター休み直前の最後の遠征に旅立ち、フィラデルフィアに乗り込んでナショナル・リーグ首位争いの直接対決に臨むことになった。

　結果は振るわなかった。フィリーズは、もともと弱体化していたドジャース投手陣を徹底的に打ち崩した。シチズンズバンク・パークでの3連戦を3タテし、3試合の合計で19－5と圧倒した。ドジャースがフィリーズに3タテを許したのは2011年8月以来だった。

「オレたちはこの3連戦、まったくのダメダメだった。以上」

ドジャースのフレディ・フリーマン一塁手が3連敗後に白旗をあげた。

「打てなかった。何もできなかった。今回のことはいったん過去のものとして、明日からのデトロイトで勝ち越すしかないよ」

事態はデトロイトでも好転しなかった。

タイラー・グラスノーも腰の張りを抱えていた。クレイトン・カーショーも肩の手術からまだ復帰のめどが立たず、ウォーカー・ビューラーも臀部に加えて腰の状態も悪化し、故障者リスト入りしたままだった。グラスノーはオールスター後、25イニングを投げたのみで今度は肘を故障することとなり、そのまま彼の今シーズンは終わった。

先発投手陣がボロボロに欠けたなかで、ドジャースがデトロイトとの3連戦で先発投手として送り出したのは、ベテランのジェームズ・パクストン、新人のジャスティン・ロブレスキー（メジャーで二度目の先発登板だった）、そして土曜日にピッツバーグ・パイレーツからウェイバーで放出されてすぐ、翌日の日曜にドジャース投手としてデトロイトで登板することになったブレント・ハニーウェルJr.だった。

「オールスター直前の試合で、遠征中に、ウェイバー放出された投手が先発するとしたら、それは緊急事態に決まっている。当たり前だろう」

ロバーツ監督も素直に認めた。そんな時期に、打線もムーキー・ベッツとマックス・マンシーを欠いたままだった。

「つまりはさ、オレたちはケガ人集団なんだよ。あまりにも多くの欠員が出てしまってる」

フリーマンが苦々しく語った。

「もう、なりふり構っていられないんだよ。だが、そのなかでもとくに痛手なのは、やっぱり球界全体でも5本の指に入る名選手のムーキーがいないことだよな。先発ローテーションがガタガタなのもご覧のとおりだよ」

だが、デトロイトで本当の落胆をもたらしたのは先発陣ではなかった。コメリカパークでの第1戦は9回に大谷がタイムリーツーベースを打って勝つことができたが、ドジャースの金属疲労がたまったブルペン投手陣が次の2試合で全面崩壊した。

7月13日の試合で救援投手陣は9回に5点リードを守りきれず、10回に逆転負けを喫した。翌14日は1点差で勝っていたのをフイにして、救援投手のヨハン・ラミレスが2打者連続でバント処理をあやまり、タイガースは2試合連続でサヨナラ勝ちを果たした。

ドジャースはたしかにオールスター休み入りに際して、過去10年のうち八度にわたりナショナル・リーグ西地区首位を死守していた。だが、今回の休み直前の7試合でわずか1勝しかできておらず、過去15試合でみても5勝にとどまっていた。

しかも、この時期のドジャースは勝率5割前後でもがく集団に堕してしまっていた。オールスターまでの直近50試合は26勝24敗と冴えなかったし、あの最高潮に盛り上がったヤンキーススタジアムでの連戦からは15勝15敗にとどまっていた。そう考えると驚くに値しないが、ムーキー・ベッツの負傷離脱後は12勝12敗だった。ロバーツ監督は胸の内をこう明かした。

「苦しい時期が続いているよ。数日前にも言った気がするが、まるでわれわれは完璧な野球をしなければならないような気がしてくるよ。だが、野球の試合で勝つというのは完璧な野球をするのとは違う。現在のわれわれを見ると、打線が点をとれないから先発投手陣、救援投手陣が完璧に抑えなければならないような状態になってしまっている。そんなこと、滅多にできるはずがないわけでね」

だが、大谷個人でいえば、ドジャース1年目前半は十分すぎるほど実りあるものとなった。オールスター休みの時点で打率・316、29本塁打、69打点、OPS1・035と申し分なかった。MLB史上2人目となる、オールスター休み入りの時点で、長打が50本以上（内訳は23本の二塁打、4本の三塁打と29本塁打だ）と20盗塁以上（この時点で23だった）を達成した選手となった。

それ以前にこの記録を達成したのは、1973年にサンフランシスコ・ジャイアンツでプレーしていたボビー・ボンズ（バリー・ボンズの実父）までさかのぼらなければならない。

「ショウヘイはグレートだよ」

大谷のシーズン前半の活躍について、ロバーツ監督はご満悦の様子だった。

「われわれの組織に必要なものをもたらしてくれて、攻撃面の厚みを増してくれた。偉大な選手なのは今さらいうまでもない。一チームメイトとしてもいいヤツだよ。私も監督として毎晩、ショウヘイの名前を先発表に書けるのが嬉しくてしょうがない。見ているだけで楽しいしな」

大谷は四度目となるオールスター出場を果たし、テキサス州グローブライフ・フィールドで行われた試合で、ナショナル・リーグ代表の2番打者を務めた。

アメリカン・リーグ先発のコービン・バーンズを相手に初回で四球を選んだあと、大谷は3回にボストン・レッドソックスの右腕、タナー・ホークから飛距離400フィートの3ラン本塁打を右翼席に放った。

この1本は大谷のオールスター第1号本塁打となったわけだが、同時に歴史をつくり上げたことになる。オールスターの歴史上ただ1人、勝利投手（2021年に先発登板し勝っていた）となったうえに本塁打を放った選手となったのだ。

「これぞ、ショウヘイのショウヘイたる所以だよ」

普段からのチームメイトであるテオスカー・ヘルナンデスがそう評した。

「あいつなら、そのうちやるだろうと思っていたよ」

この試合に出場したドジャース4選手の1人だった、フレディ・フリーマンの感想である。

「あいつが打席に入るのを見るだけで、何か起こりそうだとわかるだろ。わかっていたけど、あらためて見事だよ」

野戦病院での孤軍奮闘

オールスター明け後もドジャースの諸問題が解決したわけではなかった。

それでも改善の兆しは見え始めていた。ボストン・レッドソックスとの3連戦を3連勝し、サンフランシスコ・ジャイアンツとの4試合のうち3試合を勝ちきった。

大谷は対レッドソックス戦の立役者だった。初戦の8回1アウトで放った二塁打により満塁の状況をつくり上げ、フレディ・フリーマンの逆転満塁本塁打を引き出して、ドジャースは4－1で逆転勝ちした。

第2戦は、同点のまま延長11回までもつれ込んだ。1アウト一、三塁の場面で、レッドソックスのアレックス・コーラ監督は、大谷への敬遠を選択してウィル・スミスとの勝負を選んだ。このドジャースの捕手はサヨナラヒットを打ってこたえた。

大谷は第3戦でも目を見張る活躍をし、9－6で勝ったこの試合でドジャースタジアム史上2番目となる特大本塁打を放ち、3連勝に花を添えた。

この試合でドジャース打線は6本の本塁打を量産したが、大谷が5回に打ったものはそのなかでも異彩を放っていた。レッドソックスの右腕、カッター・クロフォードのカットファストを捉えた1本だった。打球は大谷のバットから離れて116・7マイルを記録し、センターバックスクリーンのすぐ右側にあるパビリオンシートに一直線で向かった。そのまま打球はパビリオンシートの屋根のすぐ下に消えていき、結局、センターフィールドプラザの通路に飛び込んだ（飲食店が並び、試合前にファンが待ち合わせに活用する場所）。

この大谷のシーズン30号弾は推定473フィートの飛距離を記録し、あと数フィートで場外に飛び出すところだった。62年間のドジャースタジアムの歴史上、場外まで飛ばした選手は6人しかいない。フェルナンド・タティスJr.、ジャンカルロ・スタントン、マーク・マグワイア、マイク・ピアッツア、ウィリー・スタージェルの6人だが、全員引っ張った打球だった。

「どれだけ見ても驚かせ続けてくれるよね、ショウヘイは」

ドジャースのデーブ・ロバーツ監督は、大谷の特大弾に驚嘆の色を隠そうともしなかった。

「あの方向にあそこまで飛ばせるのは、人間業ではないよ。普通、あそこには飛ばないんだよ。ただ驚くばかりだよ。ショウヘイはそういうことをやってのける。それもほぼ毎晩じゃないか。普通の人ができないことをしているし、そんな男がドジャースのユニフォームを着てくれていて本当に嬉しいよ」

控え捕手のオースティン・バーンズは、大谷がこの特大弾を放つ直前に自身が本塁打を打っていたのだが、「銃声みたいな音とみんなの絶叫」が聞こえたという。

「ありゃ、化け物だよ。とにかく、あんなヤツは見たことがない」

ジェームズ・パクストン投手もこう同調した。

「あいつは超人、その一言に尽きるよ」

試合後、大谷もいつの日かこのドジャースタジアムで場外本塁打を打ちたい、左打者としてはスタージェルのみが果たした偉業を追いたい、という目標があることを認めた。

「僕もいつかはやってみたいと思っていますよ。今後、打てる機会はまだまだあると思うので。ぜひ、一度は場外まで飛ばしたいなと」

統計専門家のサラ・ラングスによると、大谷の473フィート弾は、2015年以来、ドジャースタジアムで440フィート以上飛ばした本塁打としてはわずか53本目で、MLB球場のうち（サンフランシスコのオラクルパークとサンディエゴのペトコパークに次いで）3番目に少ないのだという。大谷はこの時点ですでにうち6本を放っており、ドジャースタジアムで打った本数としては最多なのだという。

この1本はまた、大谷が全試合で放った450フィート以上の特大弾としては7本目だった。シーズンのこの時点で、4本以上この距離の特大弾を放った選手は1人もいなかった。この本塁打により大谷は、メジャーリーグ史上わずか7人しかいない、開幕後100試合の時点で30本塁打と20盗塁を記録した選手の1人となった。タティス（2021）、クリスチャン・イエリッチ（2019）、ホセ・ラミレス（2018）、アルフォンソ・ソリアーノ（2006）、ジェフ・バグウェル（1999）、アレックス・ロドリゲス（1998）に連なる金字塔だ。

本拠地連戦で6勝1敗と順調な結果が出たが、最終戦でついにクレイトン・カーショーが帰ってきた。2023年11月に受けた肩の手術以来初となる登板で、三度、サイ・ヤング賞を受賞した大投手は、17年目となるシーズン初登板で4イニングを投げ2失点に抑えた。試合は同点で迎えた8回裏にニック・アーメドと大谷の連続本塁打が飛び出し、ドジャースがリードし勝つことができた。

だが、そんな本拠地での連戦のあと、苦々しい週末を迎えた。フレディ・フリーマンはヒューストンから始まる8試合の遠征に当然同行したが、3歳の息子マキシマスが緊急入院したため、急遽チームを離れてカリフォルニアに戻ることになってしまった。

フレディ・フリーマンの妻チェルシーは、息子が3日間にわたりまともに座ることも、立つことも、歩くことも、食べることもできない状態が続いたのを見て、大急ぎでマキシマスとともに病院へ駆け込んだ。マキシマスは数日間入院してさまざまな検査を受けたが、診断はギラン・バレー症候群だった。非常に稀な神経系の病気だが、ほとんどの患者は、治療を受け完治可能だ。マキシマスは見事に回復して退院し、その後もリハビリを続けた。

その間、フレディ・フリーマン（それまで過去6年間の欠場は累計11試合だった）が試合から8試合外れることになった。ムーキー・ベッツとマックス・マンシーがまだ負傷から復帰していないなかで、MVPトリオのうち大谷1人だけがドジャース打線に残る状態となってしまった。

ドジャースが3勝しかできなかった遠征中、彼自身も19打席連続無安打と苦しんだ。最初の6試合（ヒューストンで3試合、サンディエゴで2試合、オークランドの最初の1試合だった）で、ドジャース打線全体を見ても37本しか安打を打てず、三振は77におよんだ。

大谷自身も「打席での感触がよくない」と認めた。結局、この連続無安打が終わったのは、8月2日の3ラン本塁打だった。だがこの自身の不調について、ベッツとフリーマンの不在のせいにして責任転嫁することはなかった。

「不調の原因はあくまでも、僕自身の感覚と打席での感触の問題です。本来は得意で打てる球を打てていない。フライをあげて、本塁打になるべき打球がそこまで飛んでいない。ラインドライブの打球が野手の正面に飛んでしまう。チームがどうとか、対戦相手チームの攻略法がどうとかではなく、あくまで僕自身の問題ですね」

しかしながら、それでも大谷は8月3日の対オークランド・アスレチックス戦で3盗塁を決めた。この時点で31盗塁と33本塁打を記録したことになる。MLB史上30－30は46人が六九度達成していたが、ドジャースに限定すると四度目の30－30となった。過去にはマット・ケンプが2011年に、ラウル・モンデシーが1997年と1999年の二度にわたり達成していた。

大谷はキャリアハイとなるシーズン26盗塁を103試合目で達成し、30－30にドジャースの111試合目で到達したが、これはMLB史上3番目ということになった。これより短期間で30－30に達したのは、エリック・デイビス（1987年に90試合）とアレックス・ロドリゲス（1998年に107試合）だけだ。

また、ケンプは30－30を成し遂げた年に、あと1本で40－40もいけるはずだった。歴史上40－40を達成した選手はわずか5人だ。ドジャースタジアムでのイベントに参加したケンプに、大谷は40－40を達成できると思うかと質問が飛んだ。ケンプが笑いながら答えた。

「ああ、そんなの彼にとっては朝飯前だよ。だって、まだ9月にもなっていないのに35本塁打だぞ。オレなんか簡単に抜いてしまうよ」

シーズン中のトレード最終期限となったが、ドジャースはもっとも活発に動いた球団の1つで、デトロイト・タイガースからジャック・フラーティを獲得、シカゴ・ホワイトソックスから速球派救援投手のマイケル・コペックを、ユーティリティのトミー・エドマンをセントルイス・カーディナルスから、そしてゴールデングラブ賞を四度受賞したケビン・キアーマイアー中堅手をトロント・ブルージェイズから獲得した。

コペックは期待どおりの活躍で、ブルペンの不可欠な戦力となり、救援投手としての地位を確立した。

エドマンは8月半ばまで試合出場できなかった。前年に手首の手術を受けていたのだが、それに加えてリハビリ中に足首の手術も必要になり復帰が遅れたのだ。

複数ポジションをこなせる彼の器用さのおかげで、今まで埋まらなかったパズルのピースが埋まり、中堅手と遊撃手を兼任するようになり、ムーキー・ベッツの言葉を借りれば、「われわれが気づきすらしていなかった穴を埋めてくれた」というありがたい存在となった。

だが、そんなかずかずの補強のなかでももっとも有効だったのが、何人も抜けて長いイニングを担えず、半壊状態の先発ローテーションを確立してくれたフラーティだった。

「われわれは先週の間、ずっと数多くの球団と折衝を重ねたんだ」

ドジャースのブランドン・ゴメスGMが明かした。

「われわれにとって強力な先発投手を加えるのが最優先事項だったのだが、それを見事に満たしてくれるのがジャックだった。コマンド（制球力）、球種、空振りをとれる球、これこそわれわれが10月に必要としているもので、彼はその期待に見事にこたえてくれたよ」

フラーティは加入直後に本領を発揮し、ドジャースでの初先発でアスレチックス打線を6イニング無失点に抑えた。その後、彼はシーズン中に10試合で先発することになるが、最終的に6勝2敗で防御率3・58とあっぱれな結果を出してくれた。

ドジャースは本拠地に戻ってフィラデルフィア・フィリーズを迎え撃つことになり、フレディ・フリーマンがここで打線に復帰した。チームメイト一同は「マックス・ストロング」Tシャツを着て強い連帯を示し（そのままシーズン中ずっと着用し続けた）、そしてドジャースタジアムの大観衆もフレディの初打席にはスタンディングオベーションで迎えた。

「あんなふうにドジャースファンから歓迎されるなんて、まったく期待していなかった」

初打席で三振を喫したフリーマンが振り返った。

「あの初打席は感極まって逆に打ちにくくなってしまったよ。でも、本当にありがたかった。メジャーリーグに昇格して以来、いちばん嬉しい三振だったよ」

ドジャースが勝ったこの試合で、大谷は二塁打1本、本塁打1本、2打点を記録した。このシーズンで6回対戦したフィリーズに、唯一勝てた試合となった。大谷はこう振り返った。

「フレディが復帰してくれた初めての試合で勝てた、これは僕たち全員にとって大きなことです。チームメイトとしても、一目撃者としても、あのようなオベーションに立ち会えて感動しました。息子さんのリハビリも順調に進むと思いますし、今後の回復を心から願っています」

ドジャース本体もまた、回復を熱望していた。8月半ばには、マックス・マンシーとムーキー・ベッツも復帰するはずだった。ウォーカー・ビューラーと山本由伸も、復帰登板に向けて投球練習を再開していた。

第7章

ピッチング再開

SHO-TIME 3.0
THE JOURNEY TO
HIS FIRST WORLD SERIES VICTORY

〝トミー・ジョン〟手術の歴史

トミー・ジョン投手は、1974年7月17日にロサンゼルス・ドジャース所属の左腕投手としてモントリオール・エクスポズ（現・ワシントン・ナショナルズ）との試合に登板した時点で、メジャーリーガーとして十二分な実績を残していた。

1963年にクリーブランド・インディアンズの投手としてメジャー昇格を果たし、数試合に登板し、1974年までの12シーズンで確実な地位と信頼を確立。通算124勝の防御率2・97という堂々たる実績を残していた。

1972年シーズン前にディック・アレンとの交換トレードでドジャース入りが決まったが、ロサンゼルスでも必要不可欠な戦力となった。ドジャース最初の3年間で残した通算成績は、40勝15敗で防御率2・89だった。

だが、異常事態が発生した。ドジャースタジアムでの試合で、ジョンはボブ・ベイリーというエクスポズのベテラン三塁手と3回表に対戦していた。

「あの試合のあの投球の瞬間なら、今でも鮮明に覚えているよ」

ジョンは、かの革命的手術を受けた5年後にそう振り返った。

「われわれはモントリオール・エクスポズと対戦していた。4－0のリードをもらっていた。そこであの1球を投じたら、肘の中から爆発音が聞こえて激痛が襲ってきたんだよ」

ジョンは三振を奪おうとあと2球を投じたが、結局、ベイリーは四球で出塁した。そして、このまま選手生活が終わるのではないかと、恐怖におびえながら彼は降板した。

これまでの野球史を振り返ると、同じような肘の故障で投手生命を絶たれた男たちは枚挙に暇がない。だいぶあとになってだが、フランク・ジョーブ博士は、投球する側の腕で内側側副靱帯を痛めないようにと、冗談半分で次のようなアドバイスをするようになった。

「われわれとしては『地元に帰っていい次の仕事を見つけなさい』としか言いようがなかった」

靱帯の移植は、当時でもまったく未知の手法ではなかった。だが、そんな無謀な手術をプロのアスリート、つまり生活の糧を得る元となる腕に施す勇気がある者は1人もいなかった。

その点、ジョーブ博士は、史上初の手術の最適任者といえた。18歳で徴兵され合衆国陸軍第101空挺部隊に所属し、医師や医薬品を戦場の最前線に送るため、自らグライダーを操縦していた。戦争終結後、彼はブロンズ・スター勲章を授与され、新しい任務に乗り出した。ロサンゼルス近郊にあるロマ・リンダ大学の医学部に進学したのだ。

ロバート・カーラン医師との出会いにより、ジョーブは整形外科のレジデントとなり、カーラン博士と共同でクリニックを開設することになった。

2人はスポーツ医学の分野で開拓者としての地位を不動のものにし、ドジャース専属医師としてサンディ・コーファックスのような大投手の治療にもあたった。のちにコーファックスはジョーブ博士をからかって、

「例の手術を数年早くオレにやっておけば〝サンディ・コーファックス手術〟と呼ばれただろうに」

と言っていた。ジョーブ博士によると、この革命的な肘手術のアイデアの元になったのは、重傷を負って指の機能を失った患者に靱帯を移植する手術だったという。

「アイデア自体は目新しくなかったんだよ」

何十年もたってからジョーブ博士が明かした。

「ただ、肘にやろうというのが目新しかっただけなんだ」

例の対モントリオール・エクスポズ戦でトミー・ジョンが降板したあと、ジョーブ博士はすぐに肘の検診を行い、重度の内側側副靱帯断裂と断定した。この症状が出た投手に対する当時の対策は、〝1カ月休ませて痛みがおさまり、試合に復帰できることを祈りましょう〟だけだった。だが、すでに何年も肘の痛みを抱えていたジョンは、1カ月の休養ごときでこの症状がおさまるとは到底納得していなかった。何年もたったあと、ジョンはこう明かした。

「オレの腕はもう何年も痛かったんだよ。オレは13歳のときにリトルリーグ用の球場から本格的な野球場に移ったんだ。ピッチャーのマウンドは15フィート遠く（本塁まで60フィート6インチ）なったんだぞ。このせいでどれほどオレの肘が腫れるようになったかわかるかい？」

ジョンはおそらくプロ選手になってからずっと内側側副靱帯の負傷、もっといえば、部分断裂を投球腕の肘に抱えながら投げ続けていたのだ。

彼はあらゆる提案に耳を傾ける男だった。ジョーブ博士が靱帯移植を提案し、ジョンに対して正直に「メジャーリーグ復帰の可能性はおそらく1パーセント程度だけど」と伝えても、それでもジョンは揺るがなかった。

すぐ隣に手専門の外科医を置いた状態で、ジョーブ博士は史上初となる手術をトミー・ジョンに執刀した。まずは、ジョン本人の右手首から腱を取り出した。たとえこの腱を失っても手の機能にはほとんど影響しないからだ。そこからジョーブ博士はドリルでジョンの肘の骨に穴をあけ、新しい腱を8の字に結んで、固定させた。

ジョンは1976年にメジャーのマウンドに復帰し、46歳となった1989年まで投げ続けたが、彼の肘はまだ15歳のようだった。結局、手術後に164勝と手術前よりも多くの勝ち星を重ね、ドジャースで1977年と1978年、そしてヤンキースで1981年と、合計3回のワールドシリーズ出場を果たした。ジョンがジョーブ博士との大博打に出て以来、肘の腱の移植手術はプロアマを問わず野球界全体の常識に近いものとなった。

カーラン・ジョーブクリニックの統計によると、2024年にMLBに加わった投手のうち、10人に3人以上の割合でトミー・ジョン手術の経験者がいたという。プロ投手でこの手術後に復帰を果たした人数は、すでに1200人を超えている。シンシナティ・レッズで長年チームドクターを務めるティム・クレムチェク博士はこう証言する。

「この手術のおかげで、どれほどの偉大な投手がさらに長く投げられるようになったことか」

初の手術から40年が経過していたが、手順はほぼ同様のままだった。

変更があるとすれば、尺骨の神経を保護することと、傷口を小さくするようにしたことくらいだ。だが、ジョーブ博士の足跡を追ってこの手術を執刀する外科医にとって最大の問題は、どこの腱を取って移植するのかという点だった。

そしてようやく近年、劇的に進歩した。靭帯全部を取り換える代わりに、生体に応用できる素材で作られたインターナル・ブレース（人工靭帯）を、靭帯の一部として加えるようになった。前腕部の尺骨と上腕部の上膊骨を維持しつつ、ブレースによって再建された靭帯の強化をはかるのだ。

この手順を数年前に確立したことで、ジェフリー・R・デュガス博士は名声を高めた。足首の関節再建に際して人工物を入れることからインスピレーションを受け、セントルイス・カージナルスのセス・マネス投手に、MLB投手としては初のこの手術を行い、カンザスシティ・ロイヤルズで現役復帰を実現させた。同投手は2017年に手術を受けて、わずか9カ月以下でマウンド復帰を果たしたのだ。

テキサス・レンジャーズのチームドクターであるキース・マイスター博士も、この手術の発展に尽力し、伝統的な内側側副靭帯手術にインターナル・ブレースを付け加えることになった。マイスター博士とドジャースのチームドクターであるニール・エラトラッシュ医師が、この新型トミー・ジョン手術の先駆者といえよう。

「彼と私は同じことを同じ哲学の下でやっていて、細く編んだ縫合糸を補修に使い、現存している部分断裂した靭帯を可能な限り保存して、新しい靭帯として使えるようにしているんだ」

エラトラッシュ医師が、2024年にAP通信の取材にこう語った。

「これにより、インターナル・ブレースによって強化された靭帯の恩恵を受けつつ肘の回復ができるということだ。私がこの縫合糸を元来の組織に加えることを好んでいるのは、この手法なら、いつどこをつなぎ合わせればいいのか、私自身が完璧に把握できるからだよ」

さらに多くの選手たち――そこには2021年、まだタンパベイ・レイズ所属だった時代に執刀を受けたドジャースの右腕タイラー・グラスノーも含まれる――がトミー・ジョン手術の一環としてインターナル・ブレースを肘に入れるようになった。この改変により靱帯がさらに強靱になり、以前よりも短期間で選手が公式戦に復帰できるようになったのだ。

2023年9月に二度目の肘手術を受けた大谷翔平の回復ペースを見ると、明らかに彼が今回、このハイブリッド新型トミー・ジョン手術を受けたことを示している。

だが彼自身は、インターナル・ブレースについて問われた際もまだ公言していない。

「僕は医学の専門家ではないので、要は手術を受けたということです」

大谷は、2023年12月のドジャースタジアムで行われた入団記者会見で応えていた。

「どういう名前がついた手術なのかは僕もよくわかっていません。1回目の手術とはまったく別物なのは確かです。ですから、名称については答えられません。くわしくは執刀医師に聞いてください」

大谷の執刀医師、エラトラッシュは、2023年9月に大谷に対して行った手術はインターナル・ブレースを導入したうえで、伝統的なトミー・ジョン手術の靱帯修復を組み合わせたハイブリッド手術であると表明した。

大谷の代理人、ネズ・バレロも、今回大谷が受けた手術には「名前がない」としたが、「前回のものとはまったくの別物だ」とも付け加えた。

リハビリ中の投手にして最高の打者

大谷は2018年10月1日に初の肘手術を受けた。そして、指名打者としては7カ月後に実戦復帰したが、投手復帰は2020年7月までかかった、

つまり、新型コロナのパンデミックのためにMLBシーズンは2020年に延期となったが、それも含めて復活まで20カ月以上かかったことになる。結局、前腕屈筋腱の強いハリでシーズン強制終了となるまでに2試合の登板にとどまった。

当時、大谷は憤懣を露わにしていて、打者としても精彩を欠いたうえに、そもそも投手として登板できない自身のシーズンを「情けない」と総括していた。

「今までの僕は自分がやりたいことを大体やれていたんですよ」

2021年にザ・リンガーの取材に対して、大谷はこう語っていた。

「ですが、今回みたいに思うように体が動かない、やりたいことがまったくできないという経験は初めてです」

その点、今回の大谷は、二度目の手術に際してじっくり時間をかけて回復をはかる覚悟ができていた。手術3カ月後にはバットを振っていて、2024年にはDHとしてフルシーズン出場できるよう調整は順調だったが、投球練習の再開は2024年3月、手術の6カ月後までじっくり待った。第一歩は短距離のごく軽い投球だ。初期は1日に投げる数も30球までで、そこから少しずつ数を増やしていく。

5月までに、大谷は1日おきに60フィートの距離を50球ずつ投げるようになっていた。同月終わりまでに、大谷は60フィートの距離で「球速80マイルが出るようになった」と伝えられた。6月の終わりには、彼は90フィート投げられるようになっていた。

「今は少しずつ距離を伸ばして、球数も少しずつ増やしていくことに専念しています」

そう大谷が明かした。大谷がリハビリを続けるのに必要とされる根気強さを見せているということは、メジャー公式戦で登板してメジャーリーガーの打者を打ち取るまでは、まだまだ長い道のりだということだ。大谷もこの興奮が懐かしいと率直に認めた。5月のことだった。

「先発投手なら誰でもそうだと思いますが、先発登板するときはある種の緊張感がつきものですよ。あの緊張感を取り戻したいですね。ですが現時点では、とにかく毎日少しずつリハビリを進めて回復することだけに集中するようにしています」

大谷が強度のキャッチボールをできるようになったのが8月のことだった。距離も150フィートまで伸びて、そこから、マウンドではなかったが振りかぶって投球時と同じ60フィートの距離で全力投球できるようになっていた。

この数カ月間、大谷の日中の仕事がトミー・ジョン手術からのリハビリだったとすれば、彼にはまだ夜の高い要求がともなう仕事が残っていた。

ドジャース指名打者として、MVP級の打撃を続けるということだ。この両極端に違う2つの仕事を兼ねているという事実に、ドジャースのチームメイトたちは驚嘆するばかりだった。

「もちろん、オレたちはショウヘイが試合中に球場で何をしているかはいくらでも話せるよ」

フレディ・フリーマンが切り出した。

「オレにとっていちばん驚きなのは、あの男は今、トミー・ジョンからのリハビリ真っ最中ということだよ。そこの点を理解できている人はほとんどいないと思う。ショウヘイは毎日、腕を伸ばしたり曲げたりして、また投球できるように練習を続けている。それから試合に出てギアを入れて、球界最高の打者に変身するんだよ。そこがオレには信じられない」

　大谷のリハビリ管理と2025年の投手復帰の責任を負っているのは、選手パフォーマンス管理バイスプレジデントのブランドン・マクダニエルが率いる一団で、ほかにヘッドアスレチックトレーナーのトーマス・アルバート、ストレングス＆コンディショニングコーチのトラヴィス・スミスとフィジカルセラピストでリハビリ部門筆頭のバーナード・リーが加わっている。

　マクダニエルは大谷が2017－2018の冬にメジャー移籍しようとした際に、ドジャース側の勧誘を担当した1人だった。一目見て6フィート4インチの大谷があのとき以来、まったく別の肉体を備えていることを見抜いた。

「あれは、もはや貨物列車だよ」

　マクダニエルは2024年のリハビリ中に、大谷がマウンドから投げるのを見ながら感慨深そうに語った。

「私は2017年の時点で、あの部屋でメジャーに来る前のショウヘイと会って話せて幸運だった。だから、あのときからの肉体の進化を見られるのは嬉しいよ。どれだけのトレーニングを積んできたのかという何よりの証だからね」

それまで大谷と接点がなかったことは、２０２４年のリハビリに携わるドジャースのスタッフチームにとって難題の１つではあったとマクダニエルは認める。リハビリをしながら彼のスイングに支障をきたさず、打者としての能力を殺いではならないという、さらに面倒な難題がスタッフチームには課されていた。

だが、マクダニエルやアルバート、スミス、リーにとっては目新しかった難題は、すでに肘の手術を経験していた大谷にとっては馴染みのあるものだった。マクダニエルが明かす。

「彼は確実にそういう雰囲気を出しているよ。そういうことをわれわれにとか、私個人に明言したことは1回もない。でも、明らかに『オレはこういうことは経験済みだから』という雰囲気はいつも出している。ほかの誰よりも自分の肉体の動きや能力と限界を理解していて、今まで出会ってきた誰よりも、自分の体に対して神経が行き届いているのを感じるよ」

そんな大谷がブルペンのマウンドに上がり、ほぼ全力で30球を午後に投じ、その1時間後か2時間後にはドジャースの先頭打者として平然と打席に立ち、打っているのだ。あらためて驚嘆するしかない。

「私の常識からは完全に外れているよ」

マクダニエルは、9月にダイヤモンドバックスと対戦したチェイス・フィールドのビジター側ダグアウトで、そう話し始めた。

「昨日なんて、試合開始は5時だったんだけど、3時45分にショウヘイはブルペンの投球練習でできた肘の腫れを触って確認していたんだ。その時点で、われわれは、試合について話すこともなかった。なのに、いざ試合に出たらいきなり先頭打者ホームランだよ。私はトーマスに歩み寄って言ったんだ。『おい、明日もブルペンで投球練習だな』。私は迷信は軽く信じる程度なのだけれど」

大谷の経験豊富な様子を見て、マクダニエルはリハビリ中の選手が実戦に出続けることに何かメリットがあるんだろうかと、真剣に考えるようになった。

「おそらくショウヘイは、試合に出続けることによって、ストレスがかかる環境に身を投じているからこそ、回復を早めるのにも役立っているのだと思う」

マクダニエルはシーズンも後半に入ったある日、自らの考察を口にした。

「トミー・ジョン手術からの復活を目指すほかのすべての投手は、そもそも試合に復帰するだけで12カ月から16カ月かかるんだよ。ショウヘイは投げてはいないけれども、完全に例外的な存在として短期間で試合に戻っているからね。いってみれば、彼は施設で1人ぼっちなわけではない。そこが1つ大きいと思う。私から何か特別な予言をすることはないよ。だが、この1件を将来振り返ったときに、『この要素は、二刀流ではない普通の専任投手にも加えてあげるといいんじゃないか』という参考になる事例はたくさん出てくる気がするね」

大谷は2024年9月19日に二度目の肘手術から1周年となった。そして、この晩の彼は6打数6安打の3本塁打10打点を叩き出し、史上初の50－50選手となった。

「リハビリのプロセスは決して楽しいものではないですけど、進展があったと思えば、必ず後退する時期もあります」

大谷は、この偶然重なった1日について問われてそう答えた。

「僕はできることをするだけで、試合には影響が出ないように心がけていますし、感情のスイッチは切り替えています。打者として試合に出るときは、打つことだけに集中するようにしています」

大谷が加入して以来、ドジャースは2024年シーズン中に投手として復帰させる可能性は完全に除外していた。だが、2023年9月に手術を受けたタイミングとリハビリの進展ぶりを見て、チームはジレンマを抱えることになった。

8月にマウンド投球を開始し、大谷はブルペンで球速92マイルを出せるまでになっていた。普通に考えると、次のステップは打撃練習で実際に打者相手に投げさせることだ。スプリングトレーニングで、投手がシーズンへの準備として必ず踏む手順だ。

「基本的には、10月の初めか半ばに大幅なビルドアップをしてもらう方向で考えている」

そうブランドン・ゴメスGMが明言した。一方でドジャースは、大谷の10月の過ごし方について別の計画も考えていた。ポストシーズンとの兼ね合いだ。

投手としてのリハビリをこの時期に加速・強化するのは大きなリスクをともなう。大谷が投手向けのリハビリ中にケガをした場合、たとえば足首を捻ってしまったとか、腹斜筋に強いハリが出たとかは、シーズンのいちばん大事な時期にいちばん危険な打者を失うことになるのだ。

「そういう事態はよくない。長い目で見て、いいわけがない」

ゴメスGMも強調した。大谷のようなすべてにおいて別格のアスリートにおいてすら、何年も続けて複数の分野で超一級の活躍を求め続けるのは過酷なのだ。

「投球自体は、韓国から戻ってきた時期から始めていたよ」

マクダニエルは証言する。

「たとえば、リハビリ投球プログラムをオフの間ずっと続けていたとしよう。そうなるとショウヘイは、もしプレーオフ進出を果たしたとすれば、18カ月か19カ月の間休みなく稼働していることになる。マウンドに上がったときに、困難な状況になる可能性が高いんだ。ストレスはストレスなんだよ。私個人の見解だが、人の脳は野球のボールを投げていることを認識していない。脳が認識するのはストレスなんだ。だが同時に、プレーオフに入ったらストレスがどうだの言っているヒマがないんだ。『よし、今晩、君には先頭打者を務めてもらうからね。今日の試合はNLCSなんだけど、午後2時から打撃練習で投げてくれ』となったとしよう。そのときにマウンドで足を滑らせたらどうなる？　早い復帰を望むのは誰もが一緒だけれども、物事のバランスも考えないといけないんだ。たしかにこの事例は珍しいと思う。どんなかたちであれ、不測の事態を起こすわけにはいかない。投手復帰をせかして足を滑らせてはいけない。靴が爆発するといったありえないリスクさえも犯すわけにはいけない。どんな不測の事態も許されないんだ。これもこの業界の一面の真実ということだよ。まったく滞りのない順調な進み具合で、本来のリハビリの厳しさを考えると信じられないほどの進展だ」

一部ファンの間では、順調なリハビリの進捗ぶりを見て、とんでもない妄想を膨らませる者も少なくなかった。

大谷翔平がワールドシリーズ最終戦の9回に登板し、まさに2023年のWBCで日本代表としてやってのけたように、ドジャース世界一の締めくくりをしてくれたらどんなにいいことだろう。だが、ゴメスGMは8月にこう断言した。

「ショウヘイは今年、投げることはない。絶対にない。ポストシーズンに登板してもらうこともありえないからね」

大谷の肘手術を執刀したニール・エラトラッシュ医師も、明らかに今シーズンの投手復帰には消極的だった。肘なり肩なりを手術した投手が復帰するのが、いきなりポストシーズンというのはおすすめできないとエラトラッシュ医師が明言した。

「リハビリ調整のためのマイナーリーグ登板をしようにも、マイナーリーグ自体がやっていないのだから、ぶっつけ本番のポストシーズン、究極の高負担というのは論外だよ。チームにとっても名案とはいえないね」

だが、ドジャースのアンドリュー・フリードマン編成本部長が憶測を打ち消そうとすればするほど、メディアのなかでこの妄想は続いていた。

「われわれは、そんな馬鹿な話は考えたことすらない」

フリードマンが9月末に語気を強めて断言した。

「いいかい、彼にとって今は投手としては1月と同じなんだぞ。まだトミー・ジョン手術が終わってやっと1年が過ぎたばかりだ。私にいわせれば、そんなのは検討するにも値しない」

こんな話題が出てくるのも、ひとえに大谷とドジャースのスタッフチームが進めるリハビリが、指名打者として毎日試合出ているにもかかわらず、あまりにも滞りなく順調に進んでいるからだった。

1日として予定どおりいかなかったとか、後退したという話が出てこなかったのだ。

「明らかに、流れは順調だよ」

ドジャースのマーク・プライアー投手コーチも認めた。

「まあ、誰もが言っていることだと思うけど、今回は唯一無二のチャレンジだからね。リハビリの順調さについては各自が自由に発言していると思うが、たしかに驚異的な回復ぶりだよ」

プライアーもマクダニエルが指摘した、大谷が打者として試合に出続けているからこそリハビリがはかどっている、という見方に同調した。プライアーはこう分析した。

「おそらく彼にとってもいったん問題を切り離す、細かく切り分けて打者として試合に出続けるというのは好影響をもたらしているのだろうね。普通、ピッチャーという生き物は、同じ痛みにずっと囚われているんだ。肘が痛い、張っている、今日の状態はどうなんだ、とそればかりに考えが支配されてしまう。その点、打てる大谷は試合でそんな悩みからいったん自由になって、リラックスできる部分は確実にあると思う。彼は到底信じられない偉業をやり続けている。だが、偉業達成のためにすべてを捧げて集中して、自身をポジティブな精神状態にできているからこそ、そういうことも可能なのだろうね」

大谷本人は、2024年終わりまでに投手復帰する案を完全否定することはなかった。

一方で、2024年に試合登板するかどうかについて、「いっさいの会話はないです」としたが、レギュラーシーズン終了後に、「リハビリ全体の進捗について話し合う予定です」と明かした。

自身の感覚ではプレーオフ中のどこかで、肉体的に登板できる状態に仕上がる可能性はあるのかと聞かれ、大谷は微笑を浮かべながら日本語で答えた。

「わかりません」

彼が明かしたミーティングは、シーズン閉幕直後、ドジャースがポストシーズン入りする準備中に行われた。ここでの議題は、大谷がポストシーズンに登板できるかどうかではなかった。フリードマンが強調したように、ここで討議されたのは、大谷が2025年に実戦登板するためのスケジュール調整だった。こうフリードマンは明言した。

「このミーティングの目的は、リハビリ進捗の確認と、来年登板するために今後どうするかを話し合うことだった。われわれはもともと、2025年の実戦復帰の登板を目指していたからね。ドジャースでの現況を見ると、現時点（9月末）で彼はブルペン投球をしているわけだが、これは普通なら1月にやっていることだ。いってみれば、ショウヘイの回復ぶりは1月末（開幕に向けた調整）ということになる。今は10月なのだから、スプリングトレーニングでやるような実戦的な打撃練習で登板するのは現実的ではないよ。ここで問題になるのは、来年に向けた完全オフに入る前の10月に何をして、11月に何をすれば来年の登板につながるのかということだ。この点については、今年のスプリングトレーニングの時期から話し合いは進めていた。今回のミーティングにおける最重要議題は、どうすれば2025年の復帰登板に向けたリハビリを順調に進めつつ、2024年のポストシーズンで重要な役割を果たしてもらわないといけないから、そちらの負荷を軽くすることができるかだった。たとえばだけど、現在進行中のリハビリをいったん中止して、11月にやるとしよう。その場合は、来年の開幕に間に合うだけの時間が残されているのか、それとも復帰が遅れてしまうのか。いってみれば、こういう話をつめていたということだよ」

球団役員、ニール・エラトラッシュ博士も含めた医療担当者、大谷本人と代理人も交えたこの会議は、大谷がポストシーズン中は投球プログラムを緩めるという結論に落ち着いた。

試合前にキャッチボールはする、だがそれも断続的にということになった。打者との対戦はシーズン後まで延期することになった。会合後に大谷本人が口を開いた。

「投手としてのリハビリはもちろん続けていきますが、(10月の)試合はより重要なものですから、そこに悪影響が出ないようにするということです。毎日、試合に向けて準備してフレッシュな状態で臨めることが最優先ですから」

今までの大谷の足跡を振り返ると、それが普通になってしまっているが、これもまた前例がない未知の領域だった。フリードマンはこう明かした。

「この件に関しては明確な答えがないんだよ。だから、問題となるのはどれがいちばん確実な道なのか、本人の体の状態と感覚を見ながら進捗を探るしかないんだよ」

結局ドジャースは、大谷がワールドシリーズ最中に左肩を亜脱臼したことにより、本件に関する明確な答えを出すことになった。つまり来シーズン開幕の時点では、投手として起用することはないということだ。

大谷はヤンキースとのワールドシリーズ第2戦でスライディングした際に、投げるほうではない肩を亜脱臼した。

その後も、彼はシリーズ終了まで残り試合すべてに強行出場したが、優勝の数日後に断裂した肩の関節唇を修復するため、関節鏡を入れた手術を受けることになった。

この手術自体は2025年の投手復帰に大きな影響をおよぼさないとされているが、必然的にリハビリの予定は少しずつ後ろ倒しになり、大谷の投手復活は遅くなるとみられている。

2025年の投手復帰が開幕に間に合わないことが確定的となると、母国に落胆を引き起こすことになりそうだ。

二刀流復帰への試考錯誤

ドジャースは2025年3月19日と20日に、シカゴ・カブスとの開幕2連戦を、相手に東京ドームで試合することになっている。当然、日本人ファンが熱望するのは、この2試合に大谷翔平と山本由伸が先発登板することだ。ドジャースのブランドン・ゴメスGMは念を押した。

「われわれとしては、ショウヘイが健康体でいられるように注意事項を1つひとつ確認して、チェックをいれていかないといけないんだ。それで1つでも欠けている項目があれば、それを賢明かつ整然とした手法で潰していかなければならない」

ほかにも、2025年に大谷が二刀流を再開するにあたり、「賢明かつ整然とした手法」がドジャースに求められる問題点がある。

1つ目に、いかにしてドジャースは、この2年間に負傷者続出でガタガタとなった先発ローテーションに大谷を組み込んでいくのか、ということだ。

大谷と山本は、ともに先発登板の間に少なくとも5日間の休養を与えられる予定だ（本来は中4日が通常の休養期間だ）。ということは、先発投手6人体制でまわしていくことが必要になりそうだ。実際に、大谷が投手として登板していたエンゼルスはそうしていた。

2024シーズンが終幕し、ドジャースには2025年にケガからの復帰を期待されている投手が何人も控えている。

タイラー・グラスノー、トニー・ゴンソリン、クレイトン・カーショー、ダスティン・メイに加え、若手有望株のエメット・シーハン、リバー・ライアン、カイル・ハートがそうだ。新人の年に大車輪の活躍を見せたギャビン・ストーンは10月に肩の手術を受け、2026年まで復帰は絶望視されている。ウォーカー・ビューラーはフリーエージェントになる。

「まだわからないな」

フリードマンは、大谷を加えたドジャースの先発投手ローテーションはどのような体制になるのかと問われ、率直に答えた。

「われわれとしても、大まかな計画は立てている。そこから微調整を加えて、評価して、（先発したあとに）どのように回復していくのかを見定めて決めていくことになる。今の時点で会議室に座って考えても、わからないことはわからないのだから、知ったふりをするつもりもないよ。できるだけ柔軟に考えられるようにしておいて、今後、さらに多くの情報やデータが集まったらだんだんかたちが見えてくるようになると思うよ」

ドジャースとしては、２０２５年に投手としての大谷が加わることにより、「投手陣に深みが出てくるのを期待している」とゴメスＧＭが明言しつつ、こう強調した。

「彼には通常の休息期間と登板を行ってもらうことは期待していない。そのほうが長い目で見れば活躍の期間が伸びるはずだ。シーズンに入り、われわれはじっくり腰を据えて今後の進め方をどうするか話し合った。彼に年間２２０イニングを投げてもらおうとは思っていない（大谷の最多記録は２０２２年の１６６イニングだ）。今はどうすれば彼の能力を最大限に引き出せるのか、徹底的に検討をしている段階だよ」

２０２５年に大谷を二刀流選手として起用できれば「多くの利点」が生まれてくる、とフリードマンは付言した。

「投手陣は13人体制なわけだ。それに加えてショウヘイだぞ。しかも、数年前にルール変更があっただろ。先発投手から降板したあとも、彼は指名打者として試合に出られるんだ。こういう変更は本当にありがたい」

大谷が２０２５年に投手として復帰するとなれば、当然、登板することが打者としてのパフォーマンスにどう影響するのかが気になるところだ。

２０２４年の歴史的偉業を見るにつけ、指名打者として打撃のみに集中すれば、大谷が打者として最大限の力を発揮できることが明らかになっている。しかも、走者としても超一流というおまけといえないほど大きいおまけつきだ。

フリードマンは、2025年に大谷が二刀流選手としての活動を再開したら、打撃成績にどのような影響が出るかについて問われ、こう答えている。

「それは、わからないな。現時点の私には何も断言できない。何もかも前代未聞の事態が続いているわけだからね」

ドジャースのロバート・バンスコヨク打撃コーチは、同じ問いに対して3ワードで回答した。

「I don't know（私にはわからないよ）」

2025年に二刀流選手として復帰したら、大谷の打撃成績にどのような影響をおよぼすことになるのかという、いつもの問いに対する答えだ。

「明らかなのは、まだ私はその状態を見たことがないんだ。彼が投手として投げる様子をまだきちんと見ていないし、それがほかのもろもろにどのような影響をおよぼすかも、当然まだ見ていないわけだ」

バンスコヨクが率直に答えた。

「ショウは、あらゆる事象を細かく切り分ける能力に長けている。けれど、それ以上のことを今語るのは難しい。打撃には必ず波がある。ひょっとしたら、今年よりさらにすごい成績を出すかもしれないし、そうではないかもしれない。とにかく計測不可能な存在なんだよ」

ブランドン・マクダニエルの理論で、大谷の投手としてのリハビリは、試合で打者として出場しているからこそ順調に進んでいるというのがあるが、ドジャースのアシスタント打撃コーチであるアーロン・ベイツも、大谷が打者として試合に出ているからこそ投手としての恩恵も受けていると考えている。

「私にも自分なりの理論がある。正直、完全に正しいのかどうかわからないが、来年には正しいかどうか証明されるだろう。仮にショウヘイが来年いっさい投手としての活動をやめたとしよう。そうなればおそらく、打者としての破壊力は少しずつ落ちていくと私は思う。なぜなら、投手としてのワークアウトは打者としての彼に大きな力をもたらしているからだ。メンタル面でも大きく寄与していると思うよ。今年の彼は打撃一本に絞ってエリートの次元に達したわけだ。そこで投手としてのリハビリを続けていたことはどういう役割を果たしたか。1つ目に、単純に打撃からいったん離れる休息の役割を果たしていた。そして2つ目に、メジャーリーグ一線級の投手を見れば、どれほど強靱な下半身を備えているかわかるだろう。この強靱な下半身から生み出される力が、ショウヘイのスイングに寄与している側面は絶対にあると思うよ。そんなショウヘイが突然、投手としての活動をいっさいやめたとしたら、今まで投手として積んでいたワークアウトを続けるのだろうか。というのも、あの下半身の強さは衝撃的なものだからね。あの強靱な下半身は投手として必要だから身についたものだと思う。数字だけを追えば、いいシーズンも悪いシーズンも必ずある。でも、今後も彼は打者としてもっと上を目指し続けると思う。だがあの強靱さがなくなったとしたら、打撃には悪い方向に響くだろうね」

驚くべきことにベイツによると、大谷は2024年に入るに際して、打者としてのルーティーンを変えるつもりはないと言ってきたという。ブルペンに行く必要がないため余計に時間ができたはずなのだが、その時間を打者としての練習などに加えることはなかったというのだ。

「ショウヘイは同じルーティーンを守ると自ら宣言していたし、投手として登板しつつ打つときと同じような時間の使い方をしているね。今は投手として時間を使う必要がないからといって、打撃に関して何か余計なことをしているというわけではないんだ。だから、来年もスムーズに投手として復帰できると思う。肉体的に、今年よりは少し疲れるかもしれないけど。でも同時に、来年は投手としても調整するからね。だから打撃成績がそれで大きく落ちるとかは心配していないよ。強いていえば、盗塁が減るくらいじゃないかな」

これはドジャースのスタッフチームの共通認識である。大谷は２０２４年に59盗塁を記録して衝撃の史上初の50－50を達成したが、２０２５年はそれほど積極的に盗塁を試みることはないだろう。フレディ・フリーマンはこう話した。

「ヤツに限っては何をやらかしてもオレはいっさい驚かないよ。ほかの選手とは次元が違うから。二刀流に戻ったせいで数字がどれくらい落ちるかなんて、今のオレにわかるはずがないよ。仮に今年の成績から多少落ちたとしても、まだリーグ最高の選手のままなんだぞ。それを成績不振という言葉で表すこと自体が間違いだよ。毎年状況も違うわけだし。われわれ打者は、誰でも打率・３２０とか、・３１５とか、・３３０とか打ちたいと思っている。それでも選手生活の間には絶対に波もあるし不調もあるんだ。それでも選手生活は続いていく。そして持てるものすべてを発揮しようと力を尽くすだけさ」

　ドジャースのベテラン投手、クレイトン・カーショーは、大谷が２０２５年に投手として復活することを「ワクワクしている」と言う。

「つねづね、いい投手だとは思っていたよ。オレだけではなくチーム全体が願っているのは、投手を再開するからといって、攻撃面の破壊力がなくならないでほしいということだよ。とはいえ、多少は打撃成績も落ちると思うけどね」

　ロバーツ監督の見解としては、大谷は「極度に打撃のみに集中した」からこそ、２０２４年の圧倒的な数字が出せた。逆にいえば、この集中力さえ維持できれば、２０２５年に二刀流に戻っても高い次元での活躍が期待できるのだという。

「もっといい打者になりたいとつねに貪欲で、あとはストライクゾーンの管理だけなんだ。来年どこまでいくかな。同じマインドセットで、投手としてもやっていけるとしたら、今さら言うまでもないが、一世一代の名選手ということになるよ」

　大谷も同じような目論見を立てているようだ。投手に復帰したからといって、せっかく２０２４年に打者としてつかんだ手応えや技術向上分は手放したくないということだ。

　大谷自身もこう語った。

「今年は運動量が少ないですから、回復しやすかったというのは疑問の余地がないと思います。加えて、毎年技術は高まっているわけで、僕はまだ打者として成長が続いていると思います」

　打撃コーチのロバート・バンスコヨクは、大谷が二刀流に復帰することにより、打撃面でどのようなインパクトがあるか現実的な見解を示してくれた。

「誰もと同じように、私も試合で勝ちたいし、ショウヘイが投手として登板すれば、リーグ有数の名投手なわけだ。だから、われわれが試合に勝つことがいちばんなんだ。彼の打撃がどうなろうと、そのときはわれわれ全員で対処すればいいだけだ。だが、投手として登板してくれれば、われわれチームにとってはメリットしかないと思うよ」

大谷のキャリアはすでに唯一無二の軌道を辿っており、今後、二刀流選手としてどうなっていくのかは誰にもわかるはずがない、とブランドン・ゴメスGMも強調する。

「ショウヘイが10年間連続で50－50をできるのか？ そんなバカな賭けは、相手がカーショーだろうとショウヘイだろうとする気はない。ショウヘイが打者としてやってくれていること、それだけで球団にとっては貴重なんだ。そこに投手としての側面が加わる。われわれとしては、ぜひリーグ有数の投手として存分に投げてくれることを期待しているよ」

アンドリュー・フリードマン編成本部長は、大谷がプロスポーツ史上最高額の契約をしたからといって、無理に二刀流選手を続けなければならないとか、今後10年の大部分を投手としてやってもらわなければならないといった考えを完全に否定した。

大谷がべつに7億ドルの「DH」になってもかまわないし、いつか投手を断念することになってもかまわないと、フリードマンは考えているという。

「もちろん、ショウヘイが投手として大活躍しつつ打席でも打ちまくってくれると私は確信しているよ。単純に『Xイニング投げてくれたからいい投手だ』といった見方で評価しているわけではないんだ。毎年状態は変わってくるし、そのときそのときでショウヘイは必ずできることを全力でやってくれる。今こうして座っていて、期待しているのは、とにかくできることをやってほしいというだけだよ。もしわれわれ全体で調整が必要なら、一緒に調整していけばいい。仮に投手断念の日が来たとしても、私はあの契約を結んだことを後悔することはないという確信だけはある。あと何年、二刀流を続けられるのかは私にもわからない。だが、かつては遠くから見守っていて、今はこうして毎日間近に見ているわけだけれども、私は絶対にショウヘイが挫折する方向に賭けることはないよ。今後も長くやっていく決意を固めているし、私のほうから短期間で終わるということはありえないよ」

ムーキー・ベッツとしては、単純に二刀流のチームメイトがいて間近で目撃できることが楽しみなのだと、自身のポッドキャストで明言した。

「オレはマジでワクワクしてるんだ。あいつがドジャースの投手として初登板する日は、全米が祝日になるぞ」

第8章

たった一人の50−50クラブ

SHO-TIME 3.0
THE JOURNEY TO HIS FIRST WORLD SERIES VICTORY

盗塁のための緻密な準備

大谷翔平が2024シーズン全体を通して一刀流選手となることが明らかになって以来、2025年の投手復帰に向けたリハビリは進めながらも、彼の時間・技術・肉体的資産は、打者の部分につぎ込まれることとなる。

そうすれば、あれだけのパワーとスピードを兼ね備えた男がとんでもない数字を出すであろうことはある程度、予想がついていた。

大谷は2021年、まだエンゼルス所属だった際にキャリアハイの46本塁打を放ち、自身初となるMVPに選出された。だが、同年に喫した三振は189に達し、打率は・257とそれほどでもなかった。間違いなく、この年以降の彼は打者としての成長と飛躍を遂げた。

2023年に二度目のMVPに輝いたシーズンにおいて、大谷は44本塁打のかたわら打率も・304と大きく引き上げ、三振率は2021年の29・6から23・9と大幅に減少した。当然ながらこの両年の記録は、ドジャースに集結するような強力な打撃陣の支援がないエンゼルスで達成したわけである。

「ショウは自発的に動き始めるタイプだから、周りがどうとかはあまり関係ない気がするね」

ドジャースとエンゼルスの組織的な違いについて問われ、慎重に自身の見解を述べたのは打撃コーチのロバート・バンスコヨクだった。

「ああいう選手はどこのチームにいても打っていると思う。もちろん、今後も長い付き合いをしていくわけだから、ところどころ助言をすることはあると思うよ。『今のお前さんはこうなってるぞ。こうすればもっとよくなるんじゃないか』くらいは言うと思うし、こういうやりとりをちょくちょく続けていけば、コーチとしてもやりやすくなるんじゃないかな」

大谷は4月終わりの時点ですでに7本塁打を放っており、5月にはさらに7本を量産した。6月には先頭打者となってさらに活躍が加速し、オールスターの休みまでに29本塁打を叩き出していた。

大谷が健康体でいさえすれば、2001年にドジャースの球団史上シーズン最多本塁打を記録したショーン・グリーンの49本という記録は、完全に射程圏内に入ると目された。

大谷の長打力は誰の目にも明らかだったが、ドジャース加入後1年目でチームのメンバーたちがもう1つ驚かされたことがあるという。

「塁間を走るスピードだよ」

アシスタント打撃コーチのアーロン・ベイツが指摘した。

「あんなに足が速いとは知らなかった、もちろん素質があるのは知っていたけど。走っている様子は、まるでカモシカだね」

ドジャース一塁コーチのクレイトン・マクラフは、大谷が「俊足」で「ストライドが大きい」ことは知っていたという。だが、2024シーズンに入るまで気づかなかったのは、大谷がどれほどこの強みを試合に持ち込むことに積極的かということだった。

「もうスプリングトレーニングのときから始まっていたんだ。オフ中から多くの時間を割いてストレングス&コンディショニングコーチのトラヴィス・スミスと共同で走り方のメカニクスを修正していた。どうすれば最大限に加速できるのかと。ここがいちばん重要な点だった。つまり、『もともと脚は速いんですが、どうすれば最初の10フィートをもっと速く走りだせますかね?』みたいな感じだよ。いちばん大きな違いの出る部分だからね。どうすればもっと速く加速できるのか? 当たり前だけど、彼は巨体だから、いろいろなパーツを動かさないといけないんだ。そういった研究の結果、心地よい組み合わせみたいなものがだんだんわかってきて、スプリングトレーニングからシーズンを通して、なるほど、これなら帰塁も盗塁も両方できる、対戦投手の〝クセ〟もわかってきた、そういうことじゃないかな」

同コーチによると、大谷はそんな「相手投手のクセ」を盗む点でも非常に優れた嗅覚を備えているのだという。

「たくさんのビデオを見ているし、すごく研究しているよ」

マクラフの任務の1つに、そんな相手投手のクセを研究して見抜くことも含まれている。

「牽制と投球のクセの違いなんて、本当に微々たるものなんだ。3連戦に入る前には必ず時間をつくって相手投手のクセを研究するのだが、お互いに協力してクセをみつけて試合前には復習するよ。動画を何回も見て、『おい、この投手のクセはこれだ。見えるか?』みたいなやりとりをするわけさ。ときには投球のクセがあまりにもくっきりと出ていて、『この動きが試合中に出たら、そのまま走っていいぞ』ということもある。ときには、タイムを計っていけるかどうかを判断することもある。『どうだ、この投手と捕手の組み合わせで(送球の速度は)X秒だけど、それより速く二塁に行けるか？』とかね」

　エンゼルス時代の大谷と一緒に野球をしたことがないので、マクラフはこのようなやりとりが以前あったのか、それとも2024年から始まった独自の試みなのかはよくわからない。だが、いくつか確かなこともある。

　2023年の規則変更により盗塁が激増した。塁の大きさそのものが拡大化されて、投手の牽制球が1打者につき2球までに制限された。これにより2023年の総盗塁数は1987年以降で最多となった。

　それに加えて、大谷が2024年に一刀流選手として試合出場することになり、攻撃のみに専念することで盗塁も増えるだろうという期待はたしかにあったとマクラフが語った。

「彼のなかで今年は攻撃に専念するわけだから、盗塁を増やそうという意識はたしかにあったと思う。今年は登板後のリカバリーや、登板中の疲労を考えなくていいのだから、以前よりもっと走ろうという感覚はあったんじゃないかな。そういう意識づけがあいつの思考のなかで大きな部分を占めていたのではないか。具体的な数字とか目標があったのかどうかはわからないけどね。シーズン中に数多くの人たちが私に聞いてきたよ。彼はいくつ盗塁できますかね、と。私はあの男に限っては限界を決めてはいけないと思っているんだ。ただいえるのは、ショウが試合前にどれほど準備に時間と労力を割いているのかということだよ。やっていることすべてに当てはまることだけれど、彼が事前に膨大な時間を割いて研究をしていることだけは覚えておいてほしい」

大谷は最初の70試合で15盗塁を決めていた。だが、これは彼がまだドジャース打線の2番打者で、ムーキー・ベッツのあとを打っているため、盗塁の機会には限りがあったうえでの数字だった。

「ショウヘイが今年、これほど多くの盗塁をしようと目標を定めていたのかどうかは知らないよ。でも結果としてこうなった」

ドジャースのアシスタント打撃コーチであるアーロン・ベイツが今後の予測をした。

「今後、30盗塁までいけば『お、これならいけるじゃん。もっと後半に盗塁してやろう』となるんじゃないか。たしかに、最初から盗塁するという触れ込みではなかったよ。でも、シーズンが進むにつれて盗塁のスタートを切るようになり、今も続けているわけだ。この感じだともっともっと盗塁できると思うよ」

こうしてスタートの号砲が7月に鳴り響いた。

大谷は最初の3カ月で決めた合計盗塁数16に迫る数字を1カ月で残したのだ。14回スタートして12回盗塁を成功させた。それまでのキャリアハイだった26盗塁に、7月27日の対ヒューストン・アストロズ戦で並んだ。この時点での消化試合数はまだ103だった。

同じ試合で、彼は飛距離443フィートの本塁打を打球速度118・7マイルで叩き出し、パワーとスピードの融合をまざまざと見せつけた。

8月3日の対オークランド・アスレチックス戦では、1試合3盗塁を記録し、わずか108試合で31盗塁に達した。その前日の第33号本塁打との組み合わせで、大谷はドジャース史上わずか3人目となる30－30に到達した。マット・ケンプが2011年に、ラウル・モンデシーが1997年と1999年に達成しただけの記録である。

野球史上30－30を達成した選手は70人以上いるが、大谷は30－30の大台に到達した早さでは4番目だった。近いのは、1988年にオークランド・アスレチックス所属のホセ・カンセコが残した111試合だ。

「ショウヘイは体の使い方と脚の使い方がうまいから、（一刀流選手として）自由自在に走ることができるんだよ」

ロバーツ監督が解説する。

「ホームランを打てるのは、もともと君たち全員が知っていたことだろう。私にいわせれば、もうスプリングトレーニングの時点から、彼は40－40を視野に入れていたと思うね」

ロバーツ監督によると、スプリングトレーニング中に大谷と会談し、「たとえ打順がフレディ・フリーマンの前になったとしても、好きなだけ盗塁を狙っていいぞ」という確認はしていたと強調した。

「こういう約束事をしておくからこそ、彼のスピードがチームのためにもなるんだ。いうまでもなく、今年はピッチングのことを考えなくていいから、攻撃だけでタンクが空になっても問題ないんだ。盗塁の激増はそういう要素も大きいと思うよ」

2024年の大谷を加速させたもう1つの要素がある、とロバーツ監督は明かす。

「今ショウヘイは優勝争いの真っただ中にいるけれども、今までメジャー移籍して以来、優勝争いの経験はなかったはずなんだ」

大谷のメジャー最初の6年間は、エンゼルスが優勝争いどころかプレーオフ争いすら無縁だったことをロバーツ監督は認識していた。

「だから、彼の集中力が極限まで高まっていたとしても私にはなんの驚きもない。ありとあらゆる分野で頂点を極めようとしている男だからね」

大谷は決して40－40を目標として明言することはなく、唯一考えていることは、「いいプロセスを踏んでいくこと」だと明かした。その結果が本塁打や盗塁であってもいいというのだ。

「ほかの要素、たとえば打席で進塁打を打つとか、ボールをきちんと見極めて四球で出塁するとか、そういった点を僕は重視しています。数字の目標というのは、ありません」

出場118試合目に、大谷は2回に四球を選び出塁し、二盗と三盗をたて続けに成功させた。これによりシーズン記録は本塁打37本、35盗塁に達した。35－35に大谷より早く到達した選手は、過去1人だけ。1987年に115試合で到達したエリック・デービスだけだ。

そんな過去の大記録を塗り替え続ける大谷だったが、この時期はシーズン開幕以来、最悪の絶不調に陥っていた。

ムーキー・ベッツが先発に復帰し、彼の後ろを打つようになったが、大谷は8月に入って、最初の61打席はわずか10安打（・164）で、シーズン打率も8月11日には3割を切ってしまった。ロバーツ監督はこう答えた。

「私から見ると選球眼が本調子のときとは違っているね。ここ3週間ほど、彼の四球率は明らかに下がっている。バットを振るかどうかの判断力も、絶好調のときほどはよくないね」

ロバーツ監督は、大谷が毎日試合に出ているから疲労がたまって、この不調につながっているという見方を完全否定した。

「1晩に4回打席に立つ指名打者にとって、疲労が大きな要素になるとは思えないね。それは違うと思うよ」

ロバーツ監督は、大谷が毎打席であれこれ試そうとしているのが不調の要因ではないかという推測には一部同調した。歴史的記録を塗り替えるために重圧がのしかかってくるのか、それとも今までプレーオフ争いをしたことがない経験不足から戸惑っているのか。

「それは1つの可能性としてありえるだろうね」

ロバーツ監督の返答だった。大谷の不調はミルウォーキーとセントルイスでも続き、遠征中30打数5安打と奮わなかったが、大谷本人はこの不調の原因はメカニクスだと語った。

「相手投手と相対するときに、正しい姿勢でいることはものすごく重要なんです。ですが、今は少しズレが出ていると感じています。ただし、多少ズレが出ているときでも、打席で僕自身が改善できることはまだまだあると思っています」

大谷曰く、打撃の根本は単純明快な一原則に辿り着くという。「ストライクを振る」ということだ。

チームが1つになったミーティング

大谷は、8月19日にシアトル・マリナーズを迎えて始まった本拠地9連戦に入って復調の兆しを見せ始めた。マリナーズとの3試合で4安打を放ち、そのなかには1本の三塁打と2盗塁が含まれていた。これにより、シーズン累計で39本塁打、39盗塁となった。

そして8月23日の対タンパベイ・レイズ戦で、片方を大台にのせた。4回裏に内野安打で出塁して二盗を決めたのだ。大谷は次の2打席は連続で内野ゴロに倒れたが、試合は9回同点のあとに動いた。

レイズの右腕投手マヌエル・ロドリゲスは、先頭打者のウィル・スミスに死球をぶつけ、そこからトミー・エドマンに安打を許した。ミゲル・ロハスが送りバントで2人の走者を得点圏に進めた。ギャビン・ラックスは試合を決めることができなかったが、しびれを切らしたレイズのケビン・キャッシュ監督はロドリゲスに見切りをつけて、左腕のコリン・ポシェを投入。代打のマックス・マンシーと対戦させた。ポシェは制球が定まらず、マンシーに5球投じたところで四球で歩かせる結果となり、満塁で大谷と対戦する羽目になった。

対決は長くは続かなかった。ポシェは初球でストライクゾーンに甘いスライダーを投げ込むと、大谷は夜空高くにこの球を打ち放ち、落下点はホセ・シリ中堅手のグラブをわずかに超えた地点だった。ボールは、この試合のためにわざわざグラブを持参した賢い観客の手に収まりそうだったが、無情にもこの世紀の1球を取り損ね、外野フィールド上に押し戻された。

これにより、大谷は史上6人目となるシーズン40－40を達成した選手となった。サヨナラ満塁本塁打というドラマチックなこの1発は、出場126試合目に飛び出し、アルフォンソ・ソリアーノが2006年に達成したものより21試合も早い、最速の40－40達成記録となった。大谷はこう語った。

「僕のなかでも、指折りの思い出に残る瞬間ですね。今後も、もっと多くの思い出に残る場面を生み出していきたいなと思っています」

サヨナラ満塁本塁打で40－40に到達というのは、滅多にあることではない。だが、大谷は見事に実現させた。

「考えてくれよ、40－40を同じ試合で、しかもサヨナラ満塁本塁打で達成したんだぞ」

ロバーツ監督が試合、興奮を隠すこともなく語った。

「おい、こんな脚本、書こうと思っても書けないぞ。ショウヘイはいつも驚かせてくれるよ」

「M・V・P！　M・V・P!!」と合唱が響き渡るなか、大谷の次の目標である前人未到の50－50への見通しについて聞かれた。まだシーズン33試合を残しており、ロバーツ監督は十分に可能だと断言した。

「全然、いけるだろ。あの男にはまだ1カ月以上の公式戦が残されているわけだから、どんなことも可能だよ」

ダイヤモンドバックスとパドレスが3から4ゲーム差まで猛追しながらも、ドジャースは地区優勝争いでは首位を走っていた。大谷はとにかく、ナショナル・リーグ西地区優勝を第一の目標にしていると強調した。

「僕にとっていちばん大切なのは、毎試合、勝利に貢献できることですから。そして確かなのは、僕が50－50に近づけば近づくほど、僕自身がチームの勝利に貢献していることになりますから。その意味で次の大台に行ければ嬉しいですよね」

このわずか5日後、大谷はこのシーズン中、唯一であろう思い出に残る日を迎えることになった。愛犬のデコピンとともに入場したのだ。

全世界に向けて紹介され、この犬の名前はしばらく謎のままだったが、この子犬、種類でいえばコーイケルホンディエになるが、オールスターの際には茶色のスーツを着た大谷が内側にデコピンの顔をプリントしていた。シーズン後半になってからも、大谷は何度かデコピンの写真が入った服を着ていた。

8月28日、デコピンの晴れ舞台がやってきた。シーズン二度目となる大谷ボブルヘッドデーの試合前イベントで球場に姿を現したのだ。

1回目のときと同じく、イベントには大観衆が押し寄せ、試合開始の何時間も前からボブルヘッドを確実に入手しようと長蛇の列をなしていた。なお、今回のボブルヘッドは大谷とデコピンのそろい踏みだった。

「家族と一緒に球場へ来たら、何の騒ぎなのかと驚きましたよ」

大谷が試合前の狂騒について感想を述べた。

「僕は何が起こっているのかよくわかっていませんでした。てっきり、何か別の特別イベントが行われているのかと」

ついにお待ちかねの瞬間がやってきて、大谷は特別仕様のドジャース17番のユニフォームを着たデコピンを連れてピッチャーズマウンドに上がった。

大谷がプレート上にボールを置き、デコピンに〝ここに残れ〟と指示し、自らは本塁の後ろに向かった。しゃがみこんだ大谷はデコピンに、始球式をしなさいと合図を送った。すると、デコピンはボールを口にくわえて飼い主のところに直行し、ストライクを供給した。そして、ハイファイブだ。

始球式の数10分後、大谷は初打席でライト方向へ本塁打を放った。

それでも、ネット上で拡散されたのは始球式の動画のほうで、デコピンは野球史上おそらくもっともかわいらしい始球式の主役となった。

大谷によるとこの始球式のために、デコピンと3週間も練習を重ねたと明かした。

「実は、誰もいない球場での予行演習もやったんですよ。まあ、楽しい練習でしたけどね」

そう言って、きちんと始球式の大役を務め上げたデコピンに「特別なご褒美のスナック」をプレゼントするとのことだった。

シーズンも8月が終わって9月に突入するころ、ドジャースはチェイス・フィールドでの対ダイヤモンドバックス4連戦で3勝し、地区優勝争いで大きく引き離した。

この連戦の第2戦で、大谷、ムーキー・ベッツ、フレディ・フリーマンは先頭打者から3者連続本塁打の離れ業をやってのけた。ドジャースの歴史上、3打者連続本塁打は16回目だったが、試合開始と同時にというのは初めてだった。

しかし、そのあとの大谷は無安打が続いた。9月2日の先頭打者ヒットまで9打数0安打と苦しんだ。8月の月間成績は打率・235で、2024シーズンの月間成績としては最低だった。それでも本塁打は12本で、最高だった6月と同数を打って盗塁も15個を決め、十分に50－50が狙えるペースだった。

さらに特筆すべきことがあった。大谷は7月22日以来、一度も盗塁を失敗していなかった。統計専門家のサラ・ラングスによると、野球史上、1カ月で12本かそれ以上本塁打を放った選手で、1カ月のうちに盗塁を15回試みて15回とも成功した選手は1人もいないという。大谷はこの両方をやってのけたのだ。

これから彼がつくっていく未来が目の前に広がっているが、大谷は過去も振り返った。ドジャースは、アナハイムでの対エンゼルス2連戦を9月3日と4日に行った。かずかずの圧倒的な個人成績を残しながらも、チームとしてはまったくいいところがなかったエンゼルスでの6年間を大谷は振り返った。

「僕個人としては、たしかにいい結果を残せたシーズンもありましたが、ケガをしてしまい、まともに投げられなったシーズンもありました。もし僕が最大限に貢献できていたなら、チームの成績がもう少し上向いたのかなと思うときもあります」

もしもエンゼルスが2023年12月のフリーエージェント交渉で、ドジャースと同等の条件を出していたらどうしたかと問われると、大谷は肩をすくめた。

「僕は契約を提示してくれた多くのチームにただ感謝しているだけです。それがチーム側からの僕に対する評価ということですから。実際のところ、（エンゼルスからの）契約オファーはありませんでしたから、僕が受け入れたかどうかを答えることはできません。僕としては、今いるチームのためにベストを尽くす、そしてワールドシリーズ制覇という最終目標に向かってベストを尽くすだけです。僕としては、それでいいんです」

たんに「それでいい」という次元ではなく、大谷は9月に有意義な試合を戦えることに明らかに喜びを感じている様子だった。

「個人的には、この時期にこの位置にいて優勝を争えるのは初めてですし、対戦相手にもプレーオフ進出の可能性があるわけですからね。ですから、僕個人としてはものすごく興奮していますよ」

ロバーツ監督は、このアナハイムでの連戦が、大谷のキャリアにおける1つの時代の「しめくくり」になり、そしてドジャースのような優勝争いの常連に加わった決断の正しさを再確認する場になるのではないかと語った。

「これは誰にとっても特別な瞬間になると思うよ。ショウヘイ個人についていえば、ここで今回プレーすることによって、アナハイムで過ごした素晴らしい日々のしめくくりになるだろうね。そして、ここのファンも彼がもたらした長年の功績に感謝を示せる絶好の機会になるだろうね。ショウヘイにとっても、いい区切りになるのではないかな。だけど、今はドジャースに加わって優勝争いの真っただ中にいることで興奮しているのも間違いないよ」

球団史上最悪の成績（63勝99敗）へまっしぐらのなか、エンゼルスはこの対ドジャース戦2試合とも満員御礼にすることができた（もちろん、多くのドジャースファンのおかげだが）。

前回のエンゼルスは、大谷が公式戦シーズン前にフェンウェイ・パークで試合をしたときの映像を流し功績を称えた。今回はシーズン終盤の大詰めということもあり、映像はなかったが、代わりに初打席に立った際に、エンゼルス時代に達成したかずかずの偉業をスコアボードに掲示した。別のスコアボードには、各打者についての「ミニ知識」が並べられていた。大谷については、「ここで働いたことがあった」と記されており、多少笑おうと思えば笑えるが、古巣のファンにとっては笑えない一文だった。

試合後、大谷はアナハイムに戻ってきてくれという大合唱について、「僕にとっては特別なものですよ」と語った。しかし、あくまでも目の前の勝利に集中している様子だった。1試合目の夜には3回にタイムリー三塁打を放ち、10回には敬遠で出塁した。そしてムーキー・ベッツが3ラン本塁打で決めた。ベッツは試合後にこう話した。

「ほら、あいつらはショウを歩かせてオレと勝負しにきただろ。『そうかわかった、やってやるよ』みたいな感じだったさ」

エンゼルスは翌晩に勝って見事やり返し、ドジャースを不調に追い込んだ。これ以降、ドジャースは9試合のうち6試合を落とすことになり、そのなかにはアトランタでの4連戦中最初の2連敗も含まれ、ナショナル・リーグ西地区首位が危うくなるところだった。

アトランタでの初戦、本来なら右腕のタイラー・グラスノーが先発してこれで本調子を取り戻し、ポストシーズンの先発ローテーション入りを確実にしてもらいたいところだった。

だが、彼はトゥルイスト・パークのマウンドに姿を現すことさえなかった。ブルペンでウォーミングアップ投球をしていたところ、グラスノーは肘に激痛が走った。ＭＲＩ検査の結果、肘の捻挫が明らかになり、翌日には グラスノーは２０２４年の登板が不可能となった。この翌日、彼のロッカーは空になっていた。残念ながら戻ってくることはなかった。

ドジャース関係者の多くにとって、今シーズンあまりにも多い負傷や落胆のなかでも彼の故障離脱は最後の一撃ともいえる衝撃だった。この４連戦の３試合目を前にして、ロバーツ監督はチーム全員を集めて檄を飛ばした。

「われわれは、これくらいで挫ける集団ではないはずだ」

ロバーツ監督がカツを入れた。そして、今でもナショナル・リーグの上位にいるし、プレーオフにも進出できるし、世界一になれるだけの逸材がまだ残っているのだと強調した。

「それが、いってみれば監督のメッセージだったよ」

アンドリュー・フリードマンがのちに明かした。

「いいかお前ら、われわれは誰がケガをしたかにばかり目がいっているけれども、一呼吸ついて、この部屋に集まる顔ぶれを見回してみろ。残っている顔ぶれに目を向けるんだ」

この瞬間こそ「シーズンの流れを一変させた」ものだった、とマックス・マンシーはのちに振り返った。

「チーム内部からというよりも、外部からの声が多かった気がするな。ケガ人が多すぎる、あまりに多くのピッチャーがいなくなったと、みんなパニックになっていたよな」

テオスカー・ヘルナンデスが振り返る。

「あのときが、チーム全体としていちばん落ち込んでいたと思う。そして、1回のミーティングですべてが変わったんだ。われわれにはまだ潜在能力が残っている。素晴らしい選手たちがそろっている。オレたちは今いるメンバーだけでもすごいことができるんだと。あの1回のミーティングで再び全員が顔を上げて、最後の最後まで勝ち残ると決意を新たにしたんだ」

その晩、ドジャースは勝ちきった。そこから13試合中10試合で勝利する。2つの勝利はパドレスとの3連戦で、このおかげで地区優勝争いで大きくリードすることに成功し、最高の結果でシーズンを締めくくることができた。

しかし、つくられるべき歴史がまだ残っていた。

「私が見るに、ショウヘイは史上最高の選手を目指しているのだと思うね」

ロバーツ監督が、史上初の50－50に向けて快進撃を続ける大谷を評して語った。

「ああいう大台を目指し始めると、本当に辿り着けるものなんだよ」

アトランタを離れ、ドジャースはマイアミ入りし、低調なマーリンズとの3連戦に臨んだ。初戦で大谷はシーズン48号を放ったが、3つの三振も同時に喫し、歴史的な大台を本人も意識し、少し固くなっているようにも見えた。大谷はこう答えた。

「プレッシャーではないです。ただ状況がどうであれ、いい打球を打とうと心がけているだけです。シーズン通してずっと同じなんですけどね」

48号本塁打により、彼はドジャース史上最高のショーン・グリーンの記録にあと1本と迫ったことになる。さらに、大谷は今まで誰一人手が届かなかった大台にあと2と迫った。48本塁打と合わせ、大谷はすでに史上誰一人として達成していない本塁打と盗塁の大台に達していた。

「あいつがプレッシャーを感じているとは思えないな。そんな次元はとっくに超えているよ」

ロバーツ監督はこう考察した。

「私が見る限り、自然体そのものだよ。ただ目の前にある大台を超えていきたいという思いだけだと思う。それから、まだチームとして優勝争いをしているから、そこに貢献したいというのが彼の考えだと思うよ」

マーリンズとの第2戦は、大谷が勝利に大きく貢献することはなかった。5打数1安打で1盗塁は決めてシーズン49盗塁となった。

スターがスターたる所以

歴史的瞬間が目の前にやってくると、大谷は一気につかみ取った。

第3戦、大谷は初回先頭打者としてマーリンズの先発投手エドワード・カブレラが2－2から投じたチェンジアップを捉え、打球速度114・6マイルで右中間に飛ばし二塁打とした。

これはこの試合で最速の打球であり、この試合で大谷が105マイル以上の打球速度を出した5本のうちの1本目となった。

ムーキー・ベッツが小フライでアウトになり、フレディ・フリーマンが四球を選んだ。ウィル・スミスの打席で、大谷とフリーマンはダブルスチールをしかけ、大谷は三塁の外野側を狙ってすべり込み、ニック・フォーテス捕手の送球をかいくぐった。

これが、シーズン50個目の盗塁となった。

この1イニング後に、大谷は2アウト一回二塁で打席に立ち、再びカブレラのチェンジアップを捉えた。この打球はライトに飛びタイムリーヒットとなった。打球速度は97・1マイルで、この日の打球のなかではいちばん緩やかなものだった。ベッツの打席で、大谷は二盗をしかけシーズン51個目の盗塁を決めた。

3回目の大谷の打席のときには、もうカブレラはマウンドにいなかった。クリス・テイラーがドジャースの3イニング目に、5点目を叩き出し、大谷の打席は2アウト走者一・三塁の場面でまわってきた。

マーリンズの救援投手アンソニー・ベネチアーノは、大谷に対してフルカウントに持ち込み、そこから高めの速球を投じた。大谷のバットはこの1球を捉え、105・1マイルで左中間にはじき返した。

打球はフェンスに当たって跳ね返り、2点タイムリーツーベースとなったが、大谷はそれに飽き足らず、三塁打にしようとした。だが、カイル・ストワーズ中堅手からゼイビア・エドワーズ遊撃手、そしてコナー・ノルビー三塁手の中継リレーにより、三塁でアウトとなった。

「4打席でサイクルヒット達成するところだったのにな」

ドジャースのミゲル・ロハス遊撃手が試合後に悔しがった。

「もしも中継の選手の送球がほんの少しでもずれていたら三塁打になって、ショウヘイは４打席でサイクルヒット達成だったのに惜しかったよ」

結局この日の大谷は、自身二度目となるサイクルヒット達成（一度目は２０１９年）にはならなかった。というのも、残りの打席はすべて本塁打だったからだ。

残り3打席で、３人の違う投手と対戦し、３本の本塁打を放ったのだ。

6回に、マーリンズの救援投手ジョージ・ソリアーノが新たな被害者となった。１ストライクからのスライダーをプレート上に投じると、大谷は打球速度１１１・２マイルで右中間４３8フィート地点まで2ランを放った。これが大谷の49号だった。

試合はもはや笑うしかないほどの展開になり、この１イニング後に大谷は再び打席に立って、救援投手のマイケル・バウマンと対戦した。史上初の措置として、試合管理人は主審のダン・イアッソーナに合図を送り、特別なマークをつけたボールをこの場面で使わせることにした。もし大谷が本塁打をここで打ったら、ＭＬＢ機構としてこの打球をつかんだラッキーなファンを公式認定しようという配慮だった。

ムーキー・ベッツは、50号本塁打を前にした大谷に対して、ドジャースのチームメイトは話しかけるのを避けたのかと質問を受けた。野球界にはかずかずの迷信が残っているからだ。

たとえば、ノーヒッター進行中の投手には、ダグアウト内で絶対に話しかけずに１人にしておくという伝統がある。変なことを話して、台無しにしてはいけないからだ。しかし、ベッツはこう即答した。

「ないよ。あそこまでの大選手にジンクスもクソもないよ」

だが、敬遠で歩かせることは可能だった。走者二・三塁でマーリンズはすでに3－11と大差をつけられており、マーリンズのスキップ・シューメーカー監督が、大谷に向けて一塁へと腕を振れば敬遠で歴史的対決を避けることはできた。

テレビ中継を見ると、カメラはシューメーカー監督が側近コーチ一同と何事か話している様子を捉えていた。

「クソくらえ！」

ド素人の読唇術でも、シューメーカー監督がそう言い放ったのがわかった。

「これだけの偉業を成し遂げようとしている男に、そんな無礼があるか」

このやりとりは、反対側にあるドジャースのダグアウトにいる面々も注視していた。

「オレらの大部分があっちのダグアウトを凝視していて、何人ものコーチがスキップに『ここは歩かせましょう』と言っている感じがわかったよ」

マックス・マンシー三塁手はこう明かした。

「実際に細かいところまではわからないけど、そんなやりとりだっただろうというのは容易に想像がつくよ。それでスキップが『そんなのはいかん』と言い返した感じだった。だから、あそこで打たせてくれたスキップには脱帽、敬礼、感謝だな」

試合後、シューメーカー監督は、大谷との勝負を選択した決断について問われ、その際の返答によりさらに名声を高めることになった。

「敬遠なんて、そんなのは悪手だ。野球的にも運命的にも、野球の神様たちに対しても申し訳ない。結果がどうあれ、勝負して打ち取ることを目指すべきなんだ」

シューメーカー監督はこう切り返した。

「私はこのゲームに対する敬意を表する意味も込めて、彼との真っ向勝負を選択した。結果は本塁打だった。これも勝負の一側面だ。そして、あちらにとってはシーズン50本目の記念碑だった。今日は、野球全体にとって素晴らしい1日だった。そして、マーリンズにとっては悪い日だったということだよ」

大谷はバウマンが投じた最初の2球を連続でファウルし、カウントは2ストライクと追い込まれた。その次のカーブは地面についた。

バウマンの次の1球は再びカーブだったが、決して出来がいいカーブではなかった。大谷はこの1球を捉えて左中間に運んでシーズン50号とし、ベースを1周する前に、お祭り騒ぎになっているドジャースの仲間たちがいるダグアウトに目をやった。

「嬉しいですし、安心しましたし、これまで野球を続けてきた先達すべてに敬意を表したいと思っています」

大谷は試合後に通訳を通じてそう語った。

「正直に言わせてもらうと、僕としては少しでも早く達成したかったです。だって、毎回、僕が打席に立つたびにボールを変えないといけないじゃないですか。なので、だからこそ僕としては早めに達成してしまいたかったです」

だが、まだ話はここで終わっていなかった。シーズン最高の1試合20得点に向けて、ドジャースは9回にさらに6点を追加した。マーリンズは投手温存の意味もあり、2人の野手を敗戦処理投手として登板させた。大谷はこのうちの1人目、ビダル・ブルハーンから3ラン本塁打を放った。彼は普段はユーティリティプレーヤーとして出場しているが、投手としてはこれがシーズン2試合目の登板だった。

大谷の歴史的な夜にさらなる感嘆符をつけた。この1発はブルハーンから投じられた68・3マイルの球を、大谷が113・6マイルではじき返し、440フィートさきのスタンドに飛ばして生まれた。

「オレから見ると、今日のあいつは気分が乗っていて、感覚的に『お、これなら今日はいけるぞ』っていう感じだったんじゃないかな」

ベッツが50−50の大台に乗せた大谷について語った。

「本当なら、本塁打4本だって今日のあいつなら打てたはずだよ。もはや、絶句だね」

それ以外の大谷のチームメイトたちは、必ずしも言葉を失っていたわけではなかった。祝福の言葉が試合後のロッカールームでも続き、ドジャースは大谷の歴史的偉業とチームのポストシーズン進出確定を同時に祝うことになった。

ロバーツ監督は試合後、シャンパンを開けてチームにふるまい、両方の業績を大いに祝福して乾杯した。

「このベースボールという競技は200年以上続いているが、ショウヘイは今まで誰一人としてやったことのない大偉業を成し遂げてくれた」

ロバーツ監督が大絶賛した。

大谷はもう1つ、前人未踏をやってのけたことになる。この試合に入るにあたり、彼はMLBで一度もポストシーズン進出がないまま865試合公式戦に出場したことになる。これは現役選手のなかで最長の記録だった。ある意味不名誉な記録に、この瞬間、終止符が打たれた。

キャリアハイとなる1試合6安打（内訳：単打1本、二塁打2本、3本塁打）、チーム史上最高の10打点、2盗塁を記録し、彼はMLB史上初となる6安打、3本塁打、10打点、2盗塁を1試合でやってのけた男となった。

「今シーズン全体を振り返っても、今日は攻撃に関しては最高の1試合だったね」

マンシーはそう感想を述べた。

「今日のショウヘイを見てみろ。6安打、10打点、3本塁打だと？　しかも、盗塁も2つか3つ決めてたよな？　なんなんだそれは？」

ギャビン・ラックスも「野球史上最高の試合」という一句にさらに付け加えた。

「もうわけがわからないよ。それ以外、表現のしようがないだろ。どう言えばいいんだ？　もう笑うしかないよ。こんなことをやったヤツは、リトルリーグですら見たことがない」

50－50達成の試合は、マイアミのローンデポ・パークで行われたわけだが、この球場は2023年のWBCの決勝で、大谷が最終回に登板して日本代表に優勝をもたらした球場でもあった。もちろん、大谷がそれを忘れているはずはなかった。こう感慨深そうに話した。

「今までの選手生活で、いちばん思い出に残る場所がここですよね。ここの球場は、間違いなく僕のいちばん好きな球場の１つになりました」

オプタスタッツによると、打点が公式記録に加わった１９２０年以来、１試合で10打点かそれ以上を叩き出した、６安打かそれ以上打った、５本以上の長打を放った、３本以上の本塁打を放ち２つ以上盗塁したＭＬＢ選手は一人だけだった。

大谷はそれらを一晩でまとめてやりとげた。

ロバーツ監督は、ローンデポ・パークのビジター側にある小さな監督室に押し寄せた報道陣に上機嫌で応じた。

「お見事だった。野球には長い歴史があるが、ショウヘイは今まで誰一人やったことがない偉業を成し遂げたわけだ。唯一無二の一言に尽きるよ」

統計専門家のサラ・ラングスは、あらためて大谷の業績を列挙した。

〈史上初の１試合３本塁打の固め打ちをしたのと同時に、複数の盗塁を同じ試合で決めた〉

〈１９０１年以降で初となる１試合で少なくとも５安打を放ち、かつ複数の本塁打と複数の盗塁を記録した〉

〈１試合10打点を記録した選手としては16人目だが、先頭打者としては初である。以前この記録を達成した15人の選手は、誰一人として盗塁を同じ試合で記録していない〉

〈大谷が２０２４年公式戦で同試合に本塁打と盗塁を記録したのは13回目で、これはリッキ

ー・ヘンダーソンが1986年に記録した13回と並んだ〉

ミゲル・ロハスはこう話す。

「われわれは全員、歴史を生で目撃したということだ」

試合後のMLBネットワークによるインタビューで、50－50の記念球を取り戻せたかと問われ、大谷は英語で即答した。

「Not yet（まだですね）」

今後も数多くの記念球について、彼はこの二言で答え続けるに違いない。

大谷の50号本塁打記念球は、すぐさま球場外に出た。ボールの所有権に関する法的紛争がその後、2人のファンの間で数週間にわたって続いた。2人ともローンデポ・パークの外野席でボールを自分のものにしたと言い張ってきかなかったのだ。

似たような法的紛争は、バリー・ボンズの新記録となる2001年の73号本塁打でもあった。結局、この紛争は古代ソロモン王式に解決された。判事は2人の男性に対して、このボールを競りに出して収益を折半するよう命じ、最終的に45万ドルでオークションで落札された。

大谷の50－50記念球も同じ命運を辿ることになった。

ワールドシリーズが開幕しようとしていた10月下旬に、大谷の50－50ボールはオークションで439万2000ドル（約6億6000万円）の値段がつき、オークションハウスと所有権を訴える関係者全員の間で合意がついた。オークション価格は法的決着がつくまで据え置きということになった。

これはスポーツ記念品につけられた価格としては最高記録であり、1998年のマーク・マグワイアの70号に支払われた300万ドルを超え、大谷の比類ない人気により数多くの利益を生み出す事例（書籍を含む）の1つとなった。

そのなかでも、もっとも大きな利益を享受したのは、やはりドジャースだった。ドジャースの強力なブランドと大谷の圧倒的ブランドの〝結婚〟は、1年目にして大成功という結果が出た。

「君たちが『期待どおりでしたか？』と私に聞くならば、答えはNoだ。そんなものではなかったよ。あまりにも期待以上の効果だよ」

チームCEOのスタン・カステンの返答だ。彼の声量は「あまりにも」の部分で大きくなり、自らの腕をドジャースタジアムの上に広がる空に伸ばしながら、そう答えた。

「われわれが想定していたあらゆる事態とか数値を超えているよ。圧倒的にね」

これまでにもNBA、NHL（ナショナルホッケーリーグ）、プロ女子ホッケーに加え、数十年単位でMLBの経営にも携わってきたカステンが、「前代未聞だよ」と、1人のフリーエージェント選手がもたらしたマーケティングおよび販売実績に呆然とするほどだった。

「ほとんどの選手は、自分で針すら動かすことがないんだ。とくに野球はね」

カステンが解説する。

「バスケットボールだと、そこも重要な要素になる。たとえば、レブロン（ジェームズ）と契約する。シャック（シャキール・オニール）と契約する。あるいはコービー（ブライアント）

と契約するだろ。すると、チームの財政にも大きく影響を与えたうえに、試合での成績も大きく変わるわけだ。そういうのは野球にはない。そこまでの影響力がある野球選手は存在しない。そういう意味で、売り上げまで伸ばせるヤツはいないんだよ。いいかい、われわれは以前からスポーツ界最高のビジネスモデルをもって運営していたんだ。これ以上どこまで伸ばせるか？その結果は、われわれの想定をはるかに超えるものだった」

ドジャースは2024年公式戦で総計400万人弱を動員したわけだが、グッゲンハイム・グループが買収した2012年以来最高の数字だった。

「これ以上、どこを改善するというんだ。だが、そこにオオタニが現れて道を示してくれた。ノーショーがかつてなく激減したんだよ」

カステンが胸を張った。チケット転売市場でも、ドジャースの試合の需要は高まるばかりだった。大谷効果は対戦相手にも波及し、遠征に出るたびに相手チームはドジャース、そして大谷がやってくるぞ、とマーケティングを展開した。

「今、リーグ全体で何が起こっているかというと、他球団はドジャースタジアムに入りきれなかった日本企業スポンサーに売り込みをかけているんだよ」

ドジャースのチーフマーケティングオフィサーであるロン・ローゼンが明かす。

「だから、ショウヘイが打席に立つたびに日本企業のロゴが見えるだろ」

「実は、われわれもショウヘイがまだエンゼルスにいたころ（ドジャースタジアムで）同じことをしていたんだ。日本の広告代理店がドジャースタジアムの広告枠を売っていたんだよ」

ドジャースタジアムでも、チームストアの売り上げは大谷が試合に出るたびに跳ね上がった。そして、売り上げはポストシーズン進出と好調ぶりのおかげでさらに加速した。同時に、オンライン販売の売り上げとMLBを通じた販売も伸びた。

「われわれのグッズ販売は激増したよ」

ローゼンが語り、ドジャースタジアムで試合がある晩ごとに、どれほど17番のユニフォームが売れているか、証拠とともに示してくれた。

今年前半を振り返ると、ドジャースはまるで1日おきくらいの頻度で、日本企業とのスポンサー契約締結を発表しているかのようだった。ローゼンによると、2024年に12の日本企業とスポンサー契約を結んだという。

「われわれは以前からスポーツビジネスのトップだったんだよ。でも、今年の上積みは衝撃的だった」

カステンが語る。

「われわれのチームにはほかのどのチームも決して複製できない、とっておきの一品があるわけだ。われわれのブランド、歴史、伝統、実力、先進性といったものが、ショウヘイの世界全体に波及するアピール力と組み合わさったんだ。そして『結局、どこがあの男と契約するんだ?』というドラマ性もそこに加わった。その結果が、今回の比類ない結果につながったということだ。ショウヘイは、ほかにまったく例がない社会現象だよ。今までわれわれがやってきたこととはまったく別次元のことだ。〝ドジャース〟と〝大谷現象〟が双方の頂点で結びついた成果なんだ。これは野球界全体にとって喜ばしいことだよ。おかげで野球の世界普及が大きく進むことにもなる。世界普及が、われわれに直接に利益をもたらすわけではない。だが、間接的には必ず利益が生まれる。彼は野球界全体にとっての福音なんだよ」

彼のおかげで、ドジャースのファン層が大きく変わりつつ広がったことは一目瞭然だ。2024年のナイトゲームでドジャースタジアムのスタンドを散策すると、どんな日でも必ずかつてより多くのアジア系ファンが増えたことがわかる。ローゼンはこう語った。

「間違いなく日本人ファンは増えたね。正確な統計はないんだ。だが、数週間に出た数値を見ると、ロサンゼルスを訪れた日本人の80パーセントは、なんらかのかたちでドジャースタジアムに立ち寄るそうだ。試合観戦か、スタジアムツアーに参加するか、立ち寄って記念撮影をするかとか。効果は連日実感しているよ」

スタジアムツアーは2024年に大きな人気を博し、ドジャースにも大きな収益をもたらして、さらに豊富なメニューも提供するようになった。カステンがこう解説した。

「われわれはいろいろな種類のツアーをつくっているが、そのなかには複数言語のガイドも入っているよ。早めに来てもらってもいい。もう少し長居して、打撃練習を見てもらうのもいい。もう少し遅めに来て、公式戦を見てもらうこともできるしね」

大谷自身も、この圧倒的人気から利益を享受しているのは確かだ。だからこそ10年契約を結び、97パーセントを後払いにして、いま年間で受け取るのは200万ドルだけという離れ業もできるのだ。

推計によると、大谷は２０２４年に広告関連で少なくとも６５００万ドルを稼ぎ出しており、ワールドシリーズ優勝までいけば１億ドルに到達する可能性もあるという。

このようなことが可能になったのは、ひとえにエンゼルスからドジャースに移籍したことが大きく作用している。

フォーブスマガジンのランキングによると、大谷がニューバランス、ヒューゴ・ボス、ポルシェ・ジャパン、ファナティクス、ラプソード、セイコー、コーセー、西川そのほかの広告契約料以上に稼いでいるのは、ＮＢＡスターのレブロン・ジェームズとヤニス・アデトワンポ、サッカー選手のリオネル・メッシ、クリスティアーノ・ロナウドだけだという。

そして、彼はスポンサーに忠実で期待に応えてくれる。クラブハウスへ試合前後に出入りする際には、ホーム、ロードを問わずに必ずヒューゴ・ボスとニューバランスの組み合わせである。背番号を譲ってくれたジョー・ケリーの妻アシュリーにお礼をするときには、ポルシェを贈った。そして、ドジャースの日本出身選手で「最高本塁打記録」を持っていたロバーツ監督の記録を破った際の贈りものも、おもちゃのポルシェだった。

カステンと同様に、ロン・ローゼンもＮＢＡで働いた経験があり、マジック・ジョンソンのような一流アスリートの代理人を務めたことがある。だが、大谷はまったくの別格だと語る。

「私が見るに、彼は新しい基準に引き上げたと思う。彼の人気は、今まで私が見てきたどんな選手たちとも違うんだ。私も日本に行ったことがあるけど、彼は間違いなく人気ナンバーワンの選手というか人間で、２番目が誰なのか私には見当もつかない。国全体で愛されていて、文字どおり全世界の人々の想像力をかき立てているわけだ。球場でのパフォーマンスは申し分ない。品格も備えている。あれこそ真のスペシャル・ワンだよ。今まで数多くの偉大なアスリートを見てきた。マジックからコービー、トム・ブレイディとかね。彼の衝撃度は、この次元に匹敵しているね。私はスポーツマーケティングなるものが存在する前の時代を知るには若すぎるけれども、おそらく彼を超えるアスリートはモハメド・アリだけだと思う。だが、団体競技の選手としては、ショウヘイほど別格の選手は今まで1人もいなかったと思う」

6打数6安打、50－50を達成したマイアミの夜、大谷は公式戦の最終コーナーに入り、ロケットのような加速を見せたことになる。

翌晩、本拠地のドジャースタジアムに戻り、大谷は第1打席の前にスタンディングオベーションを受け、チームメイト全員がダグアウトを出てオベーションに加わった。ロバーツ監督によると、クレイトン・カーショーが発案した「即興」だったという。大谷は話す。

「感動しました。僕にとってはドジャースに加入してまだ1年目なのに、こういう経験をさせてもらえて深く感謝しています」

この初打席でこそ三振を喫したが、その後の3打席は連続安打を放ち、うち1本はシーズン52号本塁打だった。

あのマイアミでの歴史的な試合から数え、大谷はドジャースの公式戦最終10試合で43打数27安打（・628）という圧倒的な数字を残した。本塁打も6本、二塁打も6本、20打点に10盗塁もついてきた。

ロバーツ監督はこう言い始めた。

「彼のことをわかってきたつもりだが、60－60を本気で狙っているのではないかね。あの男ならやりかねないぞ」

実際、大谷はあと一歩で60盗塁に到達するはずだった。クアーズフィールドで行われた9月28日の公式最終戦の前の試合で、大谷は三盗塁を決めた。がルールの壁に阻まれた。

5回表、大谷は先頭打者で四球を選んだ。ロッキーズの先発投手アントニオ・センザテラがムーキー・ベッツと対戦している最中に、大谷は二塁を目指し捕手は送球すらしなかった。だが、センザテラはそこでボークを宣告された。

規則上、大谷はボークで進塁する以上、送球でアウトになりえないため、盗塁の記録は与えられないのだ。結局、大谷はシーズンを59盗塁で終えた。

大谷の大爆発は三冠王の可能性も大きく高めることになり、ナショナル・リーグでは1937年のジョー・メドウィック以来、誰も達成していない快挙への期待がにわかに高まった。

彼は54本塁打と130打点を記録し、ナショナル・リーグ二冠王は確定させた。

それでも、首位打者は惜しくもサンディエゴのルイス・アラエスに譲って2位となった。それぞれの打率は・310と・314、わずかヒット3本の差だった。

だが、大谷が引き起こした興奮はほかに比類ないものだった。

彼の30号本塁打は、あわやドジャースタジアム場外までいきそうだった。日本を称える夕べには3安打の1本塁打と固め打ちし、デコピンが登場して主役の座を奪った夜にも、1本塁打を含む2安打を叩き出した。

オールスターでも本塁打を放ち、サヨナラ満塁本塁打で40－40に到達した。そして、あの50－50を達成したマイアミの夜は、間違いなく今後も野球史上に残る活躍として語り継がれるだろう。

大谷のドジャース1年目の公式戦が終わろうとする際に、彼とムーキー・ベッツは共同で劇的な場面を演出してみせた。

9月22日の対ロッキーズ戦で、ドジャースは5－4とリードを許したまま9回に突入した。日曜午後に観客は5万人を集め、ドジャースタジアムに集った全員が1位のドジャースが最下位のロッキーズとの3連戦で2敗し、2位のパドレスが2ゲーム差まで迫ったところで3連戦を地元で戦い、ナショナル・リーグ西地区の優勝を直接対決で決めなければならないと半ば覚悟を決めていた。

ロッキーズのバド・ブラック監督は、若手右腕セス・ハルボーセンをクローザーとして投入した。ハルボーセンは大谷を相手に2ボール1ストライクと追い込み、そこから真ん中に甘く入るスプリッターを投じてしまった。

大谷がそれを見逃すはずがなく、114・7マイルの打球を432フィート飛ばして、右中間スタンドに放り込み、試合を同点に持ち込んだ。

観客よりも激しい感情をむき出しにすることが大谷にも増えてきたが、自身としては初となるプレーオフの興奮が湧き上がってきたのか、大谷はダグアウトに並ぶチームメイト一同に指をさしてからベースを一周し、「レッツゴー！」と叫んでいるように見えた。

これが大谷にとっては1試合4本目となる安打で、直近5試合で3安打、4安打、6安打を1試合ずつで固め打ちしたことになる。

「もはや同じ人間だとは思えないな」

ロバーツ監督もそう脱帽した。スタジアムの熱狂は、わずか3球後にさらに大きくなった。ムーキー・ベッツが、ハルボーセンが投じた100・6マイルの速球を捉え、レフトスタンドに打ち込み、2者連続本塁打で逆転サヨナラを決めたのだ。

チーム全員が大興奮のなかで、ダグアウトを飛び出し、この1勝がナショナル・リーグ西地区優勝争いで、どういう意味を占めるのかをかみしめていた。ベッツは興奮気味に話した。

「それは大きいに決まっているだろう。スコアボードを見るとサンディエゴも勝っていたわけだからね。あちらも勝っていたんだから、オレたちも勝たないといけないのは当然だろう。スコアボードを見ないのは言うほど簡単なことではないんだよ。目の前にやるべき仕事が残っているわけだからね。でも、どうしても気になるからちらりと見てしまうんだ。自分たちではどうしようもない現在進行中の出来事を気にしないようにするのは、なかなか難しいんだよ」

この劇的逆転勝利の意味は「絶大だった」とロバーツ監督も大絶賛した。これから直接対決を控えるパドレスの成績を列挙し、ここ9試合で8勝1敗と絶好調で、シーズン中の対ドジャース戦の戦績でも勝ち越していて（この時点で7勝3敗だった）直近の12試合も6勝6敗の勝率5割で乗り切っていた。

ロバーツ監督はこう明かした。

「(ロッキーズとの）3連戦を負け越していたら、厳しい状況に追い込まれていたと思う。心理的にね」

サヨナラ勝ちで本調子を取り戻したかに見えたドジャースだったが、対パドレス3連戦の初戦を衝撃的なかたちで落とした。大谷が次の打者として待ち構えている直前に、トリプルプレーで試合を終わらせてしまったのだ。

「ショウヘイが打席に立たない可能性なんて、1パーセントもなかったんだ」

ロバーツ監督はそう振り返った。

「愕然となったよ。こんなありえない展開がどこにあるんだ。1年間でトリプルプレーなんて数回あるかないかなのに、この場面で成立してしまったんだから」

統計専門家のサラ・ラングスによると、これはMLB史上トリプルプレーで試合が終わった28番目の事例だという。ポストシーズン進出を決める試合中でのトリプルプレーを成立させたチームとしては4つ目だった。

だが、パドレスは両方を同時に達成した初めてのチームであり、ビジター用クラブハウスをびしょびしょにしてからグラウンドに飛び出して、ダグアウトの前で試合が終わってからもずっとお祭り騒ぎを続けた。

ドジャースはシーズンを通して、誰かが負傷離脱していくたびにショックを受け続けていた。だが、それでも毎回跳ね返してきた。今回もそれに違いはなかった。

大谷が1得点2打点を記録し、ドジャースは翌晩に4－3でパドレスを降した。その翌日、ドジャースは7回に一挙に5点を入れて致命傷を与え、パドレスを7－2で破って過去12年で11回目となるナショナル・リーグ西地区優勝を果たした。

「今は甘い果実を味わえているが、君たち、われわれは今年どれほどの困難を乗り越えてきたか。それを考えると、今まで以上に甘い味わいを感じるよ。厳しい戦いだった。でも、われわれは実力で勝ち取ったんだよ」

ロバーツ監督は、感慨深げにそう振り返った。

7回に大谷が放ったタイムリーヒット（3安打のうちの1本）により、ドジャースはこの試合で初めてとなるリードを奪った。

「僕も嬉しいです」

大谷は通訳を通じて答え、MLB入りして初となるシャンパンファイトを大いに堪能した。

「今日は、何としても優勝をここで決めたいと思って球場入りしましたし、今日達成できて僕も本当に嬉しいです」

ロバーツ監督は、膨大なシャンパンとビールのシャワーを浴びせかけられている大谷を見て、ジョークを飛ばした。

「ショウヘイは、これから1週間はビール醸造工場の匂いがするぞ。ショウヘイはこの日のために契約したんだ。これこそショウヘイが味わいたかった優勝の味なんだ。ショウヘイはシーズン中、ずっと目覚ましい働きをしてくれたよ」

〝目覚ましい〟だけでは、彼の活躍を表現する言葉としては不十分だろう。前人未到の50－50に付随するのは、ナショナル・リーグ本塁打王（54）、打点王（130）、得点王（134）、最高出塁率（・390）、長打率（・646）、そしてOPS（1・036）のおまけだった。

総計塁打数411は、1940年以降のMLBで5番目だった。本塁打と長打99本はドジャース史上最高の数字となった。

大谷はシーズン最終戦まで12試合連続安打を記録し、この間の累計は53打数29安打で、打率を（・288から）22ポイントも引き上げた。ロバーツ監督はこう称賛した。

「私がとくに感嘆しているのは、あれだけの重圧が1人にのしかかっていて、自分自身にも重圧をかけていて、それでも毎日試合に出て期待以上の活躍をし続けられる強さだよ。あれだけの期待をかけられて、どれほどの重圧がかかっているのか、私には想像すらできない」

ドジャースにはつねにポストシーズンで果たすべき期待がかけられている。そして、宿敵パドレスが悲願に向けた第1のハードルとなる。

第9章

ヤマモトの1年

SHO-TIME
3.0
THE JOURNEY TO
HIS FIRST WORLD SERIES VICTORY

導かれるようにドジャースへ

ＮＰＢ（日本プロ野球）で8シーズンを過ごし、うち2シーズンで沢村栄治賞を受賞した前田健太はＭＬＢへの飛躍を決め、２０１５−２０１６シーズンのオフにロサンゼルス・ドジャースと契約した。

前田は4シーズンにわたりドジャースの不可欠な先発投手陣の一角となり、この間、通算で１０３試合に先発登板し、47勝35敗の防御率3・87という実績を残した。

ただ、ポストシーズンの前田はそうはいかなかった。

前田が所属した4年間にドジャースは毎年プレーオフ進出を果たし、２０１６年には3試合で先発した（ワシントン・ナショナルズとのディビジョンシリーズで一度、シカゴ・カブスにドジャースが敗れたリーグチャンピオンシップで二度の先発登板）。その後、三度のポストシーズンでは毎回ブルペンにまわされ、しぶしぶ受け入れたものの本人が嬉しいはずはなかった。

２０１９年のＮＬＤＳ（ナショナル・リーグディビジョンシリーズ）で、再びナショナルズと対戦したが、前田は5試合中4試合で救援登板し、うち二度はドジャースタジアムだった。

その超満員に膨れ上がったスタンドにいた1人が、当時19歳の山本由伸だった。山本はアメリカン・リーグワイルドカードゲームのタンパベイ・レイズとオークランド・アスレチックスの試合も観戦したが、若い彼に本当の意味で刺激を与えたのはドジャースで投げる前田の姿だった。後年になって、「いつか自分もメジャーで投げたいという思いを高めた原動力だった」

と明かしている。

「あの試合を見て、僕はいつかメジャーリーグで投げたいと強く感じるようになりました」

山本はこの試合の6年後、ドジャースタジアムで行われたドジャース入団会見で語った。

ロサンゼルスを訪れた4年後に、山本は3年連続で獲得することになるパシフィック・リーグMVPと沢村賞の一度目を受賞した。このあたりから彼はメジャーリーグスカウト陣のスカウティングに入るようになったが、MLBに旅立つ覚悟ができているかどうかは、まだ不明確だった。

「日本の選手の能力を評価する際に、まず試合で活躍しているか、そして本物のツールをもっているかどうか、といったことにはわれわれは敏感だよ」

そう明かすのは、ドジャースの編成本部副部長で、日本でのスカウト経験も豊富なゲイレン・カーだ。

「たとえば、21歳とか22歳でリーグを席捲している選手がいるとしたら、これは吉兆だね。しばらくは、この選手を観察することになる。だが、滞在できる時間は限られている。ほかにも選手はたくさんいるし、見て追跡しておかなければならない選手は、ほかにもたくさんいるんだ。だから、多数の選手に目星をつけておいて、うち何人かがその後の3年か4年くらい音沙汰がなかったとしてもそれでいいんだ。問題はとくにない。ヤマモトがこちらに来る2年前かららずっと観察していたよ。それ以前にも見たことはあった。われわれには、ヤマモト観察の長い歴史があったんだよ。さすがにわれわれも彼の年間先発試合をすべて視察するわけにはいかない。獲れるか獲れないかわからない選手1人に。あの時点で、何か変化があったのかもしれないし、フォームに大きな変更があったし、メジャーへの関心が薄れたのかもしれないと感じたこともあった。でも、獲得直前の数年間は、彼のことをわれわれは徹底調査して、観察していたよ」

カーのようなスカウトが山本に惹かれたのは、何よりNPBの打者を圧倒している点だった。2022年と2023の二度にわたりノーヒッターを達成し、投手三冠（最多勝・奪三振・防御率）を三年連続で達成していた。

国際舞台にも強く、日本代表に加わって2021年の東京オリンピックの金メダル獲得に大きく貢献し、2023年のWBCは、大谷翔平と今永昇太とともに侍ジャパンを優勝に導いた。

自らの目で確かめたうえで太鼓判を押していたカーは、山本がドジャースデビューを果たしたあとにこう話した。

「直球の質がいいというのはもちろんだね。彼はいつでも95〜96マイルを安定して出せるのがいいし、スプリットのキレも申し分ない。マウンドでの闘争心も備わっている。試合前の彼を見ていると、すべての練習や準備に明確な意図が感じられるんだ。この点は、ほかに例を見ないんじゃないかな。アスリートとしての素養、つねに同じ投球を再現できる能力、それもどんな球であろうと、どんな球場のマウンドであろうと続けられるのだから本物の一流だよ。この組み合わせを備えている選手はそうそういないのだから、われわれとしてはずっと熱視線を送っていたよ。筋力や骨格、起用法や間隔については、まだ議論の余地があると思う。とにかくわれわれとしては、この投手だけは何としても獲得しなければと強い決意を固めていたよ」

山本は2023年8月に26歳となった。つまりそれは、25歳以下の国外フリーエージェント選手に対して課せられる金銭的制限がなくなることを意味する。

2023シーズン後にポスティングとなることを見越して、かずかずのMLB経営陣が日本を訪れた。そのなかにはジャイアンツのファーハン・ザイディ編成本部長、ヤンキースのブライアン・キャッシュマンGM、カブスのジェド・ホイヤー編成本部長も含まれていたし、ドジャースのアンドリュー・フリードマン編成本部長とブランドン・ゴメスGMもそこに加わっていた。

オリックス・バファローズが2023年11月に、山本を公式にポスティング公示し、彼はすぐさまフリーエージェントの先発投手陣のなかでも筆頭の注目株となった。そのなかには、二度目のサイ・ヤング賞を獲得したばかりのブレイク・スネルも含まれていた。

潤沢な資金をもつMLBのすべてのチームが、山本獲得に興味を示した。この右腕投手のポスティングで交渉可能な45日間のウィンドウ中に、実際に面談したのはヤンキース、メッツ、フィリーズ、ジャイアンツ、レッドソックス、ドジャースだった。

そのなかでも、メッツは大胆な一歩を踏み出していた。オーナーのスティーブ・コーエンとデビッド・スターンズ編成本部長が、自ら日本に乗り込み、山本と家族に直接面談したのだ。コーエンとスターンズは山本を野球史上最高額の投手にする気満々だった。まだ、MLBの舞台で1球も投じていないにもかかわらずだ。

だが、ドジャースもその気満々だったうえに、さらにメッツにはない究極の切り札をもっていた。そう、大谷翔平だ。

侍ジャパンで山本のチームメイトだった彼は、ドジャースの一員としてこの若手右腕投手の説得に参加した。

「大谷さんは決して『絶対にドジャースへ来いよ』みたいな押しつけがましいところはありませんでした」

山本は球団を決めた理由についてMLBネットワークで聞かれ、通訳を通じてそう答えた。

「大谷さんが何度も繰り返し言ってくれたのは、『お前がどこに行ったとしても、オレは応援するよ』ということでした。ですが同時に、大谷さんは僕が抱いていた疑問にはすべてオープンに答えてくれて、その点は決断のときにすごく役立ちました」

山本の獲得競争が、ドジャース対メッツの一騎打ちの様相を占めるなかで、球界全体でメッツの条件のほうがいいというのが定説になっていた。だが、山本は多少金額が低いとしても、いくつかの要素（地理的条件、個人的思い入れ、そして大谷の存在など）を決め手として、ニューヨークではなくロサンゼルスを選んだ。

フリードマンの耳には否応なく、あることないことの憶測が飛び込んできた。

「いろいろな噂話は聞いたけれども、私としてはどうしようもないからね。そして、私にも本当の答えはわからなかったから、できるだけ考えないようにしていたよ」

わずか2週間程度の間に、フリードマンは日本人スター選手2人に総額10億ドル以上をはたいたことになった。当然、1人はすでにMLBで実績があったが、もう1人はまだだった。

ドジャースのブランドン・ゴメスGMはこう振り返った。

「どこのチームも積極的だっただろ？　われわれも獲得したかったし、いろいろなやりとりがあった。でも、最終的にヤマが、『オーケー、ドジャースに入りたいので契約しましょう』と言ってくれるまで待った甲斐があったよ」

メッツに並び、ドジャースにも超えなければならない壁があった。

誰も理由を明示できないのだが、MLBにやってくる日本人選手は、すでに日本人スター選手が所属するチームには行きたがらないという通説が球界全体に広がっていた。

大谷と山本の同時獲得をもくろんでいたドジャースも、この点を非常に「重視」しており、だからこそ大谷に勧誘へ加わってもらったのだ、とフリードマンは強調した。

「私にはまったく合点がいかないことだったよ。でも、そういう通説があることはよく知っていたので、ショウヘイにも直接聞いてみたけど、『ヨシノブが来てくれるなら、最高じゃないですか』という反応だった。あの2人は侍ジャパンの世界一で共闘しているし、そこで2人とも関係ができていて、お互いに好感をもっていたのは感じていたよ。さらにショウヘイに共闘の感触を聞いてみると、『いいと思いますよ。彼と一緒にできて楽しかったですよ。いい投手ですし』と答えてくれた。ヤマモトにも聞いてみたら、『すごいじゃないですか。僕はぜひ翔平さんと一緒にやりたいです』と答えてくれたんだ」

ドジャースは、日本市場のために大谷と山本という日本人のスター選手を2人同時に獲得したわけではなかったと、CEOのスタン・カステンが明かす。

「たまたま絶好機がやってきたということだよ。ここにほしい選手（山本）がいる、もし、ほかの年に彼が市場に出たらやっぱり獲りにいくよ。たまたまそれが今年（大谷がフリーエージェントになった年）に重なっただけなんだ。どちらとも、稀にしか巡ってこない絶好機だった。2人ともわれわれが獲得できたのは、幸運以外の何物でもない」

ドジャースタジアムでの入団会見における山本は、大谷の存在によってメッツではなくドジャースを選んだわけではないと強調した。

「もし、大谷さんがほかの球団に行っていたとしても、僕はロサンゼルスでドジャースに入団していたと思います」

と山本は答えた。だが、山本は大谷のユニークな契約を見て、このチームが本気で勝とうとしているのだと感じたと認めた。

「大谷さんがああいう契約を結んでいるのを見て、このチームはフロントだけが魅力的なのではなく、選手たちもここで勝ちにきているのだと感じました」

大谷と山本の組み合わせを実現したことにより、日本市場でもともと高かったドジャース人気はさらに高まった。

もはやドジャースは、日本のフランチャイズになったといっても過言ではなかった。今後、日本人スター選手には軒並みNPBからLAへ直行する道程ができたのかもしれない。

「つまりだね、そこには副次効果もついてくるということだよ」

アンドリュー・フリードマンが持論を展開した。

「日本には1億2500万人の人口がいて、この人たちはこよなく野球を愛しているわけだ。選手の育成に関しては、年を追うごとによくなっているしね。たとえば、2023年2月に宮崎まで行き、侍ジャパンが招集されてWBCに向けた調整を始めていたけど、そこに集まった投手陣の実力は目を見張るものがあったよ。この獲得のはるか先に見ている将来があって、たとえば現在7歳のショウヘイとかヨシノブみたいな少年が、これからリトルリーグで野球を始めたときに、好きなチームがドジャースになってくれることなんだ。こういう愛着が将来的に大きな果実として戻ってきて、その選手がフリーエージェントになったときにドジャースを選んでくれるとしたら最高じゃないか。日本で最高の選手たちが軒並みドジャースを選んでくれるようになったら、チームにとっても莫大な利益をもたらすよね。地理的にも日本に近いし、街並みも親しみやすいだろうし、日本人と日系人の存在感も大きいし、ほかのメジャー球団がある都市と比べて明らかに日本への近しさがあるから、日本人選手の行き先としては理想的なはずなんだ」

ドジャースは、まだ空想の存在でしかない〝7歳のショウヘイ〟の到来を待つ必要はないのかもしれない。次に狙うのは、明らかに現在23歳の佐々木朗希だろう。

佐々木がアメリカ移籍を決断するなら、ドジャースが移籍先の大本命であることは間違いなく、彼も加えて、大谷・山本・佐々木の先発ローテーションができあがることになる。

「もちろん、チームを決めるのは選手が何を最優先するかによるからね」

ブランドン・ゴメスGMが、ドジャースが日本人選手獲得を目指す際の原則について述べた。

「今の日本には有望な選手がたくさんでてきているんだ。NPBは投打の両方で優秀な選手を輩出してきている。打者でもいいのがいるし、投手陣はさらに素晴らしい。今後もその流れはしばらく続くと思う。ショウヘイとヤマが活躍してくれたおかげで、われわれの日本における存在感が高まって、テレビ放映の機会も増えているとしたら、有利に働くのは確かだよね。だけど最終的にはフリーエージェントになった個々の選手が何を優先するかによって決まる」

山本を支える独自のトレーニング

山本と12年3億2500万ドルの契約（プラス5062万5000ドルの譲渡金）を結んだことにより、ドジャースはもう1人の有力な戦力を獲得することができた。その人物とは、ヤダ・センセイである。

矢田修、通称〝ヤダ・センセイ〟は、「バイオメカニカル・グル」として知られるパーソナルトレーナーで、日本時代の山本を長く指導してきた。とくに注目されるのが、ヨガのような動きと、ウェイトトレーニングを排除した独自のトレーニング理論だった。

山本をスカウトしようとする日々のなかで、ドジャースの編成本部副部長のゲレン・カーは奇妙な練習を目撃することになる。

「私の両親はヒッピーだった。今でも瞑想とかをやってるよ。だから、そのへんは私もわかるほうだと思っているんだ。何か世界と精神性のつながりがあるというのは、誰しもがわかっていることではないからね。この業界に長くいて、いろいろな手法があるのを見てきたので、組織全体としてオープンマインドな傾向はあるんだよ。センセイの理論である、多くのものがお互いにつながっていながら、普段のわれわれはそれを意識していないというのは、私には納得がいく話なんだ。育成の際に、全身論的なアプローチを使うのは珍しくないからね。そこに精神性が加わっていても何もおかしくない。でも、あの手法は今まで見てきたものとは明らかに違うし、もっといえば想定外ともいえるものだった。ある意味で、『われわれには何が何だかわからんけど、まあこのピッチャーを育て上げて、健康で投げてくれるならそれでいいよ』という感じだ。実際のところは、誰も本当のことはわかっていないんだ」

ドジャースはヤダ・センセイ監修のもとで行われる山本の個人練習を、スプリングトレーニングで目撃することになる。裸足の山本がセンセイが提示するストレッチを行い、ブロックの上でバランスをとり、いろいろなサイズのサッカーボールをトスしたりした。そのなかでもいちばん目を引いたのが、長距離のやり投げだった。

何人かの新しい山本の投手仲間たちは、面白がってやり投げを始めた。なかでもウォーカー・ビューラーとタイラー・グラスノーはとくに熱心で、ヤダ・センセイのワークアウトに参加する者までいた。

公式登録では5フィート10インチ（約178センチメートル）、体重176ポンド（約80キログラム）となっているが、山本はメジャーリーガー投手としては小さい選手の仲間に入る。

「まあ、ショウヘイは何年もメジャーにいるから、どういう選手なのかは、大体わかっていたよ」

自身は6フィート2インチ、185ポンドのビューラーが語り始めた。

「でも、ヤマモトは初めてだから、どんなヤツでどんな練習をしてきたのか興味津々だったんだ。何か違うメニューをこなしているのか、独自の理論があるのか。見ていてたしかに勉強になったよ。明らかにやり方が違っていたからな。大体アメリカ人選手はみんな似たようなトレーニングをしているから、ああいうまったく違う練習は刺激になったよ」

ヤダ・センセイはまた、ムーキー・ベッツという新たな弟子を得ることになった。ベッツは、ヤダ・センセイ指導のメニューをいくつかルーティーンに取り入れ、2024シーズンの間ずっと続けた。

「たんに面白そうだからやったというのとは違うんだ」

ベッツはスプリングトレーニングで話し始めた。

「2週間はずっと見ているだけだったんだけど、周りの選手たち、家族、関係者と話していてさらに興味が湧いてきたという感じだな。あの練習法がヤマモトに有効だということは、何かあるんだよ。オレには、まだドジャースとの契約が9年あるんだ。だったら、オレは9年間ずっと最高のムーキーでいたい。せっかく9年間も最高のオレでいられるかもしれないツールが目の前にあるのに、試さない手はないだろう?」

ドジャースのマーク・プライアー投手コーチは、ヤマモトがもたらした新理論に選手たちが好意的なことを大いに喜んだ。

「われわれであれ、トレーニングスタッフであれ、PD（選手育成担当）であれ、ああいうものを受け入れる文化は、この球団に根付いている貴重な価値観、知的好奇心があるからだと思うよ。知りたくなるんだよ。なんでそういうことをやるんだ、これがどういう作用をもたらすんだ、と。1人の選手に有効ならば、ほかの選手たちにも有効な可能性が高いわけだから。砂漠で砂の中に頭を突っ込んだままでいるのはよくないよ」

山本がスプリングトレーニング中、毎日ルーティーンをこなし続けるなか、話題の中心になっていたのは、今後、彼がどのようにメジャーリーグの過酷な日程をこなしていくのかだった。だが、彼にはその前にもう1つ適応しなければならない要素があった。

MLBの各球団は、投手の球種を見破るためのクセ解析については非常に積極的である。最初のカクタスリーグの試合で、山本の球種はほぼすべて解明され、弱点も見抜かれていた。

ドジャース側はこのクセ修正のために、ワインドアップの際の手の位置について微調整しようとした。だが、山本はこの変更にうまく適応できず、ストライクゾーン内のコマンドに悪影響が出てしまった。サンディエゴとの韓国開幕戦シリーズでの登板が予定されていたので、それまでにこのクセとコマンドの問題を解決しなければならなかった。

ソウルシリーズ第2戦は11－15でパドレスが勝ったが、両軍合計で33安打、12四球、3死球、3暴投、2失策という荒れた試合となった。

いってみれば、山本がこの荒れた試合の火付け役になった。

パドレスの最初の打者から4者連続で出塁させ、9人の打者と対峙して、5失点し、山本はイニングで43球を投じることになった。彼のデビュー戦はここで終わった。

「これという1つだけの理由を指摘することはできないな。単純にダメだったんだよ」

ドジャースのウィル・スミス捕手が述懐する。

「あちらが好調で一枚上手で、オレらが後手にまわったんだよ。そして対応してきた。そしてボールを打ち返しされ、スキをついて得点に結びつけたからやられたんだよ」

山本の防御率は45・00まではねあがってしまった。

「あれは、本来の彼ではないよ」

ロバーツ監督が擁護した。

「まだデリバリーの部分で戸惑っている感じがあるかな」

アンドリュー・フリードマンの感想である。「(スプリングトレーニングの)初期の段階で、われわれは圧倒的な制球を見ていたが、ここ数試合の制球はそこまでではなかった。制球力こそが彼の強みだから、そこが弱まると苦しい投球になってしまう」

この9日後、山本はアメリカ本土での対セントルイス・カージナルス戦に登板し、その場でドジャースが大枚をはたいて契約しただけの投手であることを納得させる結果を出した。カージナルス打線を5回無失点に抑えてみせたのだ(試合はドジャースが延長戦で敗れた)。

山本はここから勢いをつかんだ。韓国でのデビュー以降10試合に先発して、6勝1敗の防御率2・67、64投球回で74奪三振を記録し、被打率も・223に抑えたのだ。

「ヨシノブについて私に何がわかったかというと、非常にビジネスライクということだね」

ロバーツ監督が総括した。

「韓国ではよくなかった。そこから戻ってきて調整したら、いい結果が出て、また調整に戻った。とにかく準備に関して非常に精密に組み立てているんだ。そこが私の気に入っているところだ」

山本のMLB初勝利は、4月6日の肌寒いシカゴのリグレー・フィールドで5回無失点の好投により実現した。山本は被安打わずか3で8奪三振も記録した。

「そういうのは、とくに気にしていませんでした」

山本は散々なデビュー戦後に湧き上がった批判や懸念の声についてこう答えた。

「シーズンは長いですから。まだまだ先があるんです。僕が考えているのは目の前にある1試合だけで、また次の試合では次の試合にだけ集中していますからね」

自らの価値の証明

ドジャースが6月初旬にヤンキースとの3連戦でニューヨークに乗り込むころまでには、山本はすでに本領を発揮できる準備は整っていた。

6月7日から9日までのドジャース対ヤンキース3連戦は、球界最大の注目を集めた。歴史的ライバルの激突であり、それぞれのリーグで似たような順位につけていた。3試合すべて全米でテレビ中継され、今年もＭＶＰを獲得しそうな2人のスター選手、いうまでもなくアーロン・ジャッジと大谷翔平の直接対決で盛り上がらないはずがなかった。

だが、第1戦で主役の地位を奪ったのは、山本だった。

彼はヤンキース打線を相手に、許した安打はわずか2本。初回にジャッジが打った二塁打と2回にトレント・グリシャムが打った単打だけで、7回を無失点で乗りきった。山本は途中で12人連続アウトをとり、うち4人を三振に切って取った。

試合は11回まで両者無得点が続いたが、テオスカー・ヘルナンデスが2点タイムリー二塁打を放ち、ドジャースに勝利をもたらした。

「ドジャース入団後、最高の出来だったね」

ロバーツ監督が山本を激賞した。

「見ればわかっただろう。手応えもあったと思うよ。われわれがああいう投球を求めていることをヤマモトも知っていた。そして最高の結果を出してくれた。今晩の投球についてはどれだけ褒めても褒め足りないよ」

山本にとって、１０６という投球数は最多だった。まるでプレーオフのようだったヤンキースタジアムの熱気のおかげか、彼の速球も冴えわたった。対ヤンキース打線の平均球速は97マイルで、それまでＭＬＢで先発登板した12試合の平均95・3マイルを上回った。

「今日の出来は、メカニクスがうまく機能したからだと思っています」

山本は球速の向上についてこう述べた。

「今回の対戦が、ほかの試合より大きな注目を集めることはよくわかっていました。ですが、いつも言っているとおり、僕はいつもどおり準備をして、いつもどおりに投げただけです」

残念ながら、山本の快進撃は長くは続かなかった。ＭＬＢ１年目のシーズンで、この右腕を守るために最大限の努力と配慮がなされたのは間違いなかったが（日本時代に彼は中５日より短い間隔で投げたことがなかった）、彼の負傷を防ぐことはできなかった。

山本は一度の先発で、最大限の速球を19球と、13球のスライダーを投じた日があった。山本は故障につながる恐れがあるとして、日本時代はスライダーを極力投げないようにしていた。

ドジャースは肩の張りを訴えた山本に、普段より長い休養期間を与えることにした。ヤンキース戦の登板後、彼はまるまる１週間を休養にあてた。しかし、６月15日にドジャースタジアムで行われた対ロイヤルズ戦では２イニングしかもたず、降板時には上腕三頭筋の痛みを抱えていた。上腕三頭筋に痛みが出るのは、肩の故障があるということだ。

ＭＲＩ検査で発覚したのは、回旋筋腱板損傷だった。

これこそドジャースが12年契約３億２５００万ドルを投じた右腕に対して、もっとも懸念していた症状だった。結局、山本は９月まで登板することができず、ポストシーズンの開幕までに、４試合のみ登板できただけだった。

「もし彼との契約が１年、２年程度であれば、もっとリハビリも急かしたと思うよ」

アンドリュー・フリードマンが語った。

「だが、慎重に起用しすぎてもケガにつながってしまったわけだし、あのヤンキースタジアムでの緊迫感がさらに負担になったのも間違いない。だから、10月を前に慎重になりすぎるのが正解かどうかは誰にもわからないが、細心の注意を払って登板させることになる」

ドジャースの先発投手として復帰したとき、山本の結果は不安定だった。

最初の2回の先発登板は、投球回数が4回を超えることはなかった。復帰後3戦目では、ロッキーズ打線に3回で4失点を喫した。

シーズンも残すところ2日という時点で、山本はポストシーズン前の最後となる登板に臨んだ。すると今回は効率のよい投球を見せて、5回まで投げて2失点に抑えた。山本が感想を述べた。

「今回は及第点だったと思います。今日の試合では普段のいい感覚が戻ってきましたからね」

コロラドでの先発後にロバーツ監督は、「山本の見事なチューンアップ」と評した。

「速球が走っていたし、球が生きていたね。コマンドもよかった。多少の配球ミスはあったが試合が進むにつれて、スプリッターの質もよくなった。カーブも合格点だよ」

コロラドでの勝利により、山本のメジャー1年目の成績は18試合に先発登板し、7勝2敗の防御率3・00となった。自らの1年目のシーズンについて聞かれた山本は、こう答えた。

「ケガもあり、チームを離れたこともありましたから、完璧なシーズンだったとはとてもいえません。ですが、僕は多くのことを学びました。素晴らしい経験ができて素晴らしい仲間たちが勝利をもたらしてくれて、これから10月に入ることができます。本当に感謝していますし、ここで恩返しできるよう全力を尽くします」

コンディションのいい先発投手は、ジャック・フラーティ、ウォーカー・ビューラー、そして山本の3人だけという状態で、ドジャースはポストシーズンへ入ることになる。

ロバーツ監督は、この3人で1つでも多くのアウトを稼がなければならないと悟っていた。山本はMLBのポストシーズンこそ未経験だが、そのあたりは大きな問題ではない、とロバーツ監督は言いきった。

「ヤマモトは1シーズンを通じてMLBでプレーし、自分がトップクラスの投手だとわかっているはずだ。彼には自信が備わっている。私にはそう見えている。彼ならやってくれるよ。能力は申し分ないし、自信もあるし、相手打者の研究にも余念がないからな」

第10章
初めてのポストシーズン

SHO-TIME 3.0
THE JOURNEY TO HIS FIRST WORLD SERIES VICTORY

一進一退の攻防戦

ドジャースとサンディエゴ・パドレスとの間で戦われることになったNLDS開幕の前日練習のときだった。

大谷翔平は会見室に姿を現し、悲願の初となるポストシーズン進出を果たしたことについて、記者団の質疑に答えた。

「初めてのポストシーズンということで、もしや緊張していたりしますか？」

ロサンゼルス・タイムズのジャック・ハリスが問いかけた。ウィル・アイアトンの日本語通訳を待つことなく、大谷は即答した。

「Nope（まったくなし）」

自信たっぷりの返答は、のちに制作される絶好の広告宣材映像となった。とくにパドレスとの初戦第2打席と組み合わせると恰好の映像となった。

ドジャースの滑り出しはよくなかった。ポストシーズンの経験が皆無なうえに、9月にやっと肩の故障から復帰してきたばかりの山本由伸に初戦の命運を託した。

山本は初回に3点を失い、うち2点はマニー・マチャドの本塁打だったこともあって、起用は間違いだったかに見えた。この立ち上がりの失点は、韓国での対パドレスの開幕戦シリーズの悪夢だけではなく、チーム全体としても2023年NLDSの対アリゾナ・ダイヤモンドバックス戦で、先発投手が総崩れして惨敗した大災難を想起させるものだった。

「ああ、もうそのあたりは球場の雰囲気だけで感じ取れていたよ」

ドジャースのマックス・マンシー三塁手が、超満員に膨れ上がった球場全体に広がった、また同じ道を辿ってしまうのではないか、という恐怖感を肌で感じ取っていた。

「でもありがたいことに、われわれにはショウヘイ・オオタニという名前の心強い相棒がいて、彼が球場全体に閃光を放ってくれたんだ。そこからは、『もう大丈夫だ。オレらはいけるぞ！』という雰囲気がチーム内に生まれた。もう過去のオレらとは違うんだよと」

2回、大谷は走者を2人置いて2アウトで打席に立った。パドレス先発のディラン・シースに対し2ボール0ストライクと有利なカウントに持ち込んだが、内角の速球をファウルして左膝に自打球を当ててしまった。

彼は一呼吸おいてから再び打席に立った。シースが高めのストライクゾーンに速球を投じると、大谷はこの球を強烈に叩き、打球速度111・8マイルでそのままライトスタンドに打ち込み、3ラン本塁打で一気に同点にした。

両手でバットを放り出し、大谷はダグアウトにいるチームメイトたちに向かい、「レッツゴー」と叫び、このチームは2022年や2023年に負けたチームとは、戦闘力や闘争心が根本的に違うのだと知らしめた。

だが、それでも山本は今一つピリッとしなかった。再び2失点を喫してドジャースはリードを許すかたちになり、結局、3イニングで降板することになった。

ドジャースがポストシーズンで初回に3点以上のリードを許すのは、歴史上15回目で、そこから勝つのは初めてだった。

「われわれは戦い続ける必要がある。そして、今晩は戦い抜いた」

試合後にロバーツ監督がそう語り、このポストシーズンで一貫して流れ続けるテーマをつくり上げた。

「われわれの初戦の立ち上がりは、決して望ましいものではなかった。だが、ブルペンの全員が奮起してくれて、打線の面々も大いに力を発揮してくれた」

その後、5人のドジャース救援投手がつなぎ、6回無失点を実現させた。山本の降板以降、許した安打はわずか2本だった。

救援投手陣が砦を死守するなか、打線が救出に乗り出した。

4回に3点をとった際、大谷はバットを折りながらも単打を放ち、2アウトからテオスカー・ヘルナンデスが2点タイムリーを放って、ドジャースは2022年NLDSの対パドレスの第4戦以来となるポストシーズンの試合でリードを奪ったことになった。

さらに相手側守備の乱れから1点を加え、多少の安心感がチーム内に満ちて、救援投手陣の奮闘により初戦は7－5で勝つことができた。ドジャースのウィル・スミス捕手はこう述懐する。

「あちらが襲いかかってきて、オレたちの口にパンチをくらわしたようなもんだよ。だが、ここでKOされるわけにはいかない。とにかく戦い続けなければな」

相手方のパンチはまだまだたくさんやってきた。パドレスは第2戦で再び逆襲し、ポストシーズン1試合の最高記録である6本塁打を放ち、10－2で圧勝した。しかも、パドレスのジュリクソン・プロファーとフェルナンド・タティスJr.両外野手と、一部の無礼なドジャースファンとの間で諍いが起こって、後味の悪い結果となった。

「これはショーなんだよ。MLBなんだからさ。オレたちは彼らにショーを見せただけだ」

タティスは、自身とプロファーとドジャースファンとの間に起こったことをこう語った。

ショーの顛末はこうだった。1回にムーキー・ベッツがレフトへ大飛球を放った。ベッツは本塁打を確信してゆっくり歩き始め、ポストシーズン22打数連続無安打という自身の絶不調がこれで終わったと安堵した。スタジアム全体も本塁打を確信し、祝福のファンファーレを鳴らし始めた。

ここで1つの問題が発生した。プロファーはスタンドに腕を伸ばして捕球し、ファンをどかしてグラブの中におさまるボールを誇示してみせた。

「オレには何を言えばいいのかわからないよ」

試合後、連続無安打がさらに4打席続いてしまったベッツが嘆いた。

「オレはベストを尽くして、やれることはやっているんだ。まあ、それでも何かが足りないということなんだろうな」

先発のジャック・フラーティも何かが足りないのは同じだった。

5回1／3で4失点を許し、パドレスのマニー・マチャド三塁手とは、6回にタティスへ死球をぶつけてしまった際に口論まで繰り広げた。フラーティが振り返った。

「あいつらは、オレがタティスに投じた1球が気に食わなかったわけだ。だけどな、オレは1回にやられて、次の打席でもストライクゾーンに放ったボールをタティスに2連続で打たれているんだぞ。また甘いストライクを投げるわけにはいかないだろ」

フラーティにはもう1つ激怒する理由があった。マチャドがイニングの合間にウォームアップで使うボールを、ロバーツ監督が立つ場所の前にあるネットにワンバウンドさせて投げつけたのだ。ロバーツ監督もこの行為を「気持ちよくはない」「敬意に欠ける」と指摘し、第2戦後の舌戦へさらに火を注ぐことになった。

さらに敵意を増したのは、一部ドジャースファンの褒められたものではない言動だった。プロファーの挑発にのせられ、レフト観客席からプロファーに向けてボールが投げつけられ、7回裏の開始まで12分の遅延が発生してしまった。

審判団が協議して、警備員を外野に集結させた。しかし、タティスがライト観客席に向けて踊りだし、手で涙をぬぐうしぐさをしたことで、ライト側にも不穏な空気が広がった。

「ドジャースファンはみんな不機嫌だったんだろうな。いうまでもなく、試合に負けていて、要はイライラしていたんだな」

タティスはのちにそう振り返った。それにしても、ドジャースの反撃はあまりに寂しいもので、パドレスの先発投手、ダルビッシュ有に対して、わずか3安打1点だけにとどまった。

「オレら全員がダメダメだっただけだ」

マンシーが試合後にそう総括した。ドジャース全体が本調子とは程遠く、これは、シーズン全体に通底する課題だった。フレディ・フリーマンは9月26日に足首に重傷を負った。その後、残りの公式戦は欠場したが、チームトレーナーは彼に、「これは本来、全治4～6週間ものだ」と通告していた。

だが、フリーマンには4週間もの猶予はなかった。毎日、数時間にわたる治療を受け、痛み止めの注射も打ち、「先発打線に執念だけで加わっていた」とロバーツ監督に言わしめた。しかし、第2戦の5回が終わったところで、足首が限界を超え、交代を余儀なくされて、彼はNLDSの第4戦と、ニューヨーク・メッツとのNLCSの2試合を欠場することになった。

当時、明らかになっていなかったが、のちにフリーマンの実父が明かしたことがあった。

実は、フリーマンはNLDS開幕の前日に、肋骨骨折の重傷も負っていたのだ。この負傷の段重ねにより、フリーマンはパドレスとメッツとのプレーオフ中は、32打数7安打で長打もなく、まったく振るわなかった。

ドジャースは第3戦先発として、ウォーカー・ビューラーをサンディエゴで送り込み、彼は〝大舞台に強い男〟という看板どおりの投球を立ち上がりに見せた。

二度目のトミー・ジョン手術から復帰して以降、1勝6敗の防御率5・38という公式戦中の散々な状態を一掃してくれることを願うばかりだった。

「オレが唯一、気にしているのはそこだったよ」

ビューラーは大舞台での復活という点について、試合後にそう答えた。だが、第3戦の彼が一気に名誉挽回することはかなわなかった。

ムーキー・ベッツの初回本塁打――今回はジュリクソン・プロファーの腕も届かなかった――のおかげで、ビューラーは1－0と勝った状態で2回のマウンドに登ることができた。しかし、そこから事態は急激に悪化した。

先頭のマニー・マチャドが単打で出塁した。ジャクソン・メリルがフレディ・フリーマンの右側に強烈なゴロを打った。フリーマンはかろうじてこの打球を止めて、膝をつきながら二塁へ送球した。するとこの送球がマチャドの肩を直撃した。

ドジャース側はマチャドの守備妨害を訴えたが通らなかった。彼は走者として「自身のベースライン内にとどまっていた」というルールブックの規定に沿っていたと見なされたのだ。ルールブックに明記されているが、彼は「走者として相手が実際にプレーをしかけてくるまでは自分自身のベースラインをつくる権利」の範囲内にいたということだ。

「あれぞ、最高級の野球IQだよ」

タティスがこのようにチームメイトを激賞した。

「ああいうプレーを見たらわかるだろ。あれこそが、マニーのマニーたる所以なんだ」

ミゲル・ロハスがドジャースの事態をさらに悪化させてしまった。ザンダー・ボガーツの緩いゴロを処理しダブルプレーを狙ったところまではよかったが、二塁フォースアウトのためにギャビン・ラックスにボールを回すかわりに、自分で塁を踏んでアウトにしようとした。結果として一・二塁ともセーフになり、アウトを1つもとれず1失点を喫した。

「あのプレー自体はオレの選手生活のなかで、これまでも何十回もあった。そして、ほとんどの場合、オレの感覚では99パーセント、アウトがとれていたんだ。今日に限って、二塁ですらアウトをとれなかった」

内転筋の故障を抱えながら強行出場していたロハスはそう言って悔やんだが、最終的にNLCSの選手登録からは外れることになった。

「だが終わってから、あのときのことを思い返してみれば、1つアウトをとれればそれでよかったんだ。そのあとどんな事態になるかなんて、あのときは想像がつくはずもなかったし、あそこでオレは間違った選択をしてしまった」

その後、どんな事態になったかといえば、1イニング6失点だった。デビッド・ペラルタがロハスのヘマのあとに二塁打を放って2点を入れた。あと1球で悪夢のイニングが終わるところまできたが、ビューラーはそこでフェルナンド・タティスJr.にカウント0ボール2ストライクからの速球で2ラン本塁打を献上した。

ビューラーがやっとイニングを終えたとき、彼はダグアウトで憤懣を爆発させた。自分のグラブを叩きつけ、クーラーボックスを投げつけて、身の回りにあるあらゆるモノに当たり散らした。

テオスカー・ヘルナンデスは3回に満塁本塁打を放ち、試合を1点差にまで詰める。ドジャースは2回の惨劇のあとは、被安打2に抑えていた。だが、試合は5－6でパドレスの勝ちとなり、5番勝負のNLDSでドジャースは1勝2敗と追い詰められ、あと1つ負けたら3年連続のプレーオフ第1ステージ敗退が決まるところまで追い詰められていた。

「終わったことは終わったことです」

大谷が口を開いた。

「ですから現時点でやるべきことはシンプルで、２つ勝つことです」

ベッツはさらに細かく目標を切り分けた。

「オレたちは山を見上げるだけというわけにはいかないんだ。目の前にある課題をこなして、一歩一歩進むしかない。これから今まで以上に重圧がかかるのは間違いない。毎打席、毎打席が今まで以上に重みをましてくるんだ。だから、毎打席に勝負をかけ続けるだけだよ」

ここ一番での投手陣の奮起

ここからのドジャースは先発投手がいない状態で、残りの試合を戦う必要に迫られた。タイラー・グラスノー、ギャビン・ストーン、クレイトン・カーショーが負傷でポストシーズンを離脱している。ドジャースは10月を3人の先発投手、ジャック・フラーティ、山本由伸、そしてビューラーだけで戦うことを余儀なくされていた。簡単な算数の話で、先発投手の頭数が足りないのだ。

残された手段は「ブルペンゲーム」、つまりは何人もの救援投手を細かく継投して9イニングを乗りきるしかなかった。プレーオフで生き延びる限り、何試合かに一度はこの戦術をとるしか選択肢がなかった。

先発投手問題のせいで、ドジャースは2024シーズン全体を通して、ブルペンに大きな負担をかけて依存していた。逆にいえば、そのために準備を重ねていたともいえる。8人のリリーフ投手の継投により、パドレス打線を9イニング無失点に封じ、ドジャースはパドレスとの第4戦を8－0と完封勝ちした。

「今晩の立役者は、間違いなくブルペン一同だよ」

キケ・ヘルナンデスが評したとおりだった。歴史上8人以上の投手の継投で完封が実現したのは、わずか2回だけだった。

「これはべつにオレたちが初めてやったブルペンゲームではないよ」

8人のうち2番目に登板したアンソニー・バンダ投手が胸を張った。

「ブルペンの陣容が野球チームにとって重要なのは誰でもわかっているだろう。普段の公式戦と違っていることをしたヤツは、1人もいなかったと思うよ。今日登板した面々は全員、今日の勝負に何がかかっているかわかっていたし、シーズン中にもやったことがあるからこそ、こういう成果が出せたんだと思う。オレたちは与えられた任務内容をわかっていたし、バトンを渡す次の男をそれぞれが全員信頼していたから勝てたんだよ」

運命を決める第5戦でドジャースタジアムに戻り、再び山本由伸がマウンドに立った。チームは、第1戦よりよい結果をもたらしてくれることを切望していた。

しかし数字を見る限り、ドジャースが不利なのは確かだった。これまでパドレスこそが山本をカモにしてきた。公式戦での2試合とNLDS第1戦で、パドレスは山本から9イニングで

13点を奪っていた。しかし、山本はその予想を見事に裏切った。

「今晩のヤマモトは、えげつないほどすごいヤマモトだったな」

キケ・ヘルナンデスが試合後に要約した。山本は無失点で抑えた5イニングで被安打2と与四球1と完璧な出来をみせ、ドジャースに2試合連続となる完封勝利をもたらした。

キケ・ヘルナンデスとテオスカー・ヘルナンデスの本塁打により、ドジャースは2－0で勝ち、見事ナショナル・リーグ・チャンピオンシップでの対メッツ戦に駒を進めることができた。

「彼は前回の登校と同じ重荷を背負っていたように見えたね。前回は感情的になっていた気がするね——自分の仕事をできていないと責めている感じだった」

ドジャースのマーク・プライアー投手コーチは山本についてこう評した。

「チーム全員がヤマモトのことを応援しているし、支えているんだよ。ときには悪いこともあるさ。超一流の選手でもプレーオフで不調に陥るなんてよくある話なんだよ」

ドジャースにはたしかに馴染みがある情景だった。だが、山本とブルペン陣は、一致団結してドジャースにかかっていたとされる「ちょっとしたディビジョンシリーズでの呪い」を打ち破った。

ここ数年、プレーオフ第1ラウンド敗退が続いたことにアンドリュー・フリードマンが命名した疾病を、まずは克服した。第3戦の敗退後、ロバーツ監督の首を心配して、あるいは解任を求める声もファンや街からあがっていたが、今やドジャースの苦しい台所事情のなかで投手陣をやりくりする監督の手腕を絶賛するようになっていた。

「われわれには膨大なファンがついていて、われわれもファンを愛しているんだ」

フリードマンが第5戦の勝利後に高々と叫んだ。

「ファンの期待は非常に高い。それもわれわれが喜んでいる1つだ。そして、われわれがこの期待に足りなかった場合、非難が集中して多くの落胆が待ち構えている。でも、誰にも見向きもされないよりかは、そうやって莫大なファンに罵られるほうがいいよ。『10月の野球劇場』は結果がすべてなんだ。もしもいい結果を出せれば、好評と絶賛が集まる。悪い結果が出たら、番組でも記事でも酷評と非難が集中する」

この劇場は、ここ数年で最大の視聴者を集めた。NLDS第5戦は、先発投手がダルビッシュ有と山本由伸の投げ合いで、そこに大谷翔平が加わった。日本時間の午前9時開始にもかかわらず、日本で最大の視聴者を集めたMLBポストシーズンの試合となった。

ドジャースのポストシーズンについて語られるべきことはまだ多々あった。

だが、ドジャースに勝るとも劣らぬ面子をそろえ、対戦相手の神経を苛立たせる術も知っていて、敵を自分のペースに巻き込む手練手管を備えたパドレスに競り勝ったことは、とてつもなく大きかった。おそらくドジャースは、10月に対戦するチームのなかで最強の敵を倒したといえるだろう。口にするかどうかは別として、誰もが内心そう感じていた。

「1人の選手を選べといわれても、何人も出てきてしまうよ」

ドジャース共同オーナーの1人、マーク・ウォルターがそう口にした。

「サンディエゴは本物の強豪だよ。口でいうだけなら何とでもいえるけど、サンディエゴは本当に、本物の強いチームだよ。われわれが勝ったあとに、(クレイトン) カーショーが私のところに来て言ったんだ。『われわれは、これでワールドシリーズに行けるぞ』とね」

ロバーツ監督は、11月に入ってから、このパドレスとのNLDSについてさらに一歩踏み込んだ発言をした。

「あれこそがワールドシリーズだったんだ」

NLCSでは、シーズン中盤まではダメダメだったものの一気に勢いをつけてプレーオフ進出を果たしたメッツに勝たなければならなかった。

不調を払拭する一振り

メッツは6月11日の時点で28勝37敗と、例年と同じように、大富豪オーナーのスティーブ・コーエンの資産を無駄遣いしただけに思われた。

だが、そこから何かが起こった。翌日、マクドナルドのマーケティングキャラクターの「グリマス」がシティ・フィールドで始球式を行うと、そこからメッツは一気にエンジンがかかった。

その日からシーズン終幕までは61勝36敗というメジャー最高の数字となり、ドジャースさえも上回った。そこからナショナル・リーグ最後のポストシーズンの枠をかけたワイルドカードシリーズも勝ち抜き、NLCSまで駆け上ってきたのだった。

だがそんな魔法も、ドジャースの前に消失した。

ジャック・フラーティが7イニングを快投し、ドジャースは3試合連続の完封勝ちを果たした。メッツ打線をわずか3安打に封じ込み、第1戦を9－0と快勝したのだ。

考えてみればドジャースは、NLDS第3戦の2回に守備崩壊で6失点を喫して以来、相手に1点も与えていなかった。33イニング連続無失点は、ポストシーズン史上最高タイ記録だった。それは、ボルティモア・オリオールズが1966年のワールドシリーズで、ドジャースを33イニング連続無失点に抑えて以来の快挙だった。

「あれこそ投手のお手本だよ」

ロバーツ監督は第1戦のフラーティによる快投を絶賛した。

大谷はこの勝ち試合で三度出塁し、2得点とタイムリーヒットによる1打点を記録した。

「お互いに膨大なエネルギーを発散して戦った激しいシリーズのあとで、少しダレてしまう可能性があることはオレたち全員わかっていたよ」

トミー・エドマンはそう明かした。

「だからわれわれは、とにかくパドレス戦と同じ熱気でこのシリーズに入ることを心がけて、それが最初の数イニングでうまくいったということだろうな」

だがメッツは、第2戦で意地を見せた。ドジャースはポストシーズン二度目となるブルペンゲームとなったが、今回は1回目のようにはうまくいかなかった。

フランシスコ・リンドーアが初回にライアン・ブレイシアから先制本塁打を放ち、ドジャースの連続無失点記録を終わらせ、メッツはさらに2回に追加5点を入れた。

アレックス・ベシアが脇腹痙攣によりNLCSの選手登録を外れ、ダニエル・ハドソンも膝の痛みを訴えていたため、ドジャースはブルペンさえも人員不足に陥って、ロバーツ監督は新人投手のランドン・ナックを投入し、イニングを稼ぐことを狙うしかなかった。だが5点を失った2回に、彼はマーク・ビエントスに満塁本塁打を献上した。

結局、ドジャースはこの痛手から立ち直ることができず、第2戦でメッツが7－3と勝ったため、1勝1敗のタイに持ち込まれてしまった。

「そりゃ計画どおりことが進んで、彼らがゼロに抑え続けてくれれば最高に決まってる」

ロバーツ監督は、計画どおりに進まなかったブルペンゲームについて自嘲した。

第2戦の大谷は、3打数0安打だったが、2四球で出塁はしている。だが、初体験のポストシーズンを見ると奇妙なパターンが生まれていた。NLDSの5試合とNLCS最初の2戦を通し、大谷は塁上に走者がいる場面では8打数6安打と大当たりしていたが、走者なしの場面では19打数0安打とさっぱりだったのだ。

「ショウヘイはすぐに調子がよくなるって」

第2戦後のムーキー・ベッツが、大谷の矛盾した状態について楽観視した。

だが大谷は、対パドレスのポストシーズンで本塁打を放ち、第2打席で安打を放って以来、24打数4安打の12三振と不調なのは確かだった。第3戦を前に、大谷はこう言及した。

「今、僕がとくに重視しているのは打席に立ったときの感覚ですね。もしも打席での感覚がよくて結果がともなわなかったとしたら、たんに運不運だけの問題だと思うので、それほど深く悩むことはありません。もしも打席に立ったときの感触がよくなくて、結果も出ない。そういう場合にはフィジカルか、メカニクスか、どこかに狂いが出ている可能性があるので、微調整の必要が出ますね」

現時点での感触はどうなのか、そう問われた大谷は、

「OK」

とだけ答えたのみだった。だが、ここで問題にしなければならないのは、ポストシーズン中の微調整がいかに難しいかということと、対戦相手との兼ね合いが問題になること。大谷は3人の特定の投手に対して、13打数0安打の9三振と完璧に抑えられていたのだ。

NLDSでは、パドレスは大谷封じのためだけに、左腕リリーフのタナー・スコットを四度も投入した。そして大谷は四度すべてで三振となった。

このシリーズでは「子どものときの憧れ」だったダルビッシュ有とも二度対戦したが、大谷は6打数0安打3三振と完全にひねられた。そして、メッツの左腕先発投手、ショーン・マネイア（サイドスローに近くて腕の角度も曲者だった）がNLCS第2戦に登場した。大谷は3打数0安打2三振と、この投手に完敗した。

大谷の停滞は、ほかの名選手のポストシーズン不振を思い出させるものだった。チームメイトのベッツも、本ポストシーズンのはじめまでは22打数0安打と散々だった。

一方で、アメリカン・リーグMVPのアーロン・ジャッジも苦しんでいた。バリー・ボンズ

とアレックス・ロドリゲスらも、かつて〝10月に弱い男〟という不名誉なレッテルが貼られていた。

「あなたが名前を挙げた選手たちと同列に論じられるべきかどうかは、僕からは言えません」

大谷が答えた。

「僕にとってこのポストシーズンは初めてのことですから、今までの経験とか内省に頼ることができないわけです。ですが今の僕がわかっているのは、非常に強いチームと対戦しているということです。優れたチームの、選りすぐりの投手と対戦しているわけです。ですから、ヒットを打つ、そこでいい結果を出すというのは、見た目ほど簡単ではないということです」

だが、第3戦は、その点簡単だった。ドジャースはメッツの守備の乱れをついて早々と2－0と先制し、そこからキケ・ヘルナンデス、マックス・マンシー、そして大谷本人の本塁打が重なって圧勝した。

8回に大谷が放った本塁打は、この試合で彼が打った唯一の安打でもあり、ある意味、期待どおり走者が2人いる場面だった。打球速度は115・9マイルで、審判が本当にフェアだったのか、映像をあとから確認しにいくくらいポール際の打球だった。

「あの打球の判定を覆すことはできんだろ」

マックス・マンシーが擁護した。

「ファウルポールの100フィート上を飛んでいったんだぞ。ファウルポールの高さが足りなかったということさ」

第4戦で大谷は、先頭打者本塁打を放った。117・8マイルの高速ミサイルがメッツのブルペンに突き刺さった。先発投手、ホセ・キンタナの試合開始後2球目で、大谷にとってはポストシーズンで走者がいない場面での初安打だった。

「オレは金属バットでもあんな打球は打てないのに、ショウヘイは木のバットであの打球を打っちまうんだからな」

そうフレディ・フリーマンが舌を巻いた。

ドジャースはそのまま10－2で楽勝し、これで7番勝負で明らかに優位な位置に立った。大谷はこの試合で3四球を選んだが、ドジャースの10点のうち4得点を彼が生み出した。

「ショウヘイが打席に立つたびに、試合の流れが変わるんだ。あいつの存在自体がチートみたいなもんだよ」

ベッツは大谷をそう激賞した。そのベッツ自身も、徐々に本調子を取り戻していた。圧勝した第4戦では、4安打4打点と当たり始めた。

事実、ドジャース打線は先頭から最後尾の打者まで、メッツを凌駕しつつあった。

NLCS最初の4戦で31四球を選び、この数字はポストシーズンのどこの4試合を切り取っても最高の数字だった。うち12四球は得点に直結。一方で、メッツは最初の4試合の合計で9得点にとどまっていた。

マックス・マンシーは、このドジャースの傾向を1人で象徴していた。彼は12打席連続で出塁した。8四球、2安打、2本塁打だ。これは1年のポストシーズンとしては最高記録で、ポストシーズン全体で見ると、ヤンキースに所属していたときのレジー・ジャクソンに並ぶタイ記録だった。ジャクソンの12打席連続出塁記録は、1977年のワールドシリーズに始まり、1978年のポストシーズンまで続いた。

「これはドジャース打線全体を賞賛するしかないな。もともと優れた打順なのに、そのうえいろいろな技まで仕掛けてくるからな」

メッツのカルロス・メンドーサ監督が第4戦後に脱帽した。

「このチームはストライクゾーンをよく知っていて、そこだけに手を出してくる。それだけでなく、少しでも甘く入ったら痛打してくる。結果は見てのとおりだ。今日もまた同じようにやられてしまったよ」

ワールドシリーズ進出まであと1勝となった。そこでまたジャック・フラーティの出番となった。フラーティはメッツとの第1戦で7イニング無失点と快投したが、第5戦は同じようにはいかなかった。3イニングで8失点と炎上し、ドジャースはそこから反撃できず、6－12でメッツに勝ちを譲って、3勝2敗でロサンゼルスに戻ることになった。

フラーティの速球は明らかに威力を失っていた。26球投じたフォーシームの平均球速は91・2マイルだった。そして、コマンドがまったくできていなかった。ストライクゾーンに投げ分けることができず、待ち構えるメッツ打線の餌食になった。フラーティの3イニングで98マイル超えの速球を九度にわたり打ち返した。

だが、ドジャース打線は機能し続けていた。新人外野手のアンディ・パヘスが2本塁打を放ち、ムーキー・ベッツも1本打った。これなら本拠地に戻ってからも、このシリーズを勝ち抜くことができるのではないか、というかすかな吉兆であった。

第6戦は必然的にブルペンゲームとなるので、攻撃陣の覚醒が必須だった。

今回は、NLDSのときのような淀みのない完封リレーとは程遠かった。でも、そんな完璧な継投劇は不要だった。攻撃陣が奮起して、この6試合で4回目となる8得点以上をあげ、ドジャースは10－5で勝ってメッツを封じた。

「ワールドシリーズか、それ以外か」という例年の懸案を克服し、ついに世界一の舞台へ駒を進めたのだ。

トミー・エドマンは、2点タイムリー二塁打と2ラン本塁打で4打点を叩き出し、文句なしのNLCSMVPに輝いた。対メッツ6試合で彼があげた11打点は、ドジャース球団タイ記録だった。コリー・シーガーが2020年NLCSの7戦で、アトランタ・ブレーブスと対戦したときに並ぶ、球団ポストシーズン記録だった。

ウィル・スミスも第6戦で本塁打を放ち、大谷も2安打1四球で三度、出塁を果たした。

ドジャースがメッツとのNLCSで叩き出した46得点は、球団史上最高のポストシーズン記録で、ナショナル・リーグのCSの歴史を振り返っても最高記録だった。

そしてこのおかげで、ワールドシリーズでは夢の組み合わせが実現した。

ドジャース対ヤンキース、歴史とスーパースターを兼ね備えた名門同士の対決だ。

「野球ファンなら、この組み合わせで興奮しないわけにはいかないだろ」

第6戦後の祝賀会で盛り上がるなか、マックス・マンシーが吠えた。

「二大巨頭の直接対決だぞ。しかも最高のスターがそろっているんだ。かたやフレディ、ムーキー、ショウヘイが並んでる。もう片方には、アーロン・ジャッジ、ジャンカルロ・スタントン、フアン・ソト、ゲリット・コールだぞ。最高のスターたちが最高の舞台で戦うんだ。これでファンが興奮しないわけはないだろ？　ドジャース対ヤンキースだぞ。いくぞ！」

第11章
ワールドシリーズの景色

SHO-TIME 3.0
THE JOURNEY TO HIS FIRST WORLD SERIES VICTORY

ゴールデンカードによる夢の舞台

ドジャースとヤンキースには歴史がある。しかも、膨大な歴史だ。

かつてはニューヨークで隣人同士だったが、今は東海岸と西海岸の対極にあり、ワールドシリーズでの対決は、今回の2024年で12回目となる。それは歴史上もっとも多いワールドシリーズの組み合わせだ。だが、最後の対決は1981年だったので、久しぶりの対決である。

大谷翔平にとっては、2023年12月にドジャースと契約して以来、目指していた場所へついに辿り着いたことになる。

「私としても、今までプレーオフすら行ったことがなかった男を、ワールドシリーズの舞台に連れ出すことができて本当に嬉しいよ」

オーナーのマーク・ウォルターが、NLCSに勝ってチームメイトたちと喜び合う大谷を見ながら口にした。

素晴らしいと、アンドリュー・フリードマン編成本部長も同調した。

「これがショウヘイにとっては初めての10月で、ドジャースファンも彼をプレーオフで間近に堪能できて、そして全世界のファンがこの機会を待ち望んでいたわけだ。特別な瞬間になるね。これこそ、われわれが昨年12月に顔合わせした時点で話していた光景で、1年目にして結実し、究極のゴールがもう目の前まで見えてきている。これは誰にとっても特別なことだと思うよ」

これがドジャースに求められる最低限の基準なんだと、周囲に念を押したのはマックス・マンシーだった。だが、ドジャースは例の「2020年バブル」以来、ワールドシリーズ進出を果たしていなかった。

「どこのチームだって、スプリングトレーニング1日目には『今年はワールドシリーズ優勝を目指すぞ』って言うものさ。そのなかで、われわれドジャースはこの目標が現実的な、それも毎年狙える数少ないチームの1つなんだよ。当然、重圧もかかってくる。期待も高まっている。とくに今年は何人か超大物が加わったわけだろ。だから、1年中その重みは感じていたよ」

大谷がこの重みを痛感していたのは間違いない。NLCSでニューヨーク・メッツを破ったあとに彼が満足していたのは明らかで、アナハイムを離れて、前代未聞の高額かつ後払い条項までつけてまでロサンゼルスに移籍した決断が正しかったことを、自ら証明できたからだ。

「やっと僕はこの舞台に辿り着けました」

彼は通訳を通じて答えた。

「僕の目標はこの舞台でした。あの契約にサインした瞬間から、この舞台にいる絵を思い浮かべていました。そして、このようなステージに立つためにはチーム全体の努力と団結が必要で、ここに至るまでの試合は本当に大変でした。ですが、今ここに辿り着けて、僕は本当に嬉しいです」

この夢の舞台は、MLBのマーケティング観点からも最高の組み合わせとなった。〝青い血〟が流れるスーパースター集団が、ニューヨークの名門と激突するのだ。野球に関心がある全世界の人すべての目が集まる対決だ。

「破壊の神々がここに集うんだぞ」

ヤンキース指名打者のジャンカルロ・スタントンはそう吠えた。

今回のワールドシリーズ進出の2球団は、スター選手の顔ぶれ、年俸、ファンの期待などを超えた、それ以上の共通点を備えている。両方とも圧倒的な筋力と忍耐力でシーズンを乗り越えてきたということだ。

公式戦シーズン中、双方ともボールを空振りするチェイス・レイトにおいては最低という好成績を残していた。得点はドジャース2位とヤンキース3位で、長打率はドジャース1位とヤンキース4位、本塁打数ではヤンキース1位とドジャース3位だった。だが、ヤンキースには明らかに優位な点が1つあった。それは絶対的エース投手、ゲリット・コールの存在だ。

ヤンキースは当然、初戦の先発で彼を送り込み、エースの名に恥じない好投を見せた。コールはドジャースの先頭から14人の打者のうち13人を打ち取った。唯一の安打はある種のサプライズで、フレディ・フリーマンの三塁打だった。

ドジャースは足首の重傷を抱えたフレディ・フリーマンにまるまる1週間の休養を与えて回復を期待し、メッツとのNLCS第6戦をフリーマン抜きで勝ちきった。この1週間でフリーマンは、足首のケガが自分のスイングには何の影響も与えていないと周囲を納得させようとした。この三塁打は、彼が9月26日に負傷してから初となる長打だった。

ドジャース先発ジャック・フラーティも、コールに負けず劣らず6回に入るまで無失点だった。フラーティはNLCS第5戦の惨劇から見事に立ち直った。だが、6回に先頭打者のファアン・ソトに安打を許すと、その2人あとの打者となるスタントンに低めの緩い球を捉えられ、レフトスタンドに412フィートの2ラン本塁打を許した。

この本塁打で2－1とリードを奪ったことにより、明らかにコールに追い風が吹いていた。だが、ヤンキースのアーロン・ブーン監督は、コールが7回に先頭打者テオスカー・ヘルナンデスに安打を許した時点であきらめ、まだ投球数は88で余力がありそうだったが、あっさり降板させた。

この回に得失点の動きはなかったが、ドジャースは8回に同点に追いついた。まずは、大谷がライトフェンスに二塁打を放った。ホームランまであと数フィートだったが、ヤンキースの中継が乱れるすきに、彼は三塁まで進んだ。そして次の打者、ムーキー・ベッツの犠牲フライで、彼は簡単に同点のホームを踏むことができた。

試合は同点で延長にもつれ込んだが、10回にヤンキースが1点入れて勝ち越した。10回裏、四球と内野安打が重なり、1アウト一・二塁で大谷に打席がまわった。ブーン監督はこの場面で、ヤンキースの先発ローテーションに1年入っていたが、9月半ばに前腕屈筋腱を故障して以来登板していなかった、左腕のネストル・コルテスを投入した。

「左対左にしたかったからあいつを投入したのか。違う。そんな単純な話ではない」

ブーン監督が試合後に明言した。

「彼はここ数週間、本当にいい球を投げられるようになっていたから、この場面でやってくれると信じていたんだ」

大谷はコルテスの1球目を振り、上がった飛球はレフト側に飛んでいった。ヤンキースのアレックス・ベルドゥーゴ左翼手がつかみにいったが、そのままスタンドに飛び込んだ。

だが、ベルドゥーゴはその後の命運を大きく変える致命的ミスを犯していた。まだスタンドに飛び込んだまま返球してしまったのだ。走者全員、一塁のトミー・エドマン、二塁のクリス・テイラーはそれぞれ1つずつ進塁を与えられた。これで一塁が空いた。

2アウトとなり、ブーン監督はムーキー・ベッツを申告敬遠し、再び左対左の対決、コルテス対フリーマンに賭けた。

コルテスは初球で内角の真っすぐを投じた。実は、これこそフリーマンが狙っていた球だった。フリーマンのバットが一閃し、打球はライトスタンドに飛び込んだ。

ワールドシリーズ史上初のサヨナラ満塁本塁打が生まれた。

ドジャースタジアムが大爆発した。そして、フリーマンはしばらく我を失った。

この一発は当たった瞬間にわかるもので、フリーマンは一塁に歩きながら自らのバットを空高く掲げた。チームメイト全員がフィールドになだれ込み、フリーマンは「宙に浮いてさまよったような感じ」だったという。

彼が記憶しているのはベースを1周しながら叫び続け、二塁と三塁の間でドジャースのブルペンを指さし合図を送ったことだけだ。

本塁を踏んだあと、フリーマンは本塁後方の最前列の席にいた父親を見つけた。2人の間には、フレディが10歳のときに母親を亡くして以来、特別な絆が培われていた。

彼が足首と肋骨に大ケガを負っていることなど、誰もが忘れていた。フリーマンはとにかく父フレッドがいる場所に直行した。

「オヤジはオレが物心つくかつかないかのころから、いつも打撃練習で投げてくれていた」

フリーマンが切り出した。

「オレのスイングができあがったのはオヤジのおかげ、オレのアプローチもオヤジのおかげ、今のオレがいるのもすべてオヤジのおかげなんだ。あの瞬間に、オヤジが周りの人たちみんなと抱き合っているのが見えた。せっかくオヤジが来ているのだから、あの瞬間を分かち合いたかった。今までたくさんの困難を乗り越えてきた男が、人生最高の瞬間を喜んでいたんだよ。だから、オレもその喜びに加わりたかったんだ」

この1本は、それ以上の意味をもつものだった。長年のファンにとっては、1988年のカーク・ギブソン以来、待ち続けてきた瞬間だったのだ。

「オレはこのチームのなかで両方の瞬間に生きていた1人か、まあ、2人なんだろう」

37歳の救援投手、ダニエル・ハドソンが語った。

「どちらもほぼ同じような状況だったんだな。ギブソンが9回裏に打席に立った。ワールドシリーズ第1戦のことだ。左投手が登板してきた。今回のフリーマンとギブソンを比べると、それだけでゾクゾクしてくるね」

ただし、フリーマンにとって1つ非常に重要な違いがあるのだという。

「オレは、1試合まるまる出ていたけどな」

彼自身の言葉だ。ギブソンは代打出場して本塁打を放った。脚のケガのためワールドシリーズ唯一の打席だった。フリーマンは滔々と語った。

「5歳のときに兄貴2人と裏庭で野球をしていて、野球少年の夢見るシナリオといえば、ワールドシリーズで2アウト満塁の場面で打席に立つ、だろ。それが実現したうえに、本当にホームランを打って、しかもそれがサヨナラでシリーズ1勝0敗になるんだよ。こんな話が本当にあるんだな」

ドジャースタジアムは第2戦も満員御礼でざわついていた。そして、完全に違う雰囲気で帰宅していった。

予期せぬアクシデント

この試合のドジャースは、全体を通してまったく危なげがなかった。

山本由伸が先発して、最高の投球を披露してくれた。6回まで許した安打はフアン・ソトのソロホームラン1本で、この本塁打以降は11人を連続アウトにした。

ヤンキースの主砲、アーロン・ジャッジはドジャース投手陣により完全に無力化され、ワールドシリーズ2戦で9打数1安打6三振と、完全に抑え込まれた（なお、それまでの2つのプレーオフでは31打数5安打13三振と、もともと調子がよくなかった）。

ドジャース打線からは、トミー・エドマン、テオスカー・ヘルナンデス、そしてフレディ・

フリーマンの本塁打が飛び出し、4－2と勝利した。だが、明るい雰囲気は7回に暗転した。

1アウトから四球を選び、大谷は二盗を狙いスタートを切るが、ヤンキースのオースティン・ウェルズ捕手に刺された。そのとき、大谷は少し特殊なスライディングをして、投球用の腕を守ろうとした。

その結果、彼の左手が地面に引っかかり、左肩が外れることになった。明らかに痛みを抱えている大谷はしばらく地面に転げたままで、その後トレーナーに抱えられ、左肩をおさえながら退場していった。

「ダグアウトのなかだけでなく、球場全体が静かになってしまったよな」

テオスカー・ヘルナンデスが振り返る。ドジャースはこの負傷によるダメージを最小限にしようと努め、症状は左肩の亜脱臼だと発表した。

ロバーツ監督も、大谷の肩の可動域は試合後のテストでも十分で、左腕の強さも「グレートだ」と強調し、試合出場もまだ可能だと語った。

「そんなことになったら、大きすぎる穴になるよ」

キケ・ヘルナンデスが大谷抜きで戦う場合について語った。

「ただ、このチームは多少何かがあっても、つねに上を目指す男たちがそろっているんだ。フレディなしで試合に臨んだこともあったし、ムーキー抜きの試合もあった。でもオレたちはそんな試合でも勝ってきたからな」

ムーキー・ベッツもヘルナンデスに同調し、ドジャースは仮に大谷がいなくても「勝てる自信がある」と断言した。しかも、7番勝負ですでに2勝リードしている状態なのだ。

「オレたちはショウ抜きで試合なんかしたくない。でも仮に抜けたとしても、誰かが代わりに穴を埋めてくれるよ。オレたちはやっていける、間違いなく。仲間全員を信じているからな」

そんな気概をもって、チーム・ドジャースは荷物をまとめニューヨーク入りした。大谷は地元に残って肩のMRI検査を受け、別のチャーター機で現地入りした。

チームが空港に向かう途上で、大谷のチームメイトたちは、彼からのメッセージを受け取った。選手たちだけのグループチャット宛てだった。

〈いい試合だったな、仲間たち〉

彼は英語で綴っていた。

〈前回は、ベリンジャーが肩を脱臼したよね。今回は、オレの肩が脱臼してしまったけど、これってワールドシリーズ優勝の吉兆だよ〉

大谷がふれているのは、ドジャースが直近でワールドシリーズ制覇した2020年のことだった。コディ・ベリンジャー中堅手が、NLCS第7戦で本塁打を祝う最中に肩を脱臼してしまったのだ。

彼はケガを押してワールドシリーズに強行出場したが、打撃は22打数3安打（うち1本は本塁打）とふるわず、優勝後に手術をした。マックス・マンシーがそう振り返った。

「ちょうど空港へ向かう最中にあいつからメッセージが送られてきて、『オレはいける』と力強く言ってくれたんだ。あいつが試合に出られると断言してくれたから、オレたちは一気に盛り上がったよ」

大谷は試合に出る。だが、好調なはずがなかった。結局、負傷後のワールドシリーズ打撃成績は11打数1安打、1四球、1死球だった。第3戦で出塁した際には、左腕を胸につけて庇《かば》うしぐさを見せていた。

それでもドジャースは明らかに優勢だった。

フレディ・フリーマンが初回に2ラン本塁打を放ち、先発のウォーカー・ビューラーがヤンキース打線を5回無失点に抑え、ドジャースは4－2で勝利し、このシリーズ3勝0敗とした。

「あいつが（フリーマン）この3試合でどれほど貢献してくれたことか。もちろん、われわれとしてはもう1つ勝たないといけないんだけど、まあ残りのどこかでもう1つは勝てるとしよう。オレとしては、もうフレディがLAの大英雄として、どこのレストランでもタダで食べれるようになってほしいよ」

キケ・ヘルナンデスはそう話していた。

フリーマンは、第4戦の1回表にまたもやってくれた。再び2ラン本塁打を放ったのだ。フリーマンはこの本塁打で、2つのワールドシリーズ新記録を打ち立てたことになる。ワールドシリーズ第4戦までの全試合で本塁打を放った史上初の選手となった。

2021年のアトランタ・ブレーブス時代に出場した最後2戦での本塁打も合わせると、ワールドシリーズ最多の連続試合本塁打記録は「6」となった。

だが、ヤンキースもやっとここで本領を発揮した。アンソニー・ボルペが満塁本塁打を放ち、オースティン・ウェルズとグレイバー・トーレスも本塁打で続いて11－4で勝ち、2012年以来となるワールドシリーズ4連敗を阻止した。

第5戦は第1戦と同じ投手同士の再戦となった。ゲリット・コールとジャック・フラーティだ。今回のフラーティは冴えなかった。

初回に彼は、アーロン・ジャッジとジャズ・チザムJr.に連続本塁打を献上し、打者9人との対戦で4点を与え、わずかアウト4つでロバーツ監督は彼をあきらめ、必然的にブルペンゲームを余儀なくされた。

ヤンキースは5－0とリードを広げ、3回にジャンカルロ・スタントンの本塁打が飛び出た時点で、シリーズはカリフォルニアに戻ると誰もが思った。だが、それだけ本塁打を量産したヤンキースは、その後にありとあらゆるやってはならないことをやってしまった。

このシリーズの行方を決定づけた、おそらくワールドシリーズ史上最悪の守備は5回表に発生して、コールは足元の絨毯をはがされた状態になった。

先頭打者のキケ・ヘルナンデスがクリーンヒットを放ったが、次のトミー・エドマンはアーロン・ジャッジが待ち構えるセンターに平凡なライナーを打った。ところがジャッジはこの打球を落とし、通常では考えられないエラーとなった。

ウィル・スミスはアンソニー・ボルペが守るショートにゴロを打ったのだが、ボルペは二塁走者を三塁で刺そうとした。しかし三塁への送球が土につく悪送球となり、走者全員がセーフとなってドジャースは無死満塁の絶好機をつかんだ。

コールはギャビン・ラックスと大谷を三振に打ち取り、危機を脱したかに見えた。ところが、次のムーキー・ベッツが一塁手アンソニー・リゾの守備範囲にゴロを打ったものの、コールは一塁のベースカバーに入れず、リゾが一塁に走り込んでベッツを打ち取らなければならない羽目に陥った。このかけっこ競争はベッツの勝ちだった。これでドジャースに1点が入り、ヤンキースタジアムの雰囲気は一気に落ち込んだ。

フレディ・フリーマンはセンターに2点タイムリーヒットを打ち、ワールドシリーズMVPを決定づけた。フリーマンのシリーズ5試合12打点は、ボビー・リチャードソンに並ぶ記録だ。リチャードソンの12打点は、1960年のヤンキースにて7試合で記録したものである。

テオスカー・ヘルナンデスが2点タイムリー二塁打を放って、このイニングの5点目を入れて試合は同点になった。このイニングの5点はすべて2アウトのあとに入ったものである。5点とも投手の自責点ではなかった。テオスカー・ヘルナンデスはこう言い放った。

「オレたちは、あのイニングに起こったあちらのミス全部につけいったということさ。オレたちはのきなみ打撃は好調だった。とにかく、打てば何かが起こったんだ」

ヤンキースも6回に再びリードを取り戻した。しかしドジャースは、バットが折れながらの安打、四球、捕手の打撃妨害、2本の犠牲フライを組み合わせて8回に7－6とリードを奪った。

だが、ここからどのように試合を締めればいいのか？

もっとも頼りになる救援投手のエバン・フィリップスは、肩の故障でワールドシリーズの出場枠からは外れていたし、フラーティの早期降板によりロバーツ監督は予定よりも早くブルペンから多くの投手をつぎ込むことを強いられた。

ブラスダー・グラテオルが6回に苦しみだし、ロバーツ監督はブレイク・トライネンを投入した。最後の2カ月間、もっとも頼りにできる救援投手だった。その右腕に、今まで以上に期待を込めて命運を託した。

トレイネンはボルペを内野ゴロで打ち取り6回を乗りきって、7回も無失点で抑えた。そして8回も続投した。ジャッジが1アウトから二塁打を放ち、トレイネンは次のジャズ・チザムを歩かせた。ここでロバーツ監督はマウンドに向かった。トレイネンは37球を投じていた。

「私はあいつの目を見つめた」

ロバーツ監督はトレイネンの胸に手を当てていた。その場面を振り返りながら語った。

「私は『気分はどうだ？　あとどれくらいいけそうだ？』と聞いたんだ。すると、あいつは『まだ投げたいです』と答えてくれた。だから信用した」

2024年のポストシーズンに入ってからのロバーツ監督の采配は冴えわたっていたが、この続投の決断も正しかった。

トレイネンはジャンカルロ・スタントンにフライを打たせて打ち取り、次のアンソニー・リゾも三振に切って取り、残塁2をヤンキースに記録させた。

トレイネンにとって、この日の2回3分の1は、2018年4月18日にオークランド・アスレチックス所属時代に記録した3イニング以来の最長投球回だった。

投球数の42も彼がオークランド・アスレチックス時代に出場した、2018ワイルドカードゲームでの対ヤンキース戦の43球以来の多投だった。

そして、ドジャースにはもう1イニング反撃の機会が残されていた。

この日のもう少し早い時間帯に、第3戦で先発したウォーカー・ビューラーがドジャースのクラブハウスでアンドリュー・フリードマンと遭遇した際に、「オレはいざというときブルペン待機して登板したいから、普段のイニング前の投球練習はしない」と明言していたと、フリードマンは笑いながら振り返った。ビューラーは最悪の場合、第7戦で先発するはずだった。

「オレは『そうか、ウォーカー、それはありがたい』と答えたんだ。するとウォーカーは、『でも試合がややこしくなったらどうすんだ？』と言った。それでオレは、『そうだな、ややこしくなったらそのときだ。そこまで心配するな』と答えた。ブルペンには休養十分の投手がそろっているのを知っていたから、オレは軽く受け流したんだ」

数時間後、ドジャースは5回を迎えた時点で0－5で負けており、先発投手も1回1／3しかもたなかった。フリードマンとスタッフチームは、第6戦の先発、山本由伸を一刻も早く「フルフラット」でロサンゼルスに送り返し、少しでも長く休養を取らせたうえで登板できないか考え始めていた。

「5回があいう展開になって、6回に入ったわけだ。ウォーカーが入ってきて『これはややこしい場合に入るのかな？』と聞いてきた」と、フリードマンは試合後に満面の笑みを浮かべながら語った。答えはもちろん、「そうだ、そのとおりだ」だった。

こうしてウォーカー・ビューラーは、レギュラーシーズン中は1勝6敗、防御率5・38とふるわなかったが、ヤンキースタジアム9回のマウンドに登場し、１９８８年以来となるドジャース完全優勝、世界一の締めくくりを託されることになった。

そして彼は力強く締めくくった。ボルペを内野ゴロに打ち取り、オースティン・ウェルズとアレックス・バーデューゴを三振に切って取った。

ビューラーにとってはＮＬＤＳ第３戦の2回に失点して以来の、13イニング連続無失点となった。三度ワールドシリーズに出場し、２０１８年、２０２０年、そして２０２４年の締めくくりで、ビューラーは19イニングわずか1失点を許したのみということだ。

「このチームには、あのイニングを抑えられるヤツが30人はいるよ」

ビューラーは胸を張った。

「オレはたまたまあのとき空いていただけさ」

夢に見た舞台での景色

ドジャースはワールドシリーズ史上最多得点差の5点差をひっくり返して勝利した。

「この試合はオレたちのシーズン全体を象徴する試合だったよ」

マックス・マンシーが叫んだ。

「いくつか痛い目にあって、そこから立ち直るんだ。さらに大きな痛手を受けて、そこから巻き返すんだ。この試合は、まさにオレたちの今シーズンをまとめたものだったよ」

大谷翔平初のポストシーズンは、通算打率・230（61打数14安打）、3本塁打、10打点、14得点という結果だった。途中、肩のケガを抱えた彼のワールドシリーズ戦績は、19打数2安打にとどまった。

肩のケガは、大谷やドジャースが考えていたよりもさらに深刻なものだった。ロサンゼルスで優勝パレードが行われた数日後、大谷は手術を受けた。

利き腕ではなく、打席で後ろ側になる肩を手術したぶんには、来年の大谷のバッティングおよび投球には影響しないはずだ。とはいえ、完全復活は遅れることになるだろう。

2023年のトミー・ジョン手術からのリハビリをワールドシリーズ終了まで遅らせたため、ドジャースは2025年の大谷投手デビューとローテーション入りを、シーズン中のどこかと想定していた。今回投げるほうではない肩の手術をしたが、それでも大谷の投手復帰は少なくとも開幕戦には間に合わないことがほぼ確定した。

つまり、東京ドームで2025年3月に行われるカブスとの開幕2連戦で、登板することはないということだ。ブランドン・ゴメスGMはこう強調した。

「われわれは、1つひとつ確認項目にチェックを入れ、ショウヘイが最高のかたちで投げられるようにしたい。だから、どこかで不足が生じたときには、そこを補うことを最優先にしていくことになる。細かく1つひとつの項目を確認していくから、『おい、X月X日にはお前に投げてもらわないといけないから無理をしろ』みたいに急かすことは絶対にない」

ドジャースが世界一に輝き、湧き上がるクラブハウスでそのように彼を急かそうとする人は1人もいない。FOXが行ったフィールド内のインタビューで、大谷はここに至るまでのシャンパンファイトを毎回謳歌してきたが、多くのドジャース選手たちが伝統的に行ってきた葉巻の一服は、まだしていないと答えていた。

だが、この2024年の世界一のおかげで、大谷の経歴書に唯一残されていた、選手としての空白が埋められた。

「彼こそが、史上最高の野球選手だといっても異論がある人はほとんどいないと思う」

アンドリュー・フリードマン編成本部長がしみじみ語った。1年前に競合を出し抜いて大谷との契約にこぎつけ、前代未聞の10年契約の正しさを1年目のワールドシリーズ制覇で見事に証明できたのだ。

「今晩ショウヘイと話して、お祭り騒ぎのなか『あと9回!』と言っていたよ。1年目で世界一になれたから簡単だと思ったのかもな。でも、本当にあと9回世界一を目指すよ」

ドジャースが世界一になってロサンゼルスで優勝パレードを行うのは、実に36年ぶりだった。2020年にもワールドシリーズ優勝を果たしてはいたが、新型コロナのパンデミックのせいで何もできなかった。推計25万人がロサンゼルスのダウンタウンに繰り出し、それとは別に4万2438人の観客がパレード後のドジャースタジアムに集い、アイス・キューブのラップに合わせてロバーツ監督がバックダンサーを務めるイベントを満喫した。

そのなかでもとくに大きな歓声があがったのが、ロバーツ監督に促され、大谷翔平がマイクを握って英語で観衆に語りかけた瞬間だった。

「これは僕にとって特別な瞬間です。ここにいられることを名誉に思いますし、このチームの一員でいられることを誇りに思います。おめでとう、ロサンゼルス！　ありがとう、ファンのみなさん！」

プロスポーツ史上最高額で大谷と契約した11カ月後、ドジャースは12年間にわたり公式戦では勝っていたのに、その後が続かなかった課題を克服し、1年目でワールドシリーズ優勝という最高の成果を出すことができた。

もしも、ドジャースが２０２４年のワールドシリーズ優勝だけのためにオールインしたと思っているなら、「好きにしろ」とCEOのスタン・カステンは言う。

「このチームは『来年も、その次の年も、そのまた次の年も、これから9年間ずっと世界一になり続けるためにオールインしたんだ。われわれはドジャースなんだよ、ビル」

カステンはシーズン真っただ中のある日、試合前にドジャースタジアム内にある自身のオフィスでそう私に語りかけた。

「われわれは自力で有力選手を集めてきた。それを恥じるつもりも、謝るつもりもない。私はかつて何も期待されない場所にいたが、そのときより今のほうがいい。圧倒的に今のほうがいいんだ。私はグッゲンハイムグループがドジャースを買収した12年前に言ったんだ。『大きくなるか、おめおめと帰宅するか、帰る家すらなくなるかのどれかだ』と。われわれは地元で絶大な応援を受けている。もうこの応援は何十年も続いている。だが、われわれも球場で試合をして地域に貢献しているんだ。だからこそ、われわれは選手補強に投資する。選手たちがやりやすいようにスタジアムにも投資する。コミュニティにもっと貢献できるように選手へさらに投資する。だから、地域もチームのために投資してくれるんだ。これこそ好循環で究極のウィンウィンの関係だよ。もし、われわれが大金をくすねて自分たちのポケットに入れている、いい商品を出していない、というならば、どれほど悪く言われてもいい。だが、われわれはそういう集団ではない。まあ、ハイリスク・ハイリターンとはいえるけどね。必要な収益をあげるためにも大金を投じていく必要があるから。ここで1つ、はっきりと言わせてくれ。この業界は競争が激しい29のチームがあって、それぞれに賢くて、献身的で、情熱的な人員がそろっているんだ。そんな世界で、われわれは12年連続で優勝争いをしているのだよ。まあまあだとは思わないか。われわれには、このように進んでいく以外の道はないんだ」

エピローグ　MVP×3

ロサンゼルス・ドジャースが、あらゆるプロスポーツ史上最高額の契約を大谷翔平と結んだ際に、チーム全体と大谷個人の両方に過大なほどの期待がかけられた。

チームはワールドシリーズ制覇というかたちでこの期待に見事応え、大谷は前人未到の50－50を達成し、事前の期待さえも軽く超えてしまった。

二刀流選手としてアメリカン・リーグのMVPに二度輝いたが、大谷は指名打者としてナショナル・リーグでも歴史的偉業を認められ、このたびMVPに選出された。野球史上初のシーズン50－50だけでも、三度目の満票MVPに十分だった。

そもそもMLBの歴史上、複数回満票でMVPに輝いた選手は存在しない。

「当然ながら、僕は新しいリーグに移ったわけですから、すべてが目新しい経験でした」

大谷は発表直後にこう語った。

「ナショナル・リーグにも素晴らしい選手はたくさんいます。そのなかで、この賞を満票でいただけたことには喜びを感じています。僕自身誇りに思います。今後のシーズンでも、同じような次元でプレーが続けられることを願っています」

ドジャース加入1年目で、ナショナル・リーグMVPに輝いたことにより、エンゼルス時代の2021年と2023年の二度のMVPからさらに上積みされることになった。

大谷は、殿堂入りも果たしているフランク・ロビンソンのみが達成していた、両リーグMVPの仲間に加わることになった。ロビンソンは1961年にシンシナティ・レッズでナショナル・リーグMVPに選ばれ、1966年にボルチモア・オリオールズでアメリカン・リーグMVPに選出されていた。

そして何よりも、1年目でのワールドシリーズ制覇が花を添えた。

「私にいわせれば、ショウヘイにとって100パーセントの成果が出たシーズンだと思う」

デーブ・ロバーツ監督がそう述懐した。

「フィールド上はもちろん、クラブハウスでもそうだったし、ビジネス面を含めて、ショウヘイ抜きのチームは考えられなかった。だが野球面で、2本のファウルラインの間であれ以上のシーズンは考えられないと思うよ。ほかの誰にもできっこないんだからね」

2023シーズン後に大谷がフリーエージェントとなり、ドジャースはこの男を獲得しなければならないと悟っていた。獲得の準備の一環として、ドジャースは大谷のような唯一無二の技量をもつ選手がどれほどの価値をもたらしてくれるか計算していた。

「今年の活躍を見ただけでも、そして来年以降は投手として復帰するわけだけれども、まだまだショウヘイの価値は過小評価されていると思うね。攻撃面でこれだけの貢献をもたらしてくれたわけだが、先発投手としてもリーグ有数の存在で、そのぶんの活躍はまったくなかったのにこれだからね」

2024年シーズン終盤に入ってから、ブランドン・ゴメスGMがしみじみと振り返った。

「われわれとしても彼の価値を出そうとしたんだけど、とても測りきれるものではないんだ。フィールドで、どれほどチームの力になってくれたことか」

フィールド外で、大谷がビジネス面でドジャースにもたらした利益、こちらについてはもはやドジャース経営陣のどんな無謀な夢想もはるかに超えるものだった。

「君たちのことだから『期待に応えてくれましたか？』と聞くんだろうな」

とドジャースCEOのスタン・カステンがシーズン中盤に切り出した。

「答えはノーだ。そんな期待をはるかに超えていたよ。とんでもなく想像以上だった。ビジネス的にいえば、具体的な数字までは明かせないが、われわれが想定していたあらゆる計画がすべて吹っ飛ぶくらいの衝撃だったよ」

つまりは、後払い条項つきの7億ドルの契約は、ドジャースにとっては大バーゲンのお値打ちものだったということだ。フィールド外で新境地ともいえる利益を生み出し、フィールド上では歴史的大活躍もしてくれたのだから。

今年の大谷は投手としてはいっさい役立ってないんだぞ、と元ドジャース強打者、マット・ケンプがからかうが、大谷は軽くいなした。

「ああ、今年は投げられませんでした。すみません、ホームラン50本打っただけで」

大谷自身はとくに数値的な目標は掲げていないと否定するが、こう明言した。

「今年はまったく投げられないことだけはわかっていましたから、とにかく打撃に集中しようとは思っていました」

この集中力のおかげで、MLB史上有数の打撃が生み出され、たった1人しか加入が許されていない50－50クラブをつくり上げたうえに、彼自身とドジャース全体が切望していたワールドシリーズ制覇も同時に達成したのだ。大谷はこう話した。

「ワールドシリーズ制覇を達成できたのは特別な体験でした。僕個人としてMVPをいただけたことは忘れられないですし、身に余る光栄だと思いますが、この賞はチーム全体に与えられたものを代表として受け取るものであり、来年ももっと勝ちたいという思いが強まっています」

大谷はメジャーリーグ全体で2位の本塁打を放ち（1位のアーロン・ジャッジの58本に次ぐ54本）、盗塁数も2位（エリー・デラクルーズの67回に次ぐ59回）だった。この2つで両方とも上位2番以内に入ったのは、1909年のタイ・カッブ以来である。

30－30を達成した選手としては47人目だったが、大谷はこれまで6人しか達成していなかった40－40に史上最速で到達し、結局、50－50に至るまで止まることはなかった。

そして得点、打点、出塁率、長打率、OPS、本塁打においては、ナショナル・リーグトップだった。特筆すべきは、以上の業績をすべて2023年9月に受けたトミー・ジョン手術のリハビリ真っ最中に達成したということだ。もっとも驚愕したのは同業者たちだった。

アメリカン・リーグMVPのアーロン・ジャッジは、大谷のことを「野球界最高の選手」と評した。自身もMVPを受賞しているムーキー・ベッツはこう語った。

「あいつは毎日、球場で一番の選手なんだ」

大谷自身がフィールド上でプレーする時間は、ほかの選手より明らかに短いにもかかわらず、2024年の彼はまさにそのとおりの存在だった。

「オレはつねづね、指名打者にMVPなんてありえないと思っていたよ」

ドジャースのチームメイトかつ2020年ナショナル・リーグMVPであるフレディ・フリーマンも語った。

「だけど今年のあいつを目の前で見せつけられたら、反論のしようもないよ。指名打者にMVP受賞なんてありえないと、たしかに思っていたよ。いってみれば、1日に4回か5回、打席に立つだけじゃないか。けれどもその限られた機会で50－50とかやられてしまったら、考え直すしかないよな」

投票者一同も、大谷を史上初の専任指名打者MVPに選出することに異存はなかった。

2024年以前には、専任指名打者がMVP投票で2位になったことが四度あった。デビッド・オルティスは2005年に受賞あと一歩までに迫った。彼は1位票を11票獲得したが、1位票を16票獲得したアレックス・ロドリゲスに次ぐ2位に甘んじた。

「彼も50盗塁してれば、受賞できただろう」

アメリカン・リーグ2018年MVPのムーキー・ベッツは、MVPを受賞できなかったオルティスが打率3割、47本塁打、148打点を叩き出しながらも、盗塁はわずか1個だったことについて冗談半分にそう指摘した。

大谷は2025シーズン中に、二刀流の完全復帰が期待されている。ただ、ワールドシリーズ直後に肩の手術を受けたため、ドジャースでの投手デビューは少し遅れることになりそうだ。

「もともとの目標は開幕でした。投げるのも打つのも、両方そこに合わせていました」

大谷は2024年11月にそう語っていた。

「ただ時間に余裕をもって考えようと思っています。まずは僕の健康が第一ですから。チーム全体としても焦らないつもりです。当初の予定よりは時間がかかると思いますし、僕がマウンドに登るのは健康状態も完全によくなってからということになるでしょう」

トミー・ジョン手術も二度目だったこともあり、ドジャースの方針として、大谷が投手として復帰した初のシーズンに関しては、投球回数も制限することになりそうだ。

投手復帰が開幕よりも遅れることにより、逆にいえば調整もしやすくなり、10月のプレーオフに進出した際のために投手としての腕を温存できるだろう。

おかげで、ワールドシリーズを再び制覇する期待も高まってくる。

そして今後も大谷は、歴史的偉業を毎年期待される重圧のなかで戦い続けることになる。

「僕にとって、それは重圧というよりも喜びですね」

大谷は2024年ワールドシリーズの最中に行われたFOXのインタビューで答えた。

「多くのファンが僕を見るためにわざわざ日本からやってきてくれているんです。これは僕にとって本当に嬉しいことですし、だからこそ、ベストの自分をそんなファンの方々にお見せしたいと思っています」

謝辞と出典

私は生まれてこのかた、ずっと本を読み続けてきた。まさか、自分が1冊書くとは思っていなかった。

だが、大谷翔平が動けばすべてが動き始め、彼がエンゼルスからドジャースに移籍してくれたおかげで多くの人に――私自身も含め――新しい機会が生み出された。

まずは、サザン・カリフォルニア・ニューズペーパー・コープ（SCNG）の同僚ジェフ・フレッチャーに。彼は、大谷がMLBに移籍してから最初の6年間、SCNGのエンゼルス担当記者として丹念にその記録をまとめて2冊の本（Sho-TimeとSho-TimeIIだ）を上梓した。

日本の出版社が大谷のドジャースでの活躍について3冊目の本をと彼に持ちかけた際、ジェフは迷うことなく私を後継の著者として推薦してくれた。ジェフの助けなくして、このプロジェクトが生まれ実現することはありえなかった。

次に感謝申し上げたいのは、出版業界の道案内をしてアメリカの出版社トライアンフ・ブックスとつないでくれた代理人のジャド・ラギである。

この歴史的シーズンに、ドジャース番記者として日々の業務をこなしつつ、1冊の本をまとめるのは、決して容易な作業ではなかった。そんな悪戦苦闘する私をつねにがまん強く助け、私を警察に突き出さずにいてくれたドジャース広報担当スタッフ（ジョー・ジャレック、フアン・ドラド、アリー・サルベェージ）にも感謝申し上げたい。

そして同業者の「コア・フォー（中核の4人）」、ロサンゼルス・タイムズのジャック・ハリス、ジ・アスレチックのファビアン・アルダヤ、MLB.com のファン・トリビオにも、常々老骨に付き合ってくれて感謝している。

同じことは日本の「トモダチ」にもいえる。彼らのおかげで、人気世界一の野球選手を取材する活動が楽しくユニークなものになっている。

ドジャース関係者はのきなみ協力的で、とくにデーブ・ロバーツ監督はつねに連絡しやすく、私が出会ってきた諸監督のなかでももっとも忍耐強く、記者の相手をしてくれる存在である。監督とコーチ一同、そしてスタン・カステン、アンドリュー・フリードマン、ブランドン・ゴメス、ブランドン・マクダニエル、ギャレン・カー、ロン・ローゼンにも貴重な時間を割いてくれたことに感謝申し上げたい。

最後に、この執筆作業中ずっと私を雇い続けてくれたSCNGのトム・ムーアとトッド・ベイリーに深く感謝する。

そして、最高にして最愛の妻、ジャニスにあふれる感謝を。

ビル・プランケット

Harris, Jack. “Shohei Ohtani’s three-run blast caps memorable All-Star week for Dodgers,” Los Angeles Times, July 16, 2024.
Harris, Jack. “Shohei Ohtani’s labrum surgery could delay return to pitching but shouldn’t impact swing,” Los Angeles Times, November 7, 2024.
Larsen, Peter. “Shohei Ohtani’s ex-interpreter linked to ‘Real Housewives of Orange County’ star,” Orange County Register, May 8, 2024.
McCullough, Andy. “Dodgers believe pitch to Ohtani was waste high,” Los Angeles Times, March 8, 2018.
Nightengale, Bob. “Shohei Ohtani’s agent provides inside look at historic contract negotiations,” USA Today, December 15, 2023.
Nightengale, Bob. “Dodgers provide preview of next decade as Shohei Ohtani, Yoshinobu Yamamoto play together,” USA Today, March 6, 2024.
Osborne, Cary. “Dodgers introduce players to their brand new lab,” Dodger Insider, March 4, 2024.
Saavedra, Tony. “California bookie at center of gambling scandal,” Orange County Register, March 28, 2024.
Sunkara, Bhaskar, “The legalization of sports gambling in the US was a mistake,” The Guardian, April 22, 2024.
Saito, Nobuhiro. “Unmasking Ohtani Shōhei’s interpreter Mizuhara Ippei,” nippon.com, Oct. 11, 2021.
Thompson, Tisha. “Dodgers fire Shohei Ohtani’s interpreter amid allegations of ‘massive theft,’” ESPN.com, March 20, 2024.

”Sound sleep helping Shohei Ohtani achieve his two-way baseball dreams,” Kyodo News, Oct. 19, 2022.
“Full translation of Shohei Ohtani’s statement on Ippei Mizuhara gambling scandal,” The Mainichi, March 26, 2024.

本書の出典は大部分が私自身によるインタビューまたは公式記者会見である。そのうえで、以下の資料を参考にした。

Anderson, RJ. “Baseball gambling scandals: Padres Tucupita Marcano joins Shohei Ohtani’s interpreter, Pete Rose, Black Sox,” CBS Sports, June 4, 2024.
Apstein, Stephanie. “Shohei Ohtani Strives to Be the Absolute Best … Even at Getting Some Shuteye,” Sports Illustrated, March 15, 2024.
Apstein, Stephanie. “New Dodgers Shohei Ohtani, Teoscar Hernández Aren’t Letting Language Barriers Get in the Way,” Sports Illustrated, April 29, 2024.
Asinof, Eliot. “Eight Men Out: The Black Sox and the 1919 World Series,” 1963.

Baer, Jack. “Dodgers star Shohei Ohtani buys La Canãda Flintridge mansion from Adam Carolla for $7.85 million,’ Los Angeles Times, May 22, 2024.
Bloom, Barry. “MLB’s rules on gambling: What happens when players bet?” Sportico, June 14, 2024.
Blum, Sam. “This fan caught Shohei Ohtani’s first HR as a Dodgers; hard feelings ensued,” The Athletic, April 4, 2024.

Carroll, Will. “Dr. Frank Jobe, Tommy John and the Surgery That Changed Baseball Forever,” Bleacher Report, July 17, 2023.
Cohen, Jay. “50 years later, Tommy John surgery remains a game-changer,” Associated Press, March 13, 2024.
DiGiovanna, Mike. “Dodgers supportive of Shohei Ohtani: ‘Betrayal is hard,’” Los Angeles Times, March 26, 2024.
Farmer, Sam. “What Neal ElAttrache thinks of Shohei Ohtani pitching in the postseason,” Los Angeles Times, September 27, 2024.

訳者あとがき

〈彼はいっさい投げることなくＭＶＰを受賞する唯一の投手となる〉

大谷翔平のYouTube動画についた見知らぬファンの英文コメントだ。私はネットに匿名で書き込む趣味はないが、つい「気に入った！」（Like it!）と書き込んでしまった。

ただ、今年の大谷翔平は「普通に野球をできたこと」自体が奇跡に近いことと忘れないでほしい。

彼は開幕と同時に人生最大の裏切りに直面した。私も20代半ばに出版詐欺で金をとられ、１週間寝込んだ。５年前に再び裏切りにあい、４年半不眠をともなう面倒な病に苦しんだ。というか今も完治したかわからない。こういう話は、金額より信頼した人に裏切られた精神面の打撃が大きい。だから調整がうまくいかず、絶不調に陥ってもおかしくなかった。

私も第一報を聞き、「本人の口座から送金されているなら出場停止だろうか」と考えた。本文にブラックソックス事件が出てくるが、日本にも「黒い霧事件」があった。西鉄ライオンズ（現・埼玉西武ライオンズ）の選手複数人が八百長に関わり、永久追放になった話だ。

そのなかに、池永正明という人物がいた。プロゴルファーのジャンボ尾崎氏と同期で、高卒５年で１００勝した投手だ。もっといえば、ジャンボ氏がゴルフ転向したのは、池永氏に打ちのめされたからだ。そんな氏が、「先輩に１００万円を押し付けられ、そのままにしていた」

ため永久追放になった。

ちなみに、私が直に会った野球人で、「池永氏が八百長をしていた」という人は皆無だった。理由は「そのままやれば300勝できて、すでに月給100万円以上もらっていた人が、なぜ、はした金で人生を棒に振るのか」だ。だから、OB戦などで「共演NG」を出した人も1人もいない。最終的に名誉回復されたが、「22歳の20勝投手池永」は二度と戻ってこない。「疑惑」だけで1人の名選手が殺されることは実際にあったのだ。

仮に出場停止処分がなくても、「疑惑」だけで選手生活を送りにくくなる場合もままある。ウォーレン・クロマティの自伝『さらばサムライ野球』に、「優勝して、自分で自分にビールをかける桑田真澄」が登場する。もう覚えている人も少なくなったが、若いころの桑田投手は「投げる不動産屋」などと揶揄され、暴露本も出てさまざまな「疑惑」につきまとわれていた。真相は「ロクでもない（元）身内が桑田真澄の実印を悪用した」だけなのだが、「疑惑」だけでチーム内で孤立してしまうのだ。大谷翔平がそうなっても全然おかしくなかった。

そしてワールドシリーズ最中に、左肩を亜脱臼した。右肩でなかったのが不幸中の幸いといえばそのとおりだが、私の友人の元プロ野球選手で同じく肩を亜脱臼した人物がいる。彼はシーズン後に自由契約、要はクビとなった。それくらい重傷だったわけで、次の試合に出ること自体信じられないと絶句していた。

つまり、大谷翔平の人生は、断じて順風満帆ではない。この1年だけで400ページ近くになっても当然である。本書を「長すぎる」と言ってはいけないのである。

今季終了後、ムーキー・ベッツがデーブ・ロバーツ監督を招き、今季を振り返る対談番組があったが、「5戦目の最中、私はヤマモトがいても第6戦でLAに帰るのが怖かった」と監督は吐露した。

かつて私は、6社が却下した『ジョコビッチの生まれ変わる食事』(三五館)を約15万部のヒットにした。毎回、彼が優勝すると増刷され、Xカ月分の生活費が入った。準優勝以下はゼロだ。

そんなとき、私は決勝コートのジョコビッチに、「名勝負を楽しませてくれ」と願ったことは一度もない。「早く終われ、一刻も早くトリプルベーグル焼けろ」しか祈ったことがない。

これは「山本由伸を信頼するか否か」の話ではない。勝負にはあらゆる不確定要素が絡む。仮に彼が好投しても、捕手のウィル・スミスが自打球で骨折するかもしれない。あれだけ打ってくれたフレディ・フリーマンが、最後の最後にエラーして逆転負けするかもしれない。実際、1986年のレッドソックスは、一塁手ビル・バックナーの失策でメッツに敗れた。

付け加えると、MLB史上、ワールドシリーズ3連勝4連敗は一度もない。ただしALCS(アメリカン・リーグチャンピオンシップシリーズ)で一度だけある。2004年のレッドソックス対ヤンキースだ。

ヤンキース3連勝後の第4戦、9回裏2アウトから1点負けた場面で代走で二盗を決め、流れを変えた男がいる。彼の名前はデーブ・ロバーツ、つまり監督本人なのである。

英語に Man in the arena という表現がある。もともとセオドア・ローズヴェルトが演説で使い、リチャード・ニクソンが自著の題名にしたが、「現場で実際に血と汗を流す当事者」という意味だ。結局、「名勝負を楽しめる」のは傍観者である。Man in the arena は、一刻も早く勝つことしか頭にない。同監督の言葉は、勝負師として当然の心の叫びである。

フレディ・フリーマンのシリーズMVPに異議のある人は1人もいないだろう。

彼はカナダ出身の両親の元に生まれ、兄2人の影響で野球を始めた。本人はオレンジ・カウンティ出身でエンゼルスのギャレット・アンダーソンがお気に入りだった。毎日、40球ずつ入れた3つのかごを用意し、父親が打撃投手で「最初のぶんは全部レフトへ」「次の1かごはセンター返し」「最後は全部ライトに引っ張る」という練習を繰り返したそうだ。逆転サヨナラ満塁本塁打後の「オレのスイングもアプローチもすべてオヤジのおかげ」はそういう意味だ。

彼はシーズン後2カ月オフをとり、1月に近所の母校で今も父親に投げてもらうという。

「息子よ、オレも69歳だ。もう昔みたいな球は投げられんぞ」

「そうじゃないんだよ。プロの球なら、2月にスプリングトレーニングでいくらでも打てる。オレはこれから1時間、昔みたいにオヤジの球を打ちたいだけなんだ」

フリーマンはシーズン中に指を骨折、プレーオフ直前に足首に大ケガをし、プレーオフ中に肋骨を折った。普段は歩くのも呼吸もつらかったはずだ。あの野球狂の父親が出場を止めようとしたのだから、よほどのことだ。しかし強行出場を続けた。同じく逆転サヨナラ本塁打を放ったカーク・ギブソンについて聞かれ、「オレは最初から試合に出ていたよ」と胸を張るのも当然だ。

フェンス越しに叫び合った父と子だが、1年でも長く、少なくともフリーマンが引退するまで父親が投げ続けられることを心から願う次第である。

1つ確かなことは、大谷翔平には「他人の夢も叶える力がある」ことだ。

著者ビル・プランケット、前2作の著者ジェフ・フレッチャーともに新聞記者だ。記者という生き物は、大体学生時代に映画「大統領の陰謀」を見て、いつか自分も巨悪を暴き、あわよくば大統領の首をとりたい、そして自著をベストセラーにしたいと青雲の志をもって就職する。だが、日々の締め切りと雑務に追われ、いつしか志を見失ってしまったりする。『モリー先生との火曜日』の著者ミッチ・アルボムがまさにそうだった。テニス担当記者になったが、自分の記事を読む読者がどこにいるかさっぱりわからない。アンドレ・アガシとブルック・シールズがくっつこうが離れようが、どうでもいいではないか。こんなのブルシット・ジョブ——当時そんな言葉も書籍もなかったが——そのものだと悩んでいたら失職した。それがあの大ベストセラー誕生のきっかけである。

本書はビル・プランケット初の著書である。記者生活約40年の末、彼は自著刊行に辿り着いた。これもひとえに大谷翔平という巨大な太陽が存在するからだ。万物に恵みをもたらす太陽は、お金をどれほどもらってももらいすぎではない、と私は思う。

私は10月半ばに本書の翻訳作業を開始した。娑婆の仕事を抱えつつ6週間で300頁の英文を読み、日本語で約19万字を書くのは、決して楽な作業ではない。毎回命を削り、脳を焦がし執筆している。しかし大谷翔平がいて、1人の男の夢が実現し、待ってくれる人がいるなら、やむをえないではないか。12月は一文字も書きたくない、とつぶやきつつ本書を完成させた次第だ。

結局、ドジャースと大谷翔平の契約を表すに最適なのは、レアル・マドリードのフロレンティーノ・ペレス会長がクリスティアーノ・ロナウドと契約を結んだ際に発した言葉だろう。これを本書の締めくくりとしたい。

「史上最高額の契約とは、最安値の投資なのだ」

タカ大丸

Bill Plunkett（ビル・プランケット）

1961年12月30日、ミシガン州デトロイト生まれ。40年以上、日刊紙で執筆を続け、この25年はオレンジ・カウンティ・レジスターと関連紙で記事を掲載している。2003年シーズンよりMLBの取材に入り、最初の数年間はロサンゼルス・エンゼルスを担当していたが、その後の大部分はロサンゼルス・ドジャースを担当している。殿堂入り投票権をもち、スポーツネットLA、MLBネットワーク、そのほか全米ラジオ番組等にも出演多数。

タカ大丸（たか・だいまる）

1979年、福岡県生まれ、岡山県育ち。ポリグロット（多言語話者）、作家、翻訳者。おもな著書に『貧困脱出マニュアル』（飛鳥新社）、共著に『史上初の詰飛車問題集』（主婦の友社）、英語の訳書に『SHO-TIME』シリーズ、『愛の自転車 インドからスウェーデンまで最愛の人を追いかけた真実の物語』（ともに徳間書店）、『ジョコビッチの生まれ変わる食事 新装版』『クリスティアーノ・ロナウドの「心と体をどう磨く?」新装版』（ともに扶桑社）、スペイン語の訳書に『モウリーニョのリーダー論 世界最強チームの束ね方』（実業之日本社）、『ロジャー・フェデラー なぜ頂点に君臨し続けられるのか』（KADOKAWA）など多数。

装　　丁　井上新八
写　　真　アフロ
校　　正　青山純子　月岡廣吉郎　安部千鶴子（美笑企画）
組　　版　キャップス
編集協力　田口卓

編　　集　苅部達矢

SHO-TIME 3.0
大谷翔平　新天地でつかんだワールドシリーズ初制覇

第1刷　2024年12月31日
第2刷　2025年1月1日

著　者　ビル・プランケット
訳　者　タカ大丸
発行者　小宮英行
発行所　株式会社徳間書店
〒141-8202　東京都品川区上大崎3-1-1
目黒セントラルスクエア
電　話　編集（03）5403-4344／販売（049）293-5521
振　替　00140-0-44392
印刷・製本　中央精版印刷株式会社

ISBN978-4-19-865953-0